U0926176

秦漢三國之交通建設

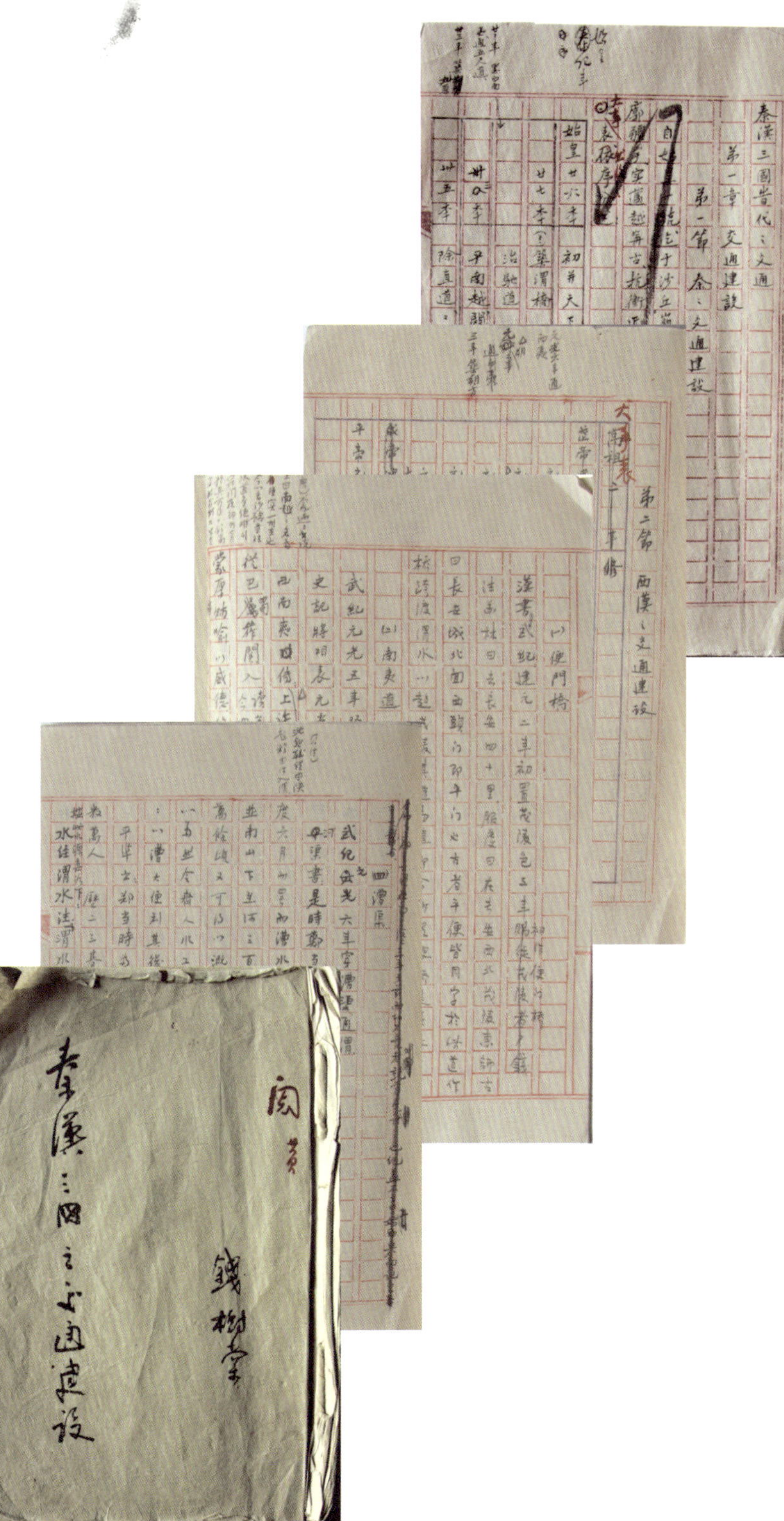

——作者手稿——

秦汉三国之交通建设

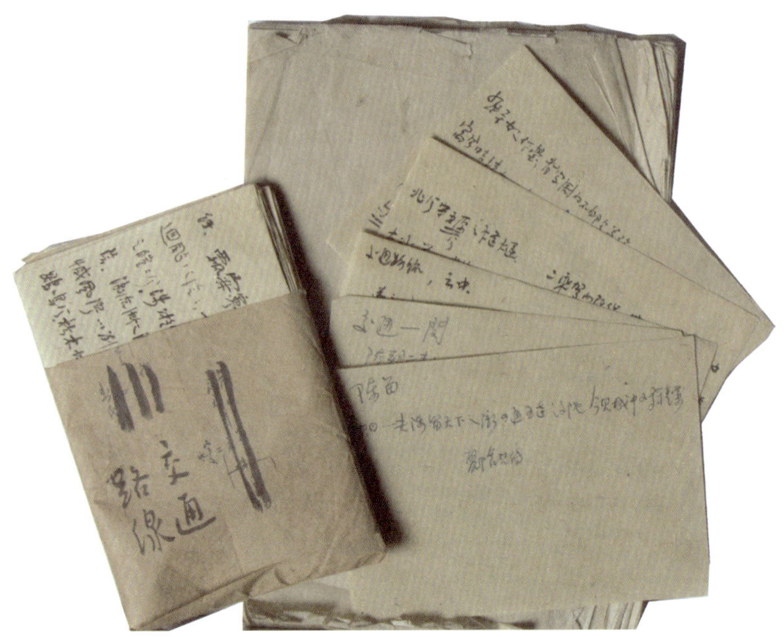

作者手稿

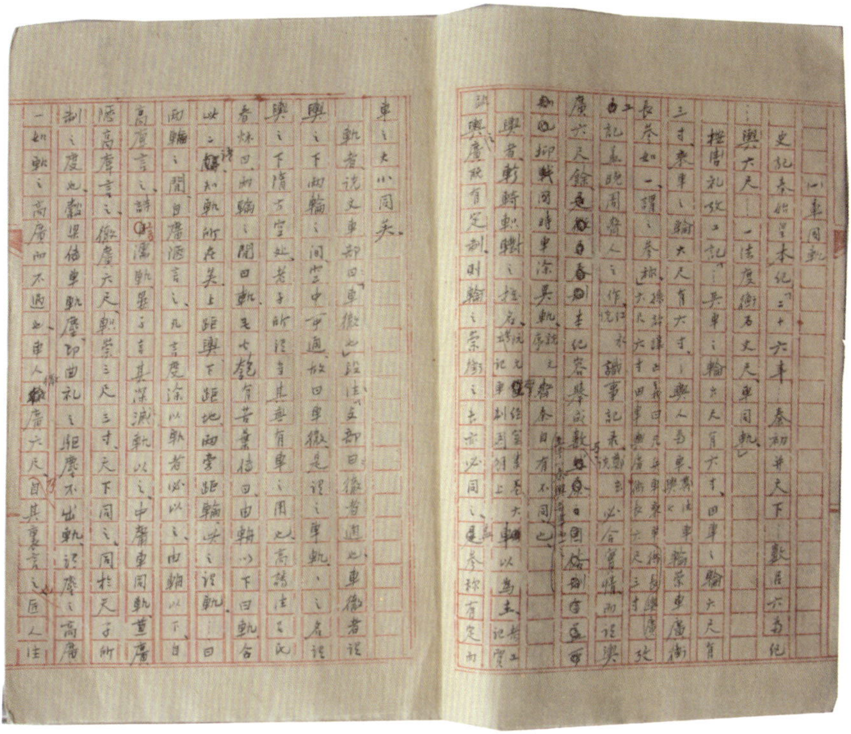

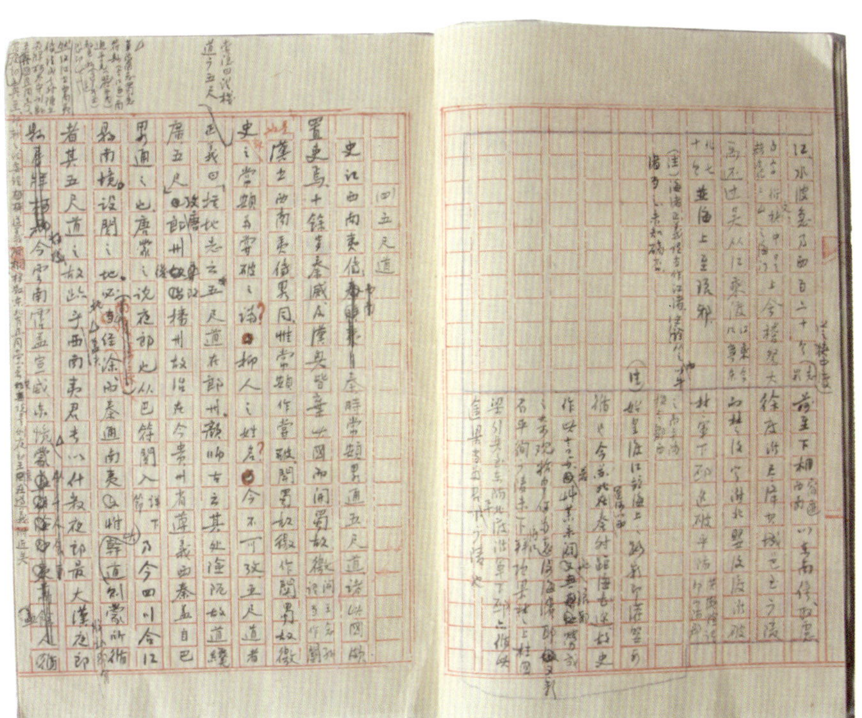

秦漢三國之交通建設

作者手稿

秦漢三國之園建設

作者手稿

秦漢三國之交通建設

作者手稿

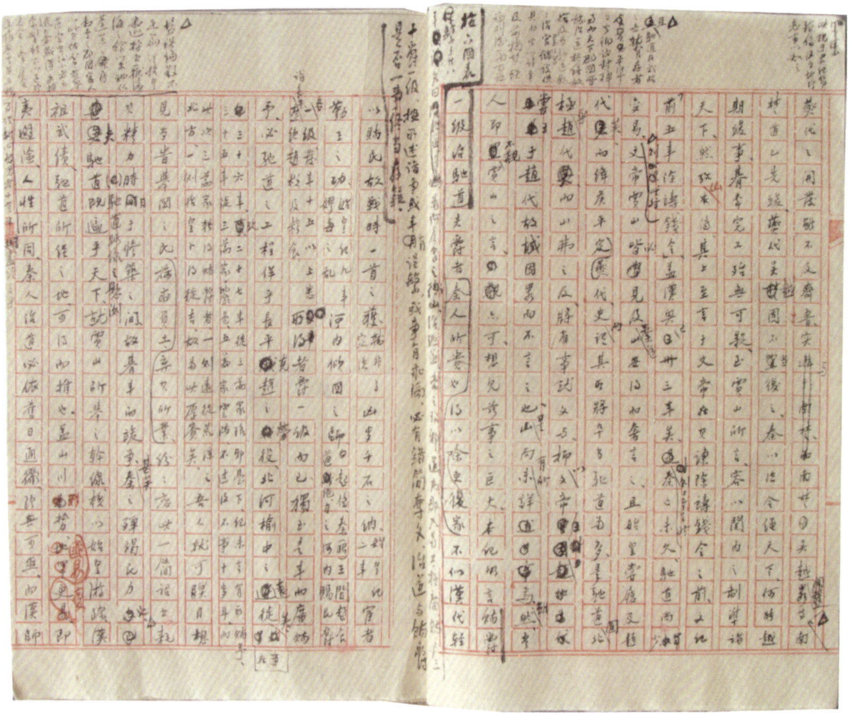

秦漢三國之交通建設

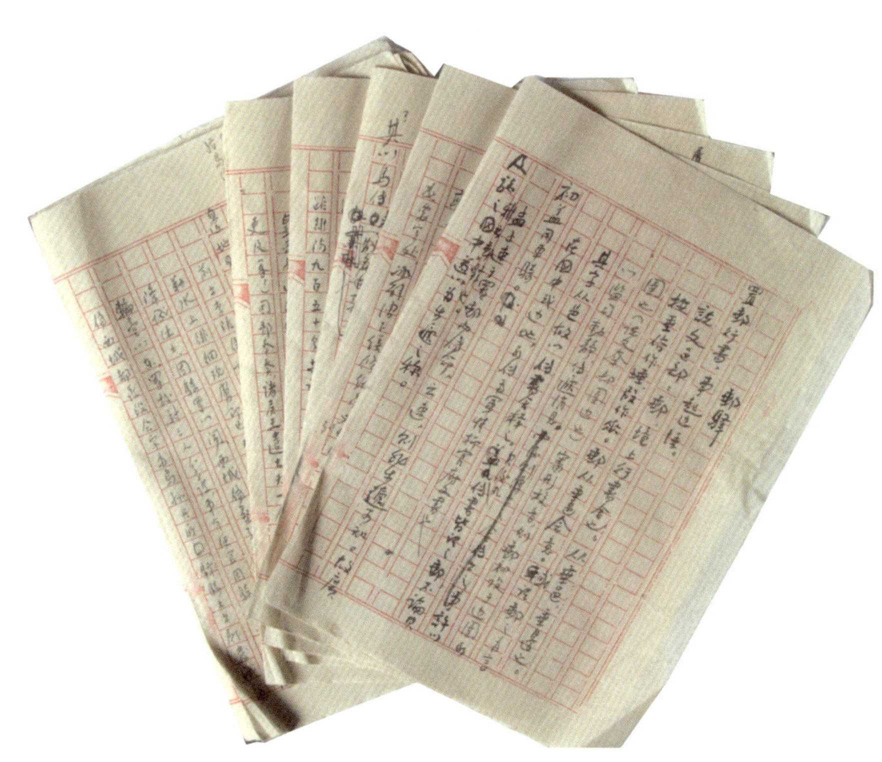

作者手稿

秦汉三国之交通建设

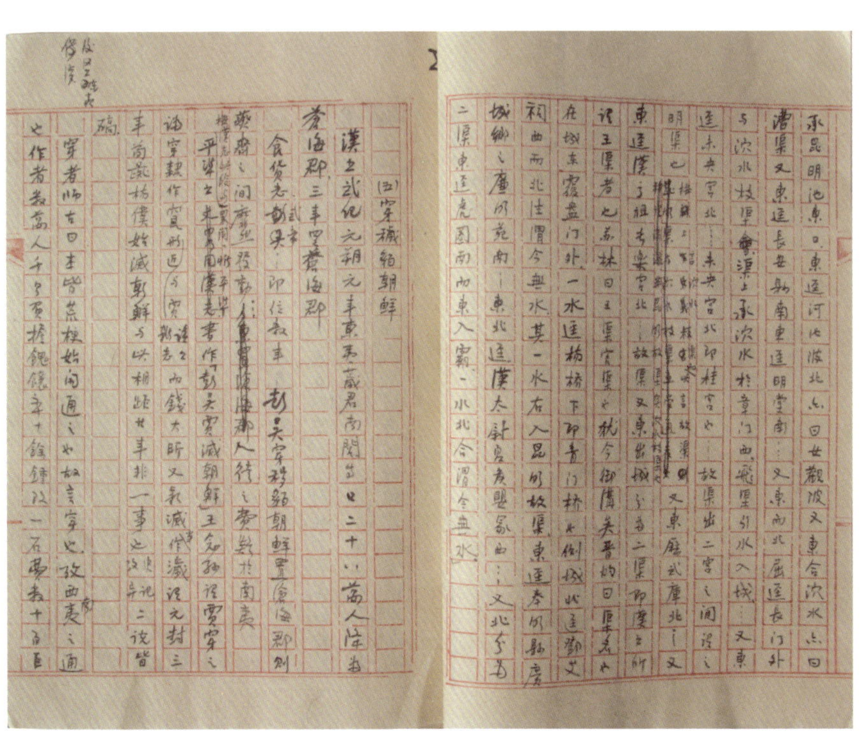

—作者手稿—

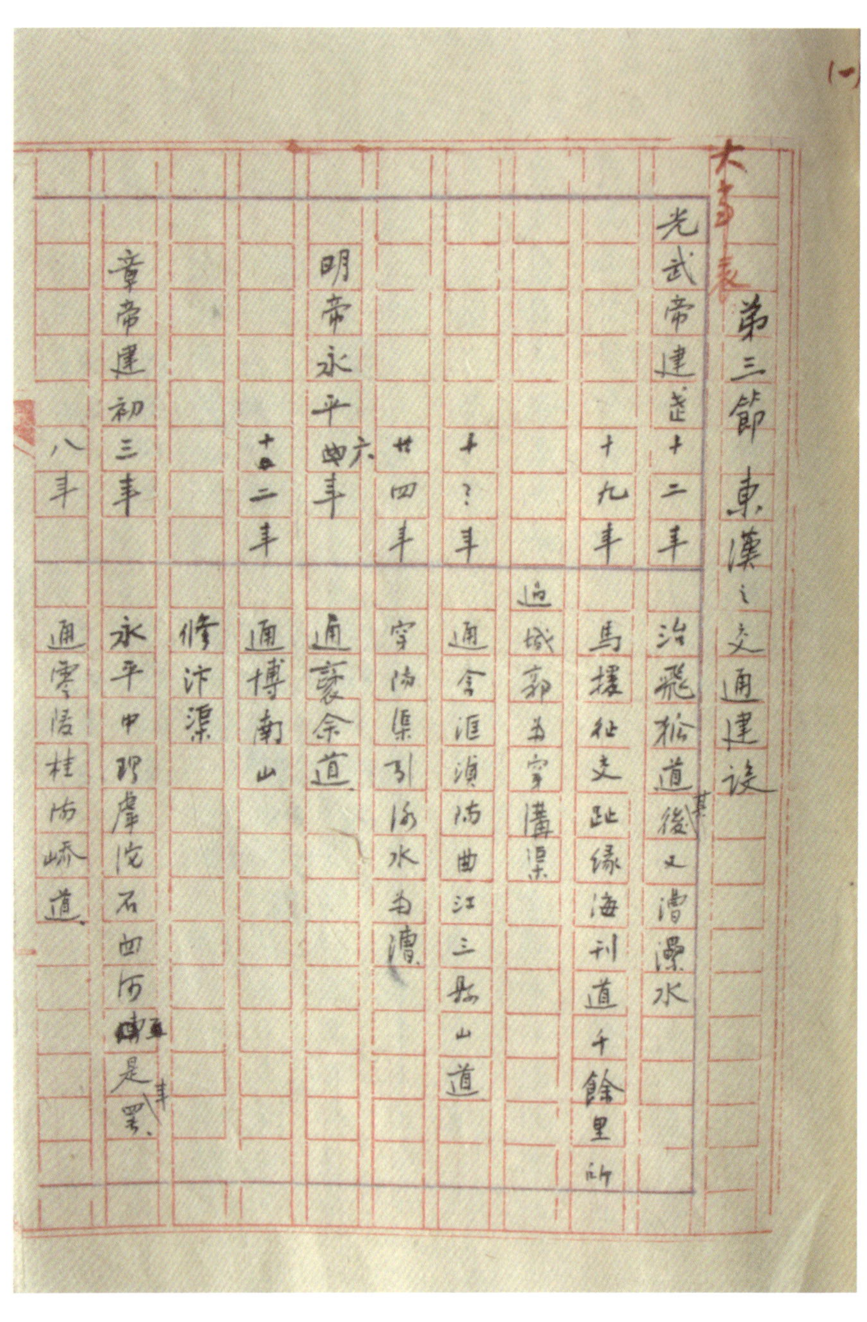
(一)

大事表

第三節 東漢之交通建設

光武帝建武十二年	治飛狐道後又漕濃水
十九年	馬援從交趾緣海刊道千餘里
	迫城郭為穿溝渠
十?年	通含洭湞陽曲江三縣山道
廿四年	穿陽渠引洛水為漕
明帝永平六年	通褒斜道
十二年	通博南山
	修汴渠
章帝建初三年	永平中理虖沱石臼河漕是年罷
八年	通零陵桂陽嶠道

—作者手稿—

秦汉三国之交通建设

钱树棠　著

中国大百科全书出版社

图书在版编目（CIP）数据

秦汉三国之交通建设 / 钱树棠著. —北京：中国大百科全书出版社，2018.5

ISBN 978-7-5202-0271-8

Ⅰ.①秦… Ⅱ.①钱… Ⅲ.①交通运输史—中国—秦汉时代 ②交通运输史—中国—三国时代 Ⅳ.①F512.9

中国版本图书馆CIP数据核字（2018）第081074号

策 划 人 郭银星
责任编辑 李玉莲
版式设计 程 然
责任印制 魏 婷
出版发行 中国大百科全书出版社
地　　址 北京市阜成门北大街17号　　**邮政编码** 100037
电　　话 010-88390093
网　　址 http://www.ecph.com.cn
印　　刷 北京君升印刷有限公司
开　　本 787毫米×1092毫米　1/16
印　　张 18
字　　数 180千字
印　　次 2018年6月第1版　2018年6月第1次印刷
书　　号 ISBN 978-7-5202-0271-8
定　　价 56.00元

出版说明

作者原稿为手写本，由两个具鱼口的竖栏红方格（150mm×210mm；11 栏/面；24 字格/栏）手工线装笔记本组成。

第一本，封面为素色棉纸，竖排手书（由右至左）："钱树棠 秦汉三国之交通建设"；右上红字："阅黄"。内文首页首栏书"秦汉三国晋代之交通"，其后为"第一章 交通建设"，下设"秦之交通建设、西汉之交通建设、东汉之交通建设、三国之交通建设"四节，节下三标七至十八不等。另有散页为"绪言"及正文第三节之十三、

第四节之十八及“附　通褒斜道”。

第二本，封面亦为素色棉纸，但无书迹。正文内容为“第二章 交通干线”，但其下只有“第一节 陆道”，节下有八条干线的介绍。除此，无他。参一、二两本手稿，显为作者之未完成稿。第一本封面所题书名《秦汉三国之交通建设》与正文前所书总题“秦汉三国晋代之交通”的差别主要在于“晋代”。核两本之现存正文内容，只有第一章之第四节之“十五 引河入汴”所述为晋代之事，且与其上一级标题“三国之交通建设”抵牾。因此编者倾向于依封面所题定此书书名为《秦汉三国之交通建设》。

上述两本手稿中均夹有一些白棉纸纸条，上亦有文字，可能是作者前期的资料准备，也可能是想补入正文的内容，但未标插入位置，所以未录入本书。

另有两篇文稿，虽不能补入上稿，但因主题与之相近，编者将其作为附录附于正文之后。

《两汉之邮驿亭传》一文手书于具鱼口的竖栏红方格（180mm×280mm；10 栏/面；25 字格/栏）稿纸上。稿纸两面之间的折缝偏下位置印有“私立齐鲁大学国学研究所稿纸”字样。活页，未装订，但于每页右上书顺序号。

《邮驿·传车·亭传》亦为手写稿，书于带鱼口的竖栏红方格（150mm×210mm ；11 栏/面；24 字格/栏）稿纸上。该稿为未装订的散页，大致可整理为三篇带简略标题（作者加）的小文，即《邮驿》《传车》《亭传》。需特别说明的是，《传车》一文，作者于标题处有修改，原作“传驿”，后又划掉“驿”而另书“车”。另外，作者还于此标题前括注了“（二）”，其他二文标题前均无序号。三文内容与《两汉之邮驿亭传》多有重复，或者此三文是《两汉》文的草稿，亦未可知。编者为其拟一总标题《邮驿·传车·亭传》，将三文分列于内。

编者注：

1. 原稿用旧式标点，只有粗略断句点号，偶有浪线标书名，省略号、冒号、引号标引文。现书稿中的标点为编者尽力所加。

2. 上标及括注上标为作者原稿所有而通行版本所无文字。

3. 为尊重作者计，编者对原稿中的异体字及因史籍版本问题出现的衍文、异文、阙文等，均参现行通用版本，以下标（以补阙文为主）、括注下标（对衍文、异文的说明）形式加以标注。

4. 书中的页下注，除少数为作者所作小注外，多系编者所加书证出处注，间有对原稿文字更易、漫漶及内容错误的说明。

本书编者虽对前辈学人深怀敬畏，但囿于学力，编辑中当有不尽周详精审之处，望读者明辨。

代序

往事回忆

我与钱树棠共同生活的岁月

今年的7月7日是日本鬼子侵略我国七十七周年国耻纪念日，也是我们家决不可忘却的纪念日——老伴钱树棠离开我们，走向另一个世界了。他永远不会和我们在一起生活了，这对我们全家来讲是异常悲痛与无法接受的……从此我和四个子女以及亲友们再也听不到他的片言只语和意味深长的教诲了！从此我的两人世界变成了孤独的一人世界，有事只能独自处理，独自承担风险，再无他的指导了！真是情何以堪！

回忆我们自1950年8月15日在杭州结婚以来，已近六十五个年头。记得今年4月鼎儿自美国归来看他时，我对他说："你活到百岁是不成问题的。"他还伸出两个指头说："岂止百岁，我要活到一百二十岁，看祖国统一台湾呢!"此时我顿悟：怪不得他每晚必看完《海峡两岸》的电视节目才愿意就寝。

树棠走后，我夜不能寐，历历往事涌上心头。我和他相识在1950年年初，其时学校已经放寒假。我从浙江永康初中回到杭州六和塔之江大学教工宿舍的家中，准备欢度春节。我父亲从1948年秋起即在之大任教，且兼秘书长之职。我一到家父亲便对我说："同文，郦承诠老伯给你介绍了一个朋友，也是南通人，是他儿子家驹在四川大学研究所的好同学，本科是武汉大学历史系毕业的，是钱穆的高才生，年三十一岁，现在无锡市立女中教历史。无锡是个好地方，鱼米之乡，很富庶。你也不小了，可以和他认识认识。听你郦老伯说，此人很有才学，家里有老娘和一个弟弟，但弟弟已成家，家庭经济情况尚可，而且绝不是什么三青团员。"哪知次日，郦家驹就带着他来之江我家了。我一看：高挑身材，穿一件深灰色长袍，脚蹬皮鞋，裤子却是老式扎裤脚管的绸棉裤，颈上还围着一条老先生戴的围巾，显然，有些"冬烘"，但尚透露一股清气和聪敏气。

饭后父亲还单独和他谈话，问些学术上的问题，然后就要我俩去逛西湖。我领树棠到虎跑寺和苏堤上转了一圈，并摄了影。他问及我的教学情况，最后分手时，我答应他互通音信。开学了，我仍回永康中学。父亲却请我在南通中学教物理的叔父在南通了解他家的实际情况，以及他在南通中学求学时的表现。通信数月后，我和父亲都认为他是个读书人，还求上进，家庭虽非书香门第，但本人历史清楚，可以托付终身。于是，父亲要我不必再寄钱回家，自办嫁妆，准备暑假中结婚，他也好了却一件心事。父亲还对我说，你也二十六岁了，可以成家了，不必再去浙东奔波了！

中华人民共和国成立前的大学教授虽有地位，但在法币连连贬值之下仅够糊口，何况我家有兄弟姊妹六人，父亲哪有余钱给儿女办婚嫁呢。所以，我全靠自己的薪水，请上海的堂姐为我操办。堂姐比我大九岁，也早死了母亲。我的父母对她很好，1934 年后，她和我们一同在南京生活。其时我父亲在南京国学图书馆当编辑。父亲请中央大学的女助教，也是同乡，为堂姐补习数理化的功课，准备考上海中学。

树棠和我于 1950 年 8 月 15 日在杭州清泰旅馆结婚。那时刚解放，提倡革命化，一切从简，对男方也不提什么要求，有工作、不失业就可以了。但是他也拿出积存的四百元。我父亲便在杭州青年会会馆办了五桌酒席。

来的客人都是父亲的朋友，多为浙大的教授，也有南通高中的老同学。证婚人是郦老伯。教授都是些名教授，谭其骧、吴徵铠、张其楷、陆维钊、佘坤珊全到场。吴徵铠是扬州人，江苏名流吴白匋之弟，学化学的，后为中国科学院学部委员，离开浙大后在核工业部工作。他曾对郦老伯说："驾公选的这位女婿我看有点酸气。"所谓"酸气"就是穷酸气，意味着将来不会有大的发达的。纵观树棠的一生，倒给他说中了，终其生为教师，但我不介意。我们是双职工，只要掌握好，可以温饱，也可以过得很好。一般老百姓还羡慕我们不已呢！

树棠书生气实足，表现在只爱读书，其他一概不管。他可以一次性花一百大洋去苏州买一部连史纸印的《资治通鉴》，结婚可以不买家具，可以将仅有的以金圆券换来的四个戒指借给表弟做生意，从不去讨还。此其一。他可以工作没搞定就成家。我们婚后去上海他弟弟处住了十天，原定的上海吴淞二中的工作泡汤了，于是只好于9月学校开学之初仍回到无锡市立女中教历史，我只好暂住女中的女生宿舍。此其二。其时，我因隔省不可调动工作，只好先离职，再在无锡登记，要求派工作。住女生宿舍总不是办法。于是他和同房间的数学老师何莘耕商量，请何的同学帮忙找房子，所幸找到的房子家具全有，于是这个家才算安定下来。一年后，大孩子钱鼎快诞生了，他的老母亲要来无锡照顾，一间房子不够住，只好另租房，又碰到家具问题，但他很笃定，说是朋友王以中有一套家具放在朋友处，可以先借来一用。王老伯也是我父亲的老同学，当然可以借来一用。可是不久，王老伯调北京工作，家眷随行，这下问题来了，我只好拿当月工资买床、买橱，因为怀孕，不便骑自行车，于是将杭州运来的自行车卖给无锡市立女中体育教师杨志仁老师。此后，又是热心的何莘耕老师陪着我们到北大街木器店定做衣橱和写字台。因为树棠在这方面一窍不通。此其三。

1956 年无锡准备办高校，秋季开学前领导问树棠，是去苏州的江苏师范学院还是留在无锡的师训班。当时我们已经有三个孩子，好不容易才将家安顿好，多方考虑之下决定还是留在无锡吧。于是他被调入干部速成中学。此校虽属新办，但教师可向学校借用床、桌等家具。于是向学校借了一些，至此才把家具配齐。不料，1958 年大炼钢铁后，该校迁徐州，扩建为徐州师范学院，他也随校迁去徐州。我因老四钱颐还在哺乳期，老大将近七岁，刚上新庙前小学，只好一人带着四个孩子留在无锡工作。我在竞志女中教两班初中语文兼任语文学科副组长，家务全靠一个保姆，够困难的。但此时我已经是中共预备党员，再困难也得顶住。且又逢国家困难时期，物资缺乏，一切凭证定量供应。保姆来自丹阳农村，没有户口就没有粮食供应，只好从我和孩子的身上省些给她。又因为我是副组长，派往其他高中听课或外出参观、开会也不好不去，于是我毅然决然让孩子断奶。大概是1960年，徐州师范学院拟调我去徐州，我婉拒了。一者因为拖儿带女，家累甚重，且大孩子患气喘，不宜北去。再者，高校备课任务重，不比中学。在中学，备好一节课可以上两个班级，况且此时竞志女中也缺语文教师。无锡教育局党委书记汤聿敬书记同情我的处境，同意我留在无锡。树棠一方面打报告要求调回无锡，一方面又去找以前在无锡工作的方非同志。1961年春，他始调回无锡教师进修学校，但要改教古典文学，好在他熟悉古典书籍。后来听说徐州师范学院本拟成立历史系，要留他做系主任的。

树棠一回无锡，为了改善经济状况，主要是要让孩子们吃饱，毅然将保姆辞退，宁可自己辛苦些，下班回来再烧煮。这期间从不参与家务劳动的他，学会了煮饭，买菜烧菜则由我负责。

1966年6月间“文化大革命”爆发，整个社会破四旧、抄家成风。他不知从哪儿来的力气，向人家借来一部板车，将他心爱的所有的线装书，包括那部最宝贵的《资治通鉴》送往学校保管。老师钱穆的亲笔信和三幅字则要我放在皮箱的夹层中。当时我在学校筹委会工作，我们两人都无历史问题，未被抄家，幸得保存下来。接着掀起上山下乡运动。大儿钱鼎虽有足疾也随同学下放到苏北新洋农场。大女儿钱萃，虽未满十六周岁，但也随这股潮流与同学下放到苏北沂河农场。因当时流传着不去苏北就得去内蒙古的消息，而内蒙古太远了，还是苏北农场好些。当然，成为生产建设兵团战士，他们也很自豪。

林彪一号通令下来时，城市大量疏散人口。这时学校的班主任工作十分难做，因无政府主义思潮泛滥，男女生上课时大闹课堂，不受管教。他们一会儿在课堂上摔出一只死猫来，女生们被吓得溜出教室。下乡劳动时，你才将工具分配完毕，一回头就都被他们放在地上，而人也都溜之大吉。有的男生还擅自下河游泳，也不管河水脏不脏。我想，要我们带这些无法无天的孩子疏散，责任太重大了。我已有两个孩子去苏北农场了，南通的农村我小时也见过，并不可怕。我又任教师学习小组长，当工宣队一再动员并要求每组必有一个人带全家到苏北插队时，我感到很为难，虽然吴剑萍老师没有课务，但她独自照顾七个子女，又有一个瞎了眼的九十岁的老母亲，总不能让她下乡吧，我就说："还是我去吧！"其时，一个姓陈的工宣队负责人还说："你是党员，不能去！"

哪知次日榜上就有我的名字了。我这个人遇事不够沉着，也未和树棠好好商量，一冲动就迁了全家的户口，这下全家就下放苏北了。其实，当时他的学校已不催他下乡了。我造成的事实只好接受。本来还准备插队故乡南通兴仁镇，问及叔父，他回信说，你还是去苏北为好，那是集体安排的，有人管的。但是下放的行李标签写作丁聪，而丁聪是钱树棠在南通小学时的级任导师，当时在无锡机关文化学校当党委书记，与教师进修学校同一党组。他是个老干部，东台农村是他早年参加革命的地方。学校要我们这样写行李标签，这不是冒名顶替吗？三十六年后的一个秋末初冬的日子，我遇到树棠无锡教育学院的原领导胡治华老师，始知这是学校当局的一番好意，希望在东台乡间树棠能得到些照顾。怪不得我们在四灶公社新兴大队一队时，我被安排在三等劳动力的班子中干活，而树棠仅是负责升降上下工的旗子，间或切切猪菜，猪菜和胡萝卜都是人家下河洗好了的。因为我们属于带薪下放的干部，劳动一律不计工分。

我明确自己是1960年新入党的党员，下放是来接受贫下中农再教育的，第一要放下知识分子的架子，甘当贫下中农的小学生。这句话说来容易，做起来却有个艰苦过程。

刚下来时，新兴一队队长先把我们一家安排在一座空草房里。那真是“一进三堂，锅箱靠床”，日出上工，日落回家。我深深记得1970年1月8日，在无锡文化宫的运河码头登上去苏北的东台的铁驳子船，两天后到达四灶公社，大家聚集于公社大会堂，各队队长来领下放人员。新兴一队距公社所在地为三十里。那是个月夜，在苏北平原上，更显得光亮。到达目的地时已是凌晨一点，而队里还办了几大碗欢迎我们。其时快近年关，全队二十八户人家，几乎家家来送糕饼（馒头），情意难却。而他们的收入很低，每个工分仅二角五分，每餐都是胡萝卜糊糊。我们决不能白受人家的，总要小女儿到供销社买油京果送给他们的孩子。我们吃饭时，他们的孩子总站在旁边观望。树棠就要我不必每天煮干饭，也煮粥吧，也加点胡萝卜，不好与贫下中农相距甚远。不久，建房的材料派下来了，队里要为我们建房，可是分派的砖头很少，仅够一面墙，两侧山头的砖要自己购买。当时一般的砖一块仅卖一分多，队里不经我们同意，便买来了一角四分一块的议价砖，树棠觉得太贵，竟与保管员施春和吵起来。我急了起来，我们在此人地生疏，将来还不知怎样呢！现在就和当地农民吵架，影响很不好，日后必会吃亏。砖既然已经买来了，队里穷，决不能让他们赔钱，我们只好接受下来。好在队里出劳力，我们只要出木工钱。一个月后，砖墙草顶的三间堂屋、两间厨房（全是土坯子）造好了。按当地习俗，上梁要办六大碗的饭请工人和队干部，我们一一照办，还买了几瓶花干酒（山芋干做的酒），大家总算尽欢而散。这是入乡随俗的第一步。其实队里为我们造房子，也花了不少工本。做椽子的毛竹要去兴化买，盖屋顶的茅草要到海边买，还总得派人派船装运回来。做窗子的材料又非建材不可，普通杂木不直易变形，不可做窗框。树棠便回南通，从家中弄了些来。

那时农民的生活很苦，病了连买块烧饼的钱也没有。一次，负责队里养牛的薛增华的孩子病了，要到五里路以外的苏舍诊所住院，树棠知道后告诉我，我立即悄悄送去了五元钱，放在孩子的枕头边。几年后，七队火灾，一家杨姓农民的家烧光了，我送去十元，他也赞同。至于平常有些农民常来借两元三元的，我从不记账。农民虽穷，但觉悟很高，到底是老革命根据地。当时，公社有规定，不可向下放人员借钱。他们知道队长向我借钱去买自行车，我借给了队长，便要队长立即还给我们。

那时农村燃料紧张，全烧麦秆和稻草，棉花秆有力作，但要留了过年蒸糕蒸馒头，因此当地农民家中根本不烧开水。下放干部有煤炭供应，但要自己做成蜂窝煤球。我家是老三和老四打煤饼，煤屑总是小女钱平从公社买好并用自行车拖回来的。我家总备有开水，让他们来倒。树棠本不抽烟，但为了和农民攀谈拉近距离，总将上海亲友送的飞马牌香烟拿出来招待。那时他五十多岁，农民尊之为“钱爹”，唤我为“老王”“王老师”。

我们领工资总要到三十里外的公社所在地，风雨无阻，下雪也得去，因为过了这一天你就找不到公社会计了，我又不会骑自行车，全靠两条腿走。如果公社会计到别的大队去，我还得走更多的路去找他。有时我还帮他人代领工资，如同时下放到四灶公社的无锡十二中的浦永昌老师。有时回家很晚，所幸四灶公社的治安较好，晚上九十点钟，路上总有人在走，平时家中大门洞开，可谓路不拾遗。

老三、老四两个孩子是随我们下放的，一个十四岁，一个十二岁。树棠说，他们正在发育长身体阶段，不可以吃得很苦，也不可以没有油水。因此，他总跑到十五里路外的何舍供销社去买肉，一次两斤，不可多买。当地农民只有逢时过节，队里杀猪分点肉才有得吃呢！过年前，才会多买些，腌制几块肉，因为要在年后回杭州看老父亲、到上海看堂姐时作为礼物送去。每到去杭州、上海，树棠总要我带着孩子们去，为了让他们见见世面。因为全家一起去的路费太贵，只好分批去，总之是不能让他们一直住在闭塞的乡间。1973 年到 1974 年两年间，省里临时调树棠去南京编写教材，他分别将钱鼎和钱颐带去南京，住在招待所一个月。他们还见到了我在湄潭浙江大学附中的洪诚老师。洪先生是我父亲在南京中学时的学生。抗日战争期间，他们夫妇俩从安徽老家青阳逃难来到遵义投靠我父亲，父亲便将他介绍到浙江大学附中教语文。在遵义时，我们全家五口人，一年四季的布鞋全是洪师母做了送来。他俩无子女，又让我大弟上湄潭浙江大学附中，住在他家，以减轻我父亲的一点负担。洪老师上起课来嬉笑怒骂，非常生动，仅我们一个班考取浙江大学中文系的就有四人。抗日战争胜利后，父亲推荐他到中央大学中文系任教。他是《三礼》的研究专家。

树棠在南京教材组的两年是欢乐的。过年时，他将家中四只母鸡下的蛋，装了一大饼干筒带去送给洪师母，又将一批熟的鸡蛋送教材组的每位老师。当时，他负责小教组的定稿，因此他认识了小教名师施霞老师，又在教材组认识了无锡十二中的褚克胜、陈品海两位老师。这时他们才知道树棠原来是高校老师。

下乡不到一年，公社把我派到贫宣队为队里查账。后来来了一位新队长，竟是我十二中的学生袁武（“文化大革命”前的名字是袁菊娣，父亲是无锡崇安区区长），她被派到附近的红中大队搞运动。社员向我反映：你的学生不像你。太凶！队干部都怕她，人人不敢再摇膀子不下田劳动了！

1972年，县里又要我上五七干校，归来即被派到离家十五里路的苏舍中学教高中语文。该校原是农中。当时传言：如果夫妇俩都派了工作，随家插队的孩子户口就可以变成城镇户口。于是树棠主动要求去苏舍中学教历史。因为他在我之先已去五七干校学习过，学校的邱治玉书记就同意了。这位邱书记是老干部，也是师范毕业生，是当时公社书记邱治荣的堂兄，后来他竟与树棠成了朋友，过年还邀请我们到他家做客。当他知道树棠原是高校教师后就请他负责全公社二十二个大队的中小学语文教师的辅导工作，树棠欣然接受。树棠不会骑车，就由小儿钱颐骑车送去公社所在地，每日往返六十里路，风雨无阻。有时是邻近的辛勤大队学校的姜培生老师骑车送他去公社上课。姜培生是仪征人，很健谈。因此，树棠也学会了坐二轮车，即坐在自行车的后面。

由于来参加辅导的人太多，只好在公社大会堂里上课，地方大，树棠讲课很吃力。我也曾去讲过一次词语教学，深有体验。树棠接连上了两年这样的大班课，即使对教材很熟悉，也照样备课，且注意农村教师的特点，注意语言的深入浅出，要乡间的广大教师听得懂，因此效果好，很受欢迎。公社负责教育的干部到过年时带了红枣、云片糕之类的东西来我家慰问他，这在四灶公社下放干部中是仅有的。因为我们是来接受贫下中农再教育的，这可算是知识分子放下架子走与工农相结合道路的一个实例。

新兴一队离东台县城有二十五里路，我们每次进城如果没有孩子用自行车送，就全靠“11号两脚车”来回五十里路。正因为常走路，本来体弱的他，身体日渐好起来了，队里的农民见了他常说：“钱爹，你到我们这里来，空气好，你完全可以多活十年呢!”这话也真应验了，他去世时已经实足九十七岁，属于高龄。他母亲活到八十七岁，而其父仅活到六十岁，二人相去甚远。

四灶公社属于东台的堤东，为产棉区。“堤”是“范公堤”。堤西则为水稻田区，堤东则全种棉花，间或夹种一些经济作物薄荷，粮食多为玉米，水稻少，主要自产自销，而棉花要上交的，有定额。因此，我们早晚吃玉米糁子粥，玉米饭我们吃不来，太硬不消化。一年后我们才习惯，而且觉得香甜可口，我将十分之七八的自留地也种了玉米，少数种了黄豆，为的是换豆制品。老三、老四是农村户口，分有自留地，我和树棠只有屋前屋后少许菜地。在农村，蔬菜是没有买的，全靠自产。我家常是钱颐上城买青菜秧苗，我和钱平栽菜秧，有时还得挑灯夜战。树棠爱吃青菜，他常和我两人抬粪浇菜。我家每年的腌菜全是自产的，倒也有四五百斤。但到了腊月还得向外队的农民买三四百斤大白菜过冬，到冬天我家地头的青菜就稀稀落落的，还盖上一层棉花秸防冻，预备过冬及大儿子、大女儿从农场归来过年、全家团聚时用。我家养的母鸡有四只，鸡蛋也够吃，我们不买鸡蛋，也不卖鸡蛋。此外，总向外队物色三四只公鸡为了过年或送杭州的父亲与上海的堂姐。东台无雪里蕻菜，我便在树边、路边种些麻菜代替，反正麻菜也属于芥菜类，萝卜却种不好，便到外队去买。下放东台八年来，我向农民学会了做萝卜干及种山芋、马铃薯、茄子、菜椒等农业方面的技术。回城后我还教邻居腌制萝卜干呢！在农村，我虽跟班劳动，但主要是棉田锄草。我还闹过一个笑话，终生难忘。一次随大队赵书记去外队互查，我见到一块田里的棉秧，以为是荞麦秧，书记却说："老王，你错了，这还是棉花秧！"我赶忙接着说："书记，这正说明我应该下来向你们学习啊！"他付之一笑。

1975年春夏之交的一天，忽然广播中喊我到公社去一趟。原来是要我次日赶到安丰公社，参加中专的招生工作。次日天还没有亮，我自己背着行李步行到四灶公社乘农村公交车上安丰。一到安丰，就见到了无锡妇幼医院的上海籍的孙医生，一问，原来她也下放了，这次也是被召唤来安丰的。考生基本上是下乡插队的知青，我见到了原无锡十二中的一些初三毕业生。她们见到我，既惊讶又高兴。这次招生，主要是口试，题目多属于政治方面，又无标准答案给我们参考。考试结束时，要负责口试的老师写评语，就此结束。如是的招生考试，我接连去了两次，第二次仍然在安丰公社，这次来的都是高中生，无锡十二中67届的包德渊也在其中。包德渊原是我班的团委委员，各方面成绩较好，品德优秀。当然考试下来我给她的评语也好。这次考试，她被录取到江苏师范学院外文系，即后来的苏州大学。毕业后在南京当中学英语老师。

我的大女儿钱萃是无锡十二中68届初中生，1969年随同学一起下放到苏北五图河农场，中间又把她们这批学生送到新沂沂河农场。我们下放到东台四灶公社新兴大队一年后，连打了三次报告，要求把她也迁到东台插队，一家人在一处也好有个照应。报告被上面批准后，是树棠拿着报告到沂河农场将她迁回来的。钱萃回来后参加生产队里的劳动，社员举荐她为记工员。她工作认真，一丝不苟，很受大家欢迎。生产队的农民于1975年推荐她去考中专，经过考试，她被录取到盐城师范数学系。消息传来，全队高兴，因为前一年推荐的一个本地队员未被录取，大队干部就决定让下放知青去试试。开学了，本小队还为她饯行，并要我们全家参加，我们万分感动，从这件事也看到了希望，前途不再迷茫，只是不可捉摸。

树棠上南京编教材时邓小平同志已经复出。听到高校需要人的信息，他也为自己的出路奔波，作了一些努力。此时无锡也在东台调回了几个老干部。我们估计自己也快要回城了。这时，我家屋前屋后种的楝树和刺槐树已有碗口粗了，我们就盘算将它们做成家具，留作下放纪念。于是我们请下放在辛勤大队的木匠居师傅来我家做家具，菜橱、五斗橱、木椅之类，因这些家具我家缺少，趁此补齐。当地招待匠人需要馒头、糕饼，反正过年时蒸的馒头、糕饼有的是，招待居师傅不成问题，每日下工后由老四用自行车送他回去。

过年时候老大背了些鸡、鸭、羊肉回来，可以招待到我家帮忙的人。我们请队里的强劳力来我家锯树，又把树送到七八里路外的河对岸的大丰县的西渣公社的农机厂锯成木板，记得当时忙得不亦乐乎。这时我还在苏舍中学教高中语文。哪知，我们高兴得太早了，这时又掀起反击右倾翻案风的运动，跟着传来的是以后恐怕要对下放干部停发工资的消息！这时树棠对我说："天无绝人之路，我们从现在起就要作好不发工资的准备，要节约开支！好在孩子们一个个长大了，靠劳力也可混过去的！"虽然不妙的消息在传，我们回城的准备工作却照常进行。不久，老三被派到新兴学校当初中语文代课老师。

不久，老四高中毕业了。老三、老四又都被派到四灶公社农机具修造厂工作。他们先是当竹匠工人，后来，老三当绘图员，老四当会计。

1977年上半年，无锡派人到各农场办知青病退工作，大儿子钱鼎因右腿残疾，便盯着办事人员要求回无锡，终于获准，成为无锡市第一中学的职员。这样一来，树棠来无锡找汤聿敬书记也有了落脚之处，否则就要住到同事钱雨人老师家中。钱雨人老师我俩都认识。他也是钱穆的学生，无锡国专毕业的。每次去钱老师家，我总是送腿心肉给他，钱师母万分高兴。那时，物品匮乏，城里买肉要凭票限额供应，我便到何舍猪肉供应点找会计帮忙。会计是无锡一中的插队知青，一次可以卖给我五斤腿心肉。1977年秋，我们从东台迁回无锡时就把户口寄放在钱雨人老师家中。他们家对我们很热情。虽然同姓钱，树棠是南通的钱，他是无锡的钱。可是他们在我们最困难时帮助我们。

下放八年，树棠的办事能力得到大大提高，不再那么迂阔笨拙了，也不再少与人打交道。但是在下放期间，他却从不把那些心爱的线装书拿出来曝晒，也从不翻看，怕惹事，颇为小心谨慎。他只是每日到南兴大队浦永昌老师家中拿订阅的《人民日报》，取亲友的来信。因为浦永昌家住在供销社边边上，大队通讯员为了方便起见，就把我家的报纸、信件放在他家，就不一一送了。

树棠本是一个酷爱读书的人，阅读范围很广，有文学、文字学、宗教、美学、哲学、逻辑等，无所不包。逻辑，我在浙江学大也学过，但不感兴趣。他则学得很好，且能够运用到各门学问中去，使之提纲挈领，纲举目张，主次分明，所以我说他是个杂家。他的老师钱穆说他“个性执著，很难发得开”。这个“很难发得开”怕也就是吴徵铠伯父的所谓“有些酸气了”呢！我认为这仅仅是主观因素，外界的环境因素也有所影响呢！

树棠的表姐是中共地下党员，一个表弟是新四军的营长，他见我要求加入中国共产党时，心中也起波澜，曾对我说：“我也想参加共产党，但我怕开会。”至于他之所以参加民主党派的“九三学社”，却是我老父亲的劝说。家父对他说：“参加‘九三’的人大多都是些读书人和科学技术人员，你连这个也不参加，今生会孤陋寡闻，抱残守拙，失却朋情了！”

处在这样一个大动荡的时代，必须跟着时代潮流才有进步，才有希望，才能与时俱进。一个固执己见的旧知识分子终于变了，变多少，有待公论。

他的前期著作一直锁在一个铁皮箱子中，任何人都不许动，因此我也不去碰它！只知道他有有关《红楼梦》的评述。后来他的一位无锡市立女中的同事冯其庸成为红学家，只听他说过：“我写《红楼梦》评述还在他先呢！”可惜他一直不拿出来发表，直至1980年要评职称了，经劝说，他才拿出来。下放东台期间，他去杭州看望我老父亲时，父亲曾劝他写些古书注释，他可以介绍出版社。我也催促，但他却回以“我有我的写作路子，决不靠丈人出名！”这便是他的怪癖脾气，我们也就不再劝他。直至1984年，他与好友严耕望先生恢复通信后，听严耕望之劝，才动笔写出《九歌析论》，严先生介绍给台湾的商务印书馆张连生编辑。他写好草稿由我誊清，我始知他研究屈原的《离骚》不仅能结合楚国的地理形势、风土人情及宗教等方面，还着眼文学和水利情况，的确不同乎寻常。于此可见他的学问根底很深，平常却不显露出来。

树棠的老师钱穆于中华人民共和国成立前夕去了香港，他不留大陆是有其不得已的苦衷。在重庆的签名不是他自己签的，是别人代签的，其实他很爱自己的祖国和中华民族的优秀文化，也没有一个学生随他去香港。老师家有五六个孩子，仅靠在苏州做小学校长的妻子养活，日子很艰难的。当时他的学生们每月接济师母，在无锡就有钱树棠和吴佩兰（钱穆改其名为沛澜）老师，每月十元，一担米钱，到其大儿子钱拙出来参加工作（物理教师）时才叫不要再寄了。钱穆也是我父亲的朋友，1944年冬在浙江大学史地系应文学院长张其昀（晓峰，后为台湾教育主管部门的领导人）之邀来遵义浙江大学讲课两月，我父亲曾请他来我家吃饭。因我母亲早在1939年就病逝于广西宜山，菜是我做的，所以我见过钱穆。至于无锡的另一位名人钱基博老先生（钱钟韩、钱钟书的父亲），我也见过。那是1938年春，他逃难路过江西泰和上田村时来看望竺可桢校长和张其昀时，我家正住在张家楼下。这两位学者的个儿都不高，身材较瘦小。

树棠的老师钱穆九十六岁时病逝于台湾，但归葬于苏州西山一个山村。后娶的师母胡美琦与留在大陆的儿女在那儿建了几间房，作为该村的一座图书馆。树棠与吴沛澜老师曾冒雨坐快艇去上坟凭吊过。树棠很热爱、尊敬钱穆老师。“文化大革命”初期，他被关在三中集中学习，吃住都在学校。一日中午，有人贴出一张大字报，上面说“钱穆是反动文人，钱穆的死党就在我们这里。要把钱穆的死党揪出来示众”。树棠从食堂吃饭回来，看到这一大字报，特地拿了一张白报纸覆盖了。这件事正说明他的机智与果敢，坚持维护正义。可见，他的“发不开”“文人的酸气”并不是真实的，是受时代影响的，他不愿意刻意掩饰迎合某种需要。现在我明白了，他的“发不开”是能够“发得开”的不展示，他的“酸气”

是有才气的酸气，是打上时代烙印的酸气，是不能够自由展露才气的酸气。抗日战争期间，钱穆老师为了维护民族大义，往来奔波于昆明、乐山间讲学，去后方的大学讲学，怎能说他是“反动文人”呢？

苏北乡间学校只重视语文和数学两门课程，外语却是个薄弱环节，因为缺师资。树棠下乡后对几个孩子的教育特别抓紧，所幸他的英语、数学都没有忘记。1974年冬，从南京回到东台乡下后他就着手为孩子们补课。数学课本是我写信给在上海复旦大学数学系任教的堂弟李大潜寄来的。语文史地更是树棠帮他们复习的。1977年国家恢复高考制度以后，除大女儿已被推荐为盐城师范的工农兵学员外，三个孩子都陆续考上了大学。大女儿师范毕业后在东台师范工作了三年后调回无锡，后又到无锡教育学院补上了大学课程。大儿子钱鼎从未读过高中，所有高中课程都是在市一中当实验员时自学的，但他1979年的高考成绩却排在无锡市前十名，上了浙江大学的材料工程系。他是带薪上大学的，毕业后又考取了该校的研究生。研究生毕业后任无锡江南大学机械系讲师，三年后又自费留学美国。孙女钱璨在美国耶鲁大学医学院就读研究生，已经毕业，现为美国纽约的一名外科医生。

天有不测风云，人有悲欢离合。当我们全家下放东台时，真是举目无亲。但次年（1971）我回南通看望我叔父时，得知我的嫡亲表弟吴刚中就在东台城里住。刚中表弟是1961年反右倾时从南京的省劳动局下放东台的，现在县委工作。于是我一回东台就去找他。吴刚中的母亲是我的大姑母，且是我的启蒙老师，可惜她1936年因痢疾病故于上海。我与刚中表弟相见还在抗日战争前呢！分手时他仅四岁！从这以后我在东台也算有个亲人，到东台城里有了落脚点。后来到1977年秋树棠上调时，也是他为我们奔走盐城地委，终于得到放行。两年后，盐城办高校时，深悔放走了钱树棠，因为当时不知道他是高校的历史教师。

1977年我们回城时树棠已经虚岁六十，我也五十五岁了。四灶的书记怜他年老，让我们将小儿子钱颐带回无锡，两个女儿则留在东台工作。1978年，小女儿钱平考上了江苏师范学院政教系。大女儿按规定在东台师范工作三年后也调回无锡。至此，四个孩子都上了大学，或有了工作，我的老父亲非常高兴，因为其时一些大学教授的子女多为工人，考上大学的屈指可数。现在仔细回想，一半得归功于下乡插队。因为到了一个完全陌生的地方，没有依靠，人人非自我奋斗不可，要有前途只有靠自己去努力，去追求。

树棠最为高兴的事是于1985年秋去首都北京拜访好

友并登上了万里长城，畅游中南海、颐和园，整整二十天。我的二弟休中、小弟倞中都在北京工作。二弟在地质部地震总局工作，是因弟媳是北京人之故从金沙江畔的攀枝花矿区调回北京的。小弟则是在上海交通大学提前毕业参军，后转业到当时的七机部工作的，现在已经改为航天部。彼时，小弟新分到紫竹院对面的一间宿舍，而他的小家庭却安在弟媳肖承偲工作的北京语言学院内。我和树棠在北京期间就住在小弟的紫竹院宿舍。他们为我们准备好了油、盐、煤气罐等，我们就自己烧煮。小弟媳的父亲肖彰也是浙江大学中文系的教授，教我声韵学的，是北京四大名医之一肖龙友的儿子。小弟媳是北京大学中文系毕业的，外语好，在语言学院教留学生汉语。在北京期间，树棠与分别数十年的武汉大学历史系同学郑昌淦相会。郑是福建人，从台湾归来后在中国人民大学任历史系主任。久别重逢，有说不完的话。郦家驹、洪庭彦家也分别去过两三次，洪拟送我们一幅《清明上河图》复制品，树棠说不必，家里地方小，没处挂。还有一位在水利部工作的姚洪源，也是钱穆成都时的学生，北方人，年较老，也请我们吃饭，可惜那天我未陪去。此外，钱穆的次子钱行也来过我们的暂住处，他也教中学物理。

我们去北京时还去演乐胡同拜访过一直追随马一浮

太老师逃难的英语翻译家——北京大学毕业的王培德（星贤）老伯。他是山东文登（今威海市文登区）人。我们逃难广西宜山时先住燕山村，与文学家、漫画家丰子恺家比邻。那时，因日本鬼子的飞机常来轰炸之故，我们这些孩子失学在家，就在马老家实行“小先生制”。所谓“小先生制”就是大孩子教小孩子读书。马老在宜山乡间买了一排三间草房和王老伯同住。后来，马老去了四川办复性书院，就要我家去住。我们两家各有四个孩子，采用易子而教的办法，即王老伯教外语，我父亲教古文。我母亲生病后病亡于此草屋中，临终前是王伯母为她穿衣服。父亲托挚友时任总务长的沈鲁珍老伯差人去柳州置办寿衣。母亲睡的是楠木棺，因那儿只出楠木，非常重，出葬时是工学院一年级的学生来抬，因我父亲教他们国文，竺可桢校长也来送葬。母亲葬于龙江之滨的浙江大学公墓。这时我父亲才四十岁，我母亲还不到四十二岁，已有四个孩子，我才十二岁，小弟弟刚两岁。广西的习俗很怪，女的为户主，为家庭主要劳力，做父亲的倒在其次，且唤为叔父，后来才知道这是母系社会的残留现象。乡里隔三岔五就有市场，名为赶墟，即赶场，那里有红豆树，树高大，其子很难打下来，真是名副其实的“红豆生南国，此物最相思”，现在我箱中还留有几颗，可惜年长日久，已经不那么鲜艳夺目了！

树棠的固执还突出表现在小儿子钱颐的大学毕业分配上。他希望儿子做一个医生。当传出来小儿子要去做卫生方面的干部的消息时，树棠在大儿子的支持下竟去苏州医学院找儿子的班主任。我和他意见不同。我认为，国家有一定计划，怎可由个人说了算？我力劝他不要去，他竟不听。原来这批大学生是二机部为江苏医疗战线培养的所谓第三梯队干部。学校哪有听家长话的道理？结果钱颐毕业分配到南京郊县的高淳做医生。刚到高淳，就赶上乡间发大水，有时要从跳板上跑来跑去上下班，春节也不可以回家团聚。三年后，在南京参加党员学习班之后就调到了南京城郊的雨花台医院做特派员、办公室主任，接着又提拔为该院的院长。这时，树棠又常写信关照他读书，学习如何做好领导工作。第一要关心群众，群众包括来医院看病的病人和所有的工作人员，勤杂工、厨工，切不可摆架子，高声训人，事事要身体力行。夏天候诊的走廊要增加吊扇，并要设法开源节流，逢年过节给医院职工发点奖金，更不可官僚主义，等等，树棠不厌其烦地关照他。所以清扫卫生时儿子总是赤脚或穿着长靴套鞋放水冲洗，把医院的卫生死角弄得干干净净，又把一小块空地租出去开了水果店，过年时从不发奖金的雨花台医院也发了奖金，各个科室也面目一新。几年后，老局长退休了，区里让他顶上，这一做就是二十年。因他是随父母下乡的，上大学算工龄，今年他虽然五十六岁，但已经有三十二年工龄，目前已经退居二线，但仍然留在区长办公室工作。所以说，树棠对子女的教育不仅仅是为了考入大学，更重要的是一生如何做人，如何对待工作和朋友，是严格有方的。

树棠为人朴实。明明武汉大学毕业后在成都读了两所大学的研究所，一是齐鲁大学顾颉刚、钱穆合办的研究所，一是四川大学的研究所，但他的履历、学历一栏总填写为大学毕业。为什么？因顾、钱虽为名人，但学校在当时未在教育部备案，一律不发文凭。我看这也是他吃亏的一个原因。他从不标榜自己，不图虚名。

我父亲1982年冬逝世以后，杭州大学中文系即着手搜集其遗著，但遗著终因缺乏经费和人力未得付印，直至二十年后始送还家属。我大弟于2005年春由杭州携来书稿，恳请树棠为之编辑，这下可算找对人了，印费则由我们姐弟负责。

父亲的诗文创作时间绵延历六十余年，自有时代烙印。树棠接手后仔细阅读，并稍补缺失，重为编次点校，且于每篇酌加题解，其余悉依其原貌，以便治旧学者借鉴参考。注解及核对工作则由我负责。又请沪上的堂弟李大潜解决出版问题。《因巢轩诗文录选存》终得于2005年8月问世。

《因巢轩诗文录选存》的前言也是树棠撰写的，可是他却不肯具名，我写上了又被他划去。诗文集眉目清晰，逻辑性强，足见树棠的古文功力不仅很深，且文采斐然。可是他总是不愿具名，不仅说明他有谦让的美德，还流露了他那固执己见的怪癖呢。树棠在古文方面的成就钱穆老师早就了然于胸。老师于1946年秋曾召集刚从四川归来的洪庭彦、郦家驹、吴沛澜和树棠四人住无锡荣巷标点古籍，抄写资料，拟编《四部选粹》，并命树棠总其成。后因时局巨变，《四部选粹》未能出版。

今年5月底，树棠突然大小便失禁，6月1日进医院治疗，住重症病房三十七天，几乎天天打白蛋白，患的是成人呼吸窘迫综合症，且有肺炎、胃溃疡等并发症，为了排痰，不得已切开气管，但毫无起色，到7月7日下午突然呼吸中止，撒手人寰，离我们而去。

我和孩子悲痛之余，写给他的挽联是：

九七翁钱树棠先生千古

勤奋学习，热诚待人，认真学习，不求闻达；

教子以严，生活朴素，学问有成，无悔一生！

字句虽平实无华，但我自认为能够如实反映他的一生。

树棠的《离骚四绎》是他近九十岁时的作品，得原无锡教育学院领导胡治华老师的推荐，在他九十六岁时由中国大百科全书出版社出版，同时还出版了简体字版的《九歌析论》，让他生前看到了《钱树棠文集》的第一种与第二种。这不仅让他本人感到欣慰，也令我们全家万分感激。至此，他的一生终于画上了一个圆满的句号。

树棠热爱学生。他是个热心人，对上门请教问题、请他做事的人从不拒绝，总是尽自己的力量满足他人的需要。无锡市第一女中在筹备纪念建校一百周年时，一教师上门请他写贺词，他欣然命笔。这首诗词也是树棠的最后之作。

贺无锡市第一女子中学百年校庆

武昌首义开民国，女学大兴垂百年。
春风化雨掀潮浪，从此闺秀赛男贤。
茶药余生两悠悠，仗郭校园浑无似。
老不晓事空自居，强说《离骚》忘所之。

钱树棠九十四岁作

2011 年 12 月 29 日

树棠走了！永远走了！我在整理他的稿箱时，一本题为《国风诗说解颐拾慧》的书稿赫然在目。翻来一看，毛笔字是那么俊秀，眉批也是用毛笔，细如牛毛，得用放大镜来看，稿纸却是齐鲁大学研究所的，一推算，那是1941年与1942年，如此巨著，写时不过二十三四岁，竟有如此成绩，实在令人敬羡。他的才气被时代埋没了。其实，他写专题论文早在读大学二年级时。翻看武汉大学当年的档案，在武昌珞珈山的《责善》半月校刊上就登有钱树棠的《论秦代的驰道》[①] 一文，还得了一等奖学金五十元呢！五十元大洋在1938年、1939年的旧中国是一笔不菲的数目。那时的大学生伙食费每月不过二三元。怪不得文、史两系的名教授要写条幅送他！至于他在无锡市立女中教历史时编的历代史纲及复习提纲，以及下乡回城后在无锡教育学院教授古典文学时的教案，他都亲自整理，分别成捆，整齐地放在书橱的下层，这次也被我们发现了，我们也应珍视。还有那些用毛笔或钢笔书写的读书笔记，他也都一一捆放一起，我当为他留给后代子孙，让他们观摩，让他们知道其祖爷爷是怎么学习祖国传统文化的，又是怎么传授中华民族的优秀文化作品的！

王同文

2014年12月22日

---

① 经核，钱树棠所作《秦治驰道杂论》一文发表于私立齐鲁大学国学研究所编《责善》半月刊2卷24期（1942.11）。

目　录

第一章　交通建设

第二章　交通干线

附录

绪言

夫利交通，所以便委输，均有无，广垦辟，禁奸暴也。盖政教可及，必舟舆攸通，交往既繁，而浚筑斯起。于是河渎贯注，经涂错综，邮亭弥野，驿马绝尘。用能据一都之会，临四封之区，远挹土贡，捃集简书，夕惊风鹤，朝驰羽檄。如蛛布网，触隅动中；如木展枝，散万趋一。输导既同血管，察觉一如神经。其关切治道，亦云巨矣。

是以通渠辟路，设邮列亭，代有其政。先秦之世，记载缺略，民分地割，谅无巨构。及秦一天下，以逾纪之年，兴旷代之功。堑山堙谷而除道，凿湘通漓以为渠，北置九原，南县群越，周纡驰道，壮丽天下，后世殆莫与侔焉。降及汉武，筑朔方，通西域，东穿秽貊，南略邛滇，开渠募徙，凿山置亭，继秦之武，抑斯其次矣。东京而下，迄于当涂，论其兴筑，都逊䇭(前)代。将发展之领域已定，往季之成业可因。补细修残，遂少开创邪，抑国力远愧曩昔，垦辟转形短绌也。缅怀秦汉，系人遐思。

盖兹编所述，断自嬴秦称尊之岁，迄于典午当朝之年。历载五百，计统四朝。采摭四史，杂参别籍，类序其事，以年相次，间加臆测，聊为图说。其京师桥梁，功大而构宏，虽小必书；灌溉渠洫，用殊而体异，虽巨弗录。将枚举其工，粗示大凡。自审学浅，必多陋误，匡谬补缺，敢期大雅。

第一章 交通建设

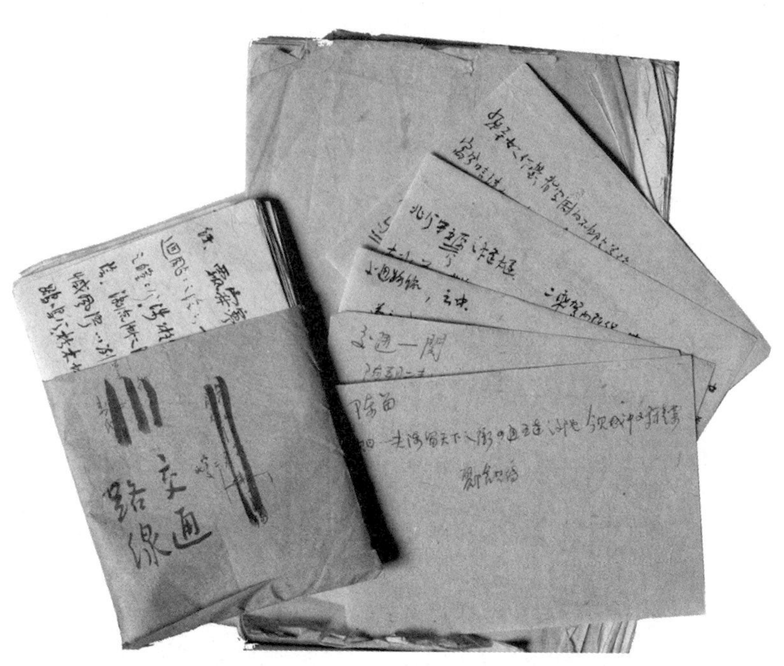

第一节　秦之交通建设

自始皇一统，迄于沙丘崩殂，虽年仅一纪，而其整齐制度，恢廓疆宇，实迈越前古，抗衡近世，其在交通亦颇著巨绩。兹先叙成大事表，然后依序分述。

大事表

始皇廿六秊(年)[①]	初并天下，器械一量，舆广六尺，车同轨
廿年（?）	筑渭桥 治驰道
廿? 年	略西南夷，通五尺道
卅三年	平南越，辟新道，又凿渠通湘、漓 筑九原
卅五年	除直道：九原至云阳，堑山堙谷千八百里

一、车同轨

《史记·秦始皇本纪》[②]：“二十六年……秦初并天

---

① 作者手稿在此大事表中，年均书为其异体字“秊”，编者只在此从作者原书并在其后括注下标“年”，其后则径改为“年”——编者注

② 全称《史记·秦始皇本纪第六》——编者注

下……数以六为纪……舆六尺……一法度衡石丈尺。车同轨。”

按《周礼·考工记》：“……兵车之轮，六尺有六寸；田车之轮，六尺有三寸，乘车之轮，六尺有六寸……”[1]“舆人为车（郑注：车，舆也），轮崇、车广、衡长，参如一，谓之参称。”[2]（孙诒让《正义》[3]曰：“凡兵车、乘车，舆广衡长六尺六寸；田车，舆广衡长六尺三寸。”）《考工记》盖晚周齐人之作（江永说），识事记录（郑玄说），必合实情，而谓舆广六尺余，本纪容举成数与。抑战国时车涂异轨（《说文·序》），齐秦自有不同，至是以秦舆为准而一之也。

“舆者，轸輢轵轛之总名（阮元《揅经室集》卷六《考工记·车制图解上》）”，车以为主（《考工记》贾疏），舆之广既有定制，则轮之崇、衡之长亦必同之。盖参称有定而车之大小同矣。

轨者，《说文·车部》曰：“车彻也。”段注：“支部曰：彻者，通也。车彻者，谓舆之下两轮之间，空中可通，故曰车彻，是谓之车轨。轨之名，谓舆之下隋方空

① 出自《周礼·冬官·考工记第六上·总叙》。本书《周礼》引文及观点用中华书局《周礼正义》（［清］孙诒让撰；王文锦、陈玉霞点校）本核，后同——编者注

② 出自《周礼·冬官·考工记第六上·舆人》——编者注

③ 全称《周礼正义·冬官·考工记第六上·舆人》——编者注

处，老子所谓‘当其无，有车之用也’。高诱注《吕氏春秋》曰：‘两轮之间曰轨。’毛公《匏有苦叶》传曰：‘由辀以下曰轨。’合此二语，知轨所在矣。上距舆，下距地，两旁距轮，此之谓轨……曰两轮之间，自广陿(狭)言之，凡言度涂以轨者必以之。由辀以下，自高庳言之，《诗》言濡轨，晏子言‘其深灭轨’，以之。《中庸》车同轨，兼广陿(狭)高庳言之。彻广六尺，轵崇三尺三寸，天下同之。同于天子所制之度也。《穀梁传》车轨尘，即《曲礼》之驱尘不出轨，谓尘之高广，一如轨之高广而不过也。《车人》彻广六尺，乃自其里言之也。《匠人》注彻广八尺，乃自其表言之也。曰由辀以下曰轨，曰两轮之间曰轨，皆自其里言之也。《少仪》祭左右轨，《史记》车不得方轨，皆自其表言之也。自轨彻之说不明，训之以地上之迹，迹非不名轨彻也，而迹岂即轨彻也。”阮元曰：“……轨自为彻迹之名……盖乘车、兵车、田车等崇卑虽不同，而两轮则同广八尺，不如此，出门不合彻，故《礼记·中庸》曰‘今天下车同轨’是也。孟子曰城门之轨。庄子曰车彻中有鲋鱼焉，亦并指车迹。”（见《考工记·车制图解上》）按轨之为用，一则轮之辗地，可杀摩擦之阻，一则车之循彻，可免倾覆之虞。按轨运行，事属必需，故城门见轨，力岂二马，涸彻成沟，深容一鲋。曹刿视齐彻之紊乱，遂鼓鲁师以追逐。参酌段、阮之说，用知同轨之义，究何在矣。

考今日北方诸省，在同一区域中，车轨之广多有定数，以今例古，盖有同然，则秦行此制，自必甚易。故廿八年琅邪刻石遂以“普天之下，抟心揖志，器械一量，同书文字”为颂矣。然观《陈丞相世家》[①]“（张）负随平至其家，家乃负郭穷巷，以弊席为门，然门外多有长者车辙”，云云，其时殆在始皇卅年左右。（一）就车彻而知其为长者之车，（二）必其轨之广有异乎常，是未能同也。抑所同者仅长者之车邪。盖天下初定，号令未尽遵行，然迹其用心，亦云伟矣。[②]

① 当指《史记·陈丞相世家第二十六》——编者注

② （注一）据《世家》，陈平卒于文帝二年，寿似不永。姑定其年为六十岁，上逆吕后八年，惠帝七年，高祖十二年，凡廿九年，则高祖元年，平殆卅二岁。又据《世家》“及平长，可娶妻……久之……负……卒与女”之文，时平年当在廿五岁左右，故估计为秦始皇卅年左右也。

（注二）《史记》之《索隐》曰：“按言长者所乘安车，与载运之车轨辙或别。”按此说不尽然。乘车、运车之轨辙，深广容有不同，按彻可辨。然必长者皆乘乘车，而非长者皆乘运车。则小司马之说为谅矣。然非长者亦自有其乘车。前汉贵辎軿而贱轺车，且轺车轻小（说见“交通工具”章），盖秦俗之遗，惟其轨广有异，故张负得而辨之矣。

——作者于此小节后所作二小注

上述二注中的《世家》及《史记》之《索隐》均指《史记·陈丞相世家第二十六》；括注“说见‘交通工具’章”中的“交通工具”章，当是指该文之未完成章节——编者补注

二、筑渭桥

《水经·渭水篇》："又东过长安县北。"注："水上有梁，谓之渭桥，秦制也，亦曰便门桥（便门桥非渭桥）。秦始皇作离宫于渭水南北，以象天宫。故《三辅黄图》曰：渭水贯都，以象天汉，横桥南度，以法牵牛。南有长乐宫，北有咸阳宫，欲通二宫之间，故造此桥。广六丈，南北三百八十步（毕沅《三辅黄图》辑本三作二），六十八间，七百五十柱（毕辑本七作八），百二十二梁（毕辑本上二字作一，《玉海》引作百二十梁），桥之南北有堤，激立石柱，柱南，京兆主之，柱北，冯翊主之。有令丞，各领徒千五百人……"①

按《始皇本纪》②："二十六年……徙天下豪富于咸阳十二万户。诸庙及章台、上林皆在渭南。秦每破诸侯，写放其宫室，作之咸阳北阪上，南临渭，自雍门以东至泾、渭，殿屋复道周阁相属。……二十七年……作信宫渭南，已更命信宫为极庙，象天极。自极庙道通郦山，作甘泉前殿。筑甬道，自咸阳属之。"则营桥当是此二年

---

① 出自《水经注·卷十九·渭水》。本书《水经注》引文及观点用中华书局《水经注校正》（陈桥驿校正）本核，后同——编者注

② 当指《史记·秦始皇本纪第六》——编者注

内事。

又按，考《本纪》[1] 谓卅五年，营阿房，为复道，北渡渭，“属之咸阳，以象天极阁道绝汉抵营室也”。筑桥又似在此年。则惟秦营宫室，甚尔架桥又未必迟至卅五年。毕辑本《黄图》于廿六年营信宫之后，接叙其筑咸阳宫、造横桥之事，似是与上文连叙，筑桥事系在廿七年。兹从《黄图》系在廿七年。

又按《水经注》引《黄图》：柱南以下乃述汉制，然必上承焉(前)朝规模，桥之壮丽可以想见。惟于秦代交通建设中，特其小小者耳。录之聊备一格。

三、治驰道

《始皇本纪》[2]：“二十七年……是岁，赐爵一级。治驰道。”应劭《集解》曰：“驰道，天子道也，道若今之中道然。”按如应说，则后世之御道也。谓之驰道者[3]，殆以其平敞宽广可驰骋耳。

---

① 当指《史记·秦始皇本纪第六》——编者注

② 当指《史记·秦始皇本纪第六》——编者注

③ 作者于此处拟补书于页眉之文字：“盖必有异于常道。故‘无盐危山土自起覆草，如驰道状’，而东平王遂得以辨异之（《宣元六王传》）。以汉例秦亦类此矣。”但又于文内将拟补符号删除。此段文字中的《宣元六王传》当指《汉书·宣元六王传第五十·东平思王刘宇》——编者注

《汉书·贾山传》[1]：秦“为驰道于天下，东穷燕齐，南极吴楚，江湖之上，濒海之观毕至。道广五十步，三丈而树，厚筑其外，隐以金椎，树以青松”。

于此有应论者数事。

a. 治道之目的

天子之道何为遍诸天下而其工致如此？曰：始皇“平定天下，海内为郡县，法令由一统，自上古以来未尝有，五帝所不及”（《始皇本纪》[2] 群臣议尊号语）。故矜功耀武，大兴造作，“筑极庙，象天极”（《本纪》[3]）。“筑咸阳宫，因北陵营殿，端门四达，以则紫宫，象帝居。引渭水贯都，以象天汉；横桥南渡，以法牵牛。”（《黄图》[4]）营阿房，“周驰为阁道，自殿下直抵南山。表南山之巅以为阙。为复道，自阿房渡渭，属之咸阳，以象天极阁道绝汉抵营室也”（《本纪》[5]）。遂乃“表河以为秦东门，表汧以为秦西门”（《黄图》[6]）。浸而“立石东海上朐界中，以为秦东门

① 全称《汉书·贾邹枚路传第二十一·贾山》——编者注

② 当指《史记·秦始皇本纪第六》——编者注

③ 当指《史记·秦始皇本纪第六》——编者注

④ 全称《三辅黄图·卷之一·咸阳故城》。本书《三辅黄图》引文及观点用中华书局《三辅黄图校释》（何清谷校释）本核，后同——编者注

⑤ 当指《史记·秦始皇本纪第六》——编者注

⑥ 当指《三辅黄图·卷之一·咸阳故城》——编者注

矣”（《本纪》[①]）。直以天下为家，故“欲大苑囿，东至函谷关，西至雍、陈仓焉”（《滑稽列传》[②]）。则天子巡狩，其道必遍天下。乘舆宁践危途（二世曰：“……凡所为贵有天下者，得肆意极欲，主重明法，下不敢为非，以制御海内矣。”始皇虽英明，然其“兴太平求奇药”，实父子同此心也[③]），供御必通委输（皇帝出巡，群臣皆从。舆服饮食有殊，方所不能供给者，必自他处委输之）。自始皇视之，理所当尔。夫驰道所至，一则帝仪皇范，足以威服黔首，厌“天子之气”。故刘李等观咸阳而叹，其当如是。一则坦途广道，车马之所隳突，捍御匪易。如有叛乱，立可夷平。故周勃讨平燕代，世家特诏其“所将卒当驰道为多”[④]，是以直道之除也。《匈奴列传》[⑤]则曰：“始皇帝使蒙恬将十万之众北击胡，悉收河南地。因河为塞，筑四十四县城临河，徙适戍以充之。而通直道……”而《蒙恬列传》[⑥]则曰：“始皇欲游天下，道九原，直抵甘泉，乃使蒙恬通道，自九原抵甘泉，堑山湮谷，千八

---

① 当指《史记·秦始皇本纪第六》——编者注

② 当指《史记·滑稽列传第六十六·优旃》——编者注

③ 括号内引文均出《史记·秦始皇本纪第六》——编者补注

④ 以上引文出自《史记·绛侯周勃世家第二十七》——编者补注

⑤ 当指《史记·匈奴列传第五十》——编者注

⑥ 当指《史记·蒙恬列传第二十八》——编者注

百里。”此盖互见之文。实曲尽始皇之用心，而其治驰道之意亦不外乎此矣。[①]

b. 驰道之广

考周秦之制，六尺为步，道广五十步，是三十丈也。准以今度，近廿一丈（周秦尺当今市尺六寸九分）。汉制乘舆所行，亦不过中央三丈（详后）。此盖袭秦之旧，是其旁尚各有九丈余，何其宽与？曰：此无可疑者，请以三事明之。一曰帝王之仪。其“将行则设兵而后出幄，称警而后践墀，张弧而后登舆，清道而后奉引，遮列而后转毂……”（《三国志·王朗传》[②]）。而“乘舆大驾，公卿奉引，太仆御，大将军参乘。属车八十一乘，备千乘万骑。……前驱有九游云罕，凤凰(皇)阘戟，皮轩鸾旗，皆大夫载。……后

---

① 《水经·河水三》：“又东北过黎阳县南。”注引《竹书纪年》：“梁惠成王十一年，郑釐侯使许息来致地，平邱、户牖、首垣诸邑及郑驰道。”案“及郑驰道”者及于郑之驰道，谓以是为界也。是驰道之名，非秦所独。应劭以汉制释为宫道，非其本矣。驰道尤今言马路，清世所谓官道也。一语破的，此篇皆为词费。——作者于此处夹缝中括注

上注中的“《水经·河水三》”误，当是《水经注·卷五·河水》——编者注

另：此页之页眉有朱笔批注：“驰道之建，军事运输作用重于游观作用，此点宜注意。黄”此“黄”当与封面朱笔所书之“阅黄”之“黄”是同一人。——编者注

② 当指《三国志·魏书·钟繇华歆王朗传第十三·王朗》——编者注

有金钲黄钺，黄门鼓车。古者诸侯贰车九乘。秦灭九国，兼其车服，故大驾属车八十一乘，法驾半之。属车……尚书、御史所载。最后一车悬豹尾，豹尾以前比省中”（《司马彪·舆服志》[①]）。“豹尾过后，罢屯解围”（刘昭补注引《小学·汉官篇》）。此虽参以汉制，固可想见秦规，独行中央三丈，正足见其卫护之严矣。二曰汉道之广。“长安城，面三门，四面十二门，皆通达九逵，以相经纬，衢路平正，可并列车轨。十二门三塗洞辟，隐以金椎，周以林木。左右出入，为往来之径，行者升降，有上下之别。”（毕沅本《黄图》引《三辅决录》[②]）而莽制郊祀，神灵坛神道广三十步（《祭祀志上》[③] 刘注引《黄图》），况于驰道。若茂陵神道广至四十三丈，又过之矣。三曰隋唐之制。长安街道之广，自四十步六十步至百步三百步不等（《长安志图·卷上》）。唐以后虽五尺为步，而尺度则较周秦增大三之一也。[④] 综兹三端，道广五十步实不足异也。

c. 三丈而树

王先慎释“三丈而树”曰：“三丈，中央之地，惟皇

---

① 当指《后汉书·志第二十九·舆服上·大驾、法驾》——编者注

② 出自《三辅黄图·卷之一·都城十二门》——编者注

③ 当指《后汉书·志第七·祭祀上》——编者注

④ 详王国维《中国历代之尺度》，载在《学衡》五十七期——作者小注

帝得行，树之以为界也。”（《汉书·贾山传》[①]《补注》[②] 引）。按汉“令诸使有制得行驰道中者，行旁道，无得行中央三丈”（《汉书·鲍宣传》[③] 注引如淳语）。“骑乘车马行驰道中，已论者，没入车马被具。”（《贾充传》注引如淳语[④]）。中央三丈殆必树之以为识。观于前揭《三辅决录》所云“周以林木。左右出入，为往来之径，行者升降，有上下之别”，似属可信。此盖秦之遗规，然恐仅京畿为此，贾山未尝言中央三丈而松耳，王说太强。且路中有树，岂非有碍兵车战马之驰驱。揣之于理，实不可合。三丈而树者，驰道两侧每隔三丈，而一树也。王褒《僮约》曰：“种植桃李，梨柿柘桑，三丈一树。”盖秦汉植松之法如此。

d. 期年竣事之大工程与贾山所言之确实

按如贾山所言，则规划如此整齐，工程如此巨大，而今年方始治道，明年便亦东巡。假定道成而后始出巡，是期年之间毕以巨业，势殆难能。其贾山习游士之夸浮而侈言之与？曰：不然。按《周官·匠人》[⑤]：“经涂九

---

① 全称《汉书·贾邹枚路传第二十一·贾山》——编者注

② 当指清末王先谦《汉书补注》——编者注

③ 全称《汉书·王贡两龚鲍传第四十二·鲍宣》——编者注

④ 此处为作者笔误，当是《汉书·蒯伍江息夫传第十五·江充》注引如淳语——编者注

⑤ 当指《周礼·冬官·考工记第六下·匠人》——编者注

轨。”盖古代大道本甚宽阔，秦因其旧而广之。《本纪》[①]曰“治驰道”，治者，缮治之意，不曰“除驰道”，自非直道之比，何为一年而功不就？且始皇之出巡，实有耀威厌乱之意。故廿七年治驰道，廿八年即东巡，若东巡无需驰道，何为前一年治之？至廿七年西巡陇西北地者，或以秦之故土无需显耀，然正可视为始皇所以有治道之需，而于是年下令天下治之之一种解释也。此观于《史记·货殖传》[②]《汉书·地理志》[③] 可以知之。考廿八年东巡及于齐楚之域，此处驰道当已竣工。其后始践燕代吴越之地，然其道亦必已先成，盖燕代之开发，虽不及齐鲁，实与南楚吴越略等。南楚道已先竣，燕代吴越固不当后之。秦以法令绳天下，何能越期竣事？期年完工，殆无可疑。至贾山所言，容以关内之制准诸天下。然考《山传》[④]，其上至言于文帝在其谏除铸钱令之前，《文纪》[⑤]：“前五年，除盗铸钱令。”盖汉实已卅三年矣。则上至言时，秦亡未久，驰道尚少变易。且驰道在武昭之世犹有存者。《平准书》[⑥]：“公卿议封禅事，而天下郡国皆

---

① 当指《史记·秦始皇本纪第六》——编者注

② 全称《史记·货殖列传第六十九》——编者注

③ 全称《汉书·地理志第八》——编者注

④ 当指《汉书·贾邹枚路传第二十一·贾山》——编者注

⑤ 当指《汉书·文帝纪第四》——编者注

⑥ 当指《史记·平准书第八》——编者注

豫治道桥，缮故宫，及当驰道县，县治官储，设供具，而望以待幸。”前揭《盐铁论·刑德篇》可证。[①] 则此时，文帝、贾山必皆见及秦运，山安得而奢言之。且始皇尝履及赵代矣，而绛侯平燕定代史(时)，两诏其所将卒当驰道为多，是驰道固北极乎赵代而山弗之及，将省事就文与。抑以文帝尝王于赵代故域，因略而不言之也。是山尚有所未详焉。虽然吾人即不观贾山之言，亦可想见兹事之巨大。《本纪》[②] 明言，赐爵一级，治驰道。夫爵者，得以除吏复家，秦人所贵也，不似汉代轻以赐民。（按《六国表》[③] 曰凿于廿八年。文曰：“为阿房宫。之衡山。治驰道。帝之琅邪，道南郡入。为太极庙。赐户三十，爵一级。”按所述诸事或年有误系，或事有乖隔，必有错简夺文，治道与赐爵是否一事，终当存疑。）故战时一首之获（《韩非子·定法》[④]），凶岁千石之纳（《始皇纪二年》[⑤]），宦者勤王之功（《始皇纪九年·嫪毐之乱》[⑥]），河内倾国之师

① 经核，前文并未提及《盐铁论·刑德篇》，此句当为作者笔误——编者注

② 当指《史记·秦始皇本纪第六》——编者注

③ 当指《史记·六国年表第三》——编者注

④ 见《韩非子·定法第四十三》“斩一首者爵一级”。本书《韩非子》引文及观点用中华书局《韩非子集解》（［清］王先慎撰；钟哲点校）本核，后同——编者注

⑤ 当指《史记·秦始皇本纪第六·始皇二年》——编者注

⑥ 当指《史记·秦始皇本纪第六·始皇九年·嫪毐之乱》——编者注

（《白起传》①：“秦（昭）王闻赵食道绝，王自之河内，赐民爵各一级，发年十五以上悉诣长平，遮绝赵救及粮食。”），所得者，爵一级而已。独至是年而广赐予，必驰道之工程侔乎长平克赵之劳役、北河榆中之远徙矣。（事在三十六年。考二十七年徙三万家琅邪台下，《纪》未言有所赐予。三十五年，徙三万家丽邑，五万家云阳，不过得不事十岁耳。而此次三万家徙得赐爵者，一则远徙荒凉之北方，一则始皇卜得徙吉，故如此厚赉矣。）吾人犹可瞑目想见当岁举国之民弃其所业，荷雨负土，纷纷应此一简诏书，耗其精力时月于修筑之间，故期年而竣事，甚矣，秦之殚竭民力也。《盐铁论·散不足篇》谓：“于是数巡狩五岳、滨海之馆，以求神仙蓬莱之属。数幸之郡国，富人以赀佐，贫者筑道旁。其后，小者亡逃，大者藏匿；吏捕索掣顿，不以道理。名宫之旁，庐舍丘落，无生苗立树；百姓离心，怨思者十有半。”② 尽夸言乎？

e. 驰道路线之悬测

夫驰道既遍乎天下，就贾山所举之干线，核以始皇游踪，汉祖武绩，驰道所经之地，可得而推也。盖山川

① 当指《史记·白起王翦列传第十三·白起》——编者注

② 出自《盐铁论·散不足第二十九》。本书《盐铁论》引文及观点用中华书局《盐铁论校注》（王利器校注）本核，后同——编者注

为势，地罕更易[①]，即夷避险，人性所同。秦人治道，必依旧日通衢，弥无可爽。而汉师攻敌，恒循当时经涂，势有必然。用兵容互出乎奇正，而行军实难易其向趋。巡幸虽不必定因坦途，而乘舆实势须多循驰道。按迹而推，固时近臆断，然以是粗见梗概，则虽不中，亦不远矣。

今据《史记》始皇、高祖本纪，曹参、周勃世家，韩信、田儋、灌婴、黥布诸传[②]，节述其事，不复别注出处，互为证验，列诸次表，厘为五干，绘于附图，间为辨说，具在别注。参照下章则理或无爽矣[③]。

	秦皇游踪	汉祖武绩
（一）	沿河干线：出函谷沿河东行经阳武（今县东南）而一趋之罘，一向峄山	
	出函谷[④]	出关沿河为当日交通干线

① 朱笔改作“盖山川形势，更变匪易”，疑是封面“阅黄”之“黄”改——编者注

② 当指《史记·秦始皇本纪第六》《史记·高祖本纪第八》《史记·曹相国世家第二十四》《史记·绛侯周勃世家第二十七》《史记·淮阴侯列传第三十二》《史记·田儋列传第三十四》《史记·樊郦滕灌列传第三十五·灌婴》《史记·黥布列传第三十一》——编者注

③ 朱笔改为“殆谓近之矣”——编者注

④ 此三字上有圈删符号——编者注

<table>
<tr><th></th><th>秦皇游踪</th><th>汉祖武绩</th></tr>
<tr><td></td><td>廿八年 东行郡县上邹峄山
廿九年 东游至阳武博狼沙中，为盗所惊，登之罘（在烟台）</td><td>详下章</td></tr>
<tr><td>（二）</td><td colspan="2">齐干线：渡平原（今县南）向历下循海而东，过黄（今县东南二十五里）、腄（文登西七十里），趋琅邪，往城阳（莒）而至彭城，又由彭城北向邹博而至历下，或亦有道</td></tr>
<tr><td></td><td>廿八年 上邹峄山，遂登泰山，并勃海以东，过黄、腄，穷成山（文登东北一百五十里），登之罘，南游琅邪，还过彭城</td><td rowspan="2">田横闻汉军将击齐，遂军历下。韩信向东行，未渡平原，闻郦食其已说下齐，遂袭其历下军，入临淄，追王广至高密（今县西南）。楚使龙且救齐，夹潍水而军，为信所破杀，追广至城阳得之。时田横在博（泰安东南三十里），为灌婴破于嬴下（莱芜西北四十里），遂平齐</td></tr>
<tr><td></td><td>卅七年 从吴并海，北至琅邪，登劳（劳山，即墨东）、成（《纪》作荣。从顾炎武说改）至之罘，并海而西，至平原津，道病</td></tr>
<tr><td>（三）</td><td colspan="2">燕代干线：自平原趋沙丘（平乡东北），经井陉关，向晋阳，至楼烦，越沟注，北不知之所极。其在上党、河东当亦有道，而向燕干线，姑游为自邯郸经东垣、曲逆、易、蓟而趋碣石，至邺县亦有驰道（褚少孙补《滑稽传》① 谓邺有十二渠经绝驰道），其首尾不明（疑邺驰道即北趋邯郸者，故秦军口(围)赵，使魏使晋鄙救之，畏秦不进，留军壁邺，以持两端）</td></tr>
</table>

① 当指《史记·滑稽列传第六十六·优旃》——编者注

	秦皇游踪	汉祖武绩
	1. 廿九年 游琅邪，道上党入 2. 卅二年 之碣石，巡北边，从上郡入 3. 卅七年 至平原津而病崩于沙丘，遂从井陉抵九原，从直道至咸阳发丧	1.《汉志》① 上党有四关：上党（屯留境）、壶口（长治东南）、石研（井陉）、天井（晋城南）。莫知始皇所入。观于魏豹之塞临晋（大荔南），军蒲坂，而韩信之袭安邑（夏北），破阏与（沁西北二十里），出井陉则固有大道在也 2. 高帝自将击韩王信于铜鞮（沁西南），从晋阳连战乘胜逐北至楼烦（崞东北），遂至平城而周勃于此三处皆有功，所将卒当驰道者，指此等处与 3. 周勃从高祖攻反臧荼，破之易下（雄西北），当驰道为多。卢绾反，则击下蓟（大兴西南）。高祖征反代相陈豨，自邯郸攻东垣（定），过曲逆（完东南）
（四）	楚干线：自彭城西南渡淮而至衡山、南郡，又自江陵北向襄阳至武关	

① 当指《汉书·地理志第八上》——编者注

	秦皇游踪	汉祖武绩
	廿八年 还，过彭城，西南渡淮之衡山、南郡，浮江至湘山，自南郡由武关归 （注）按衡山，《正义》① 以今湖南衡山当之，极谬。衡山，即汉衡山国地。全祖望谓楚汉之际，析九江置郡，盖《汉志》② 之江夏郡亦属衡山，则始皇其越皖霍至今鄂中渡江乎。	黥布反，渡淮击楚，破之徐（盱眙东北）、僮（泗东北）间，与汉兵西过于蕲（宿南），布走。汉别军破布军洮水（全祖望谓洮当作沘。沘水今淠河，自霍山注寿县）南北，布走番阳。疑始皇自彭城趋蕲，渡淮向六也。至于自江陵向襄阳，则自古北上之通衢。其折向武关则入秦之间道，高祖循之矣
（五）	吴越干线：江北则自广陵趋徐（盱眙东北）、僮（泗北一百二十里）、取虑（睢宁西）而至下邳；江南则自丹阳过吴至钱唐，渡浙江至会稽	

① 当指唐张守节《史记正义》，见《史记·秦始皇本纪第六》《正义》注引《括地志》——编者注

② 当指《汉书·地理志第八上》——编者注

	秦皇游踪	汉祖武绩
	卅七年 自云梦浮江下，观籍柯，渡海渚。过丹阳（今江宁西南五十里），至钱唐，临浙江，水波急，乃西百二十里从狭中渡（《志疑》①百字衍文，狭中是赭龛二山之海门）。上会稽，祭大禹。还过吴，从江乘（今江宁东北七十里）渡。并海上，北至琅邪 （注）海渚，《正义》②误当作江渚。《史诠》③从之，而以牛渚当之，未知碻（确）否。	灌婴自齐破楚，军鲁北，转南破薛郡长。攻博阳（《志疑》④当作偪阳，按今峄西五十里），前至下相（宿迁西南）以东南僮、取虑、徐，度淮，尽降其城邑，至广陵。而楚得定淮北，婴得渡淮破楚军下邳，进破平阳（洪颐煊谓即山阳郡之南，平阳按今邹西） （注）始皇渡江并海上之踪迹，即灌婴所循也。今苏北在运河以西，秦时，距海长迩，故史作此言与。若草叶未阔，地又无琅邪、劳、成之奇观，始皇何为远涉海滨耶。又疑召平循广陵未下渡江，拜项梁楚上柱国，梁引兵至东阳，北渡淮，军下邳，亦循此途，梁当为召平下广陵也。

① 当指清梁玉绳《史记志疑》——编者注

② 当指唐张守节《史记正义》，见《史记·秦始皇本纪第六》《正义》注引《括地志》——编者注

③ 当指明人程一枝所撰五卷《史诠》——编者注

④ 当指清梁玉绳《史记志疑》——编者注

四、五尺道

《史记·西南夷传》[①] 曰："秦时常頞略通五尺道，诸此国颇置吏焉。十余岁，秦灭。及汉兴，皆弃此国而开(开，王念孙谓当作"关") 蜀故徼。"《汉书·西南夷传》[②] 略同，惟"常頞"作"尝破"，"开蜀故徼"作"关蜀故徼"。《史记》之"常頞"为"尝破"之伪？抑人之姓名？今不可考。五尺道者，《索隐》曰："谓栈道广五尺。"《正义》曰："《括地志》云：'五尺道在郎州。颜师古云其处险阸(陀)，故道才广五尺。'"[③] 考唐郎州后改播州，故治在今贵州省遵义西，秦盖自巴略通之也。唐蒙之说夜郎也，从巴符关入(详下节)，乃今四川合江县南境。设关之地，必扼经涂，而秦通南夷，干道惟此，则蒙所循者其五尺道之故迹乎。《华阳国志·蜀志》"符县(合江西) 南通平羌(仁怀西南)、鳖县(遵义西)"，恐即此道也。夫西南夷君长以什数，夜郎最大。汉牂柯郡有夜郎

---

① 全称《史记·西南夷列传第五十六》——编者注

② 全称《汉书·西南夷两粤朝鲜传第六十五·西南夷》——编者注

③《索隐》与《正义》均出自《史记·西南夷列传第五十六》之"注"——编者注

县故城，今云南霑益宣威东境。然考《汉书·西南夷传》[①] 谓成帝时陈立为牂柯太守，行县至兴国且同亭，召夜郎王兴至，即斩之。《纪要》[②] 谓遵义府桐梓县东北有且同亭。若其说是，则夜郎王京在遵义附近矣。今蒙所循途，揣以地盖自合江县逆赤水河，出仁怀、桐梓之间，踰(逾)娄山而至遵义，或遂逆乌江之源而西也。所将千人而食重至万余人，考盖道狭不足容轨，食粮由人负，何故？大道其后之。自僰开道指牂柯，乃系另辟新径免于枉道也。而沈钦韩《汉书疏证》不采《括地志》之说，别据《册说》"石门山在叙州府庆符县南五里，即古石门道也"。一说以为此即五尺道矣。

又秦兼巴蜀，远在惠王之世，距始皇一统已近百年。其经营南夷想当甚早，而史文于通道置吏后即接叙后十余岁秦灭，是其事犹在始皇之世。惟《华阳国志·南中志》谓"秦并蜀，通五尺道，置吏主之"，约省史文，含浑其辞，固已疑之矣。今姑系诸始皇世二十余年耳。

---

① 全称《汉书·西南夷两粤朝鲜传第六十五·西南夷》——编者注

② 此当指清初顾祖禹的《读史方舆纪要》——编者注

五、南越新道与“湘漓渠”

《始皇纪》[1]：“三十三年，发诸尝逋亡人、赘婿、贾人略取陆梁地，为桂林、象郡、南海，以适遣戍……三十四年，适治狱吏不直者，筑长城及南越地。”

《淮南子·人间训》：“秦皇……又利越之犀角、象齿、翡翠、珠玑，乃使尉屠睢发卒五十万，为五军，一军塞镡城之领（高诱注：“镡城在武陵西南，接郁林。”按今湖南黔阳县西），一军守九疑之塞（高注：“九疑在零陵。”按今湖南宁远县南有九疑山），一军处番禺之都（按番禺，今广东南海县），一军守南野之界（高注：“南野在豫章。”按今江西南康县西南），一军结余干之水（高注：“余干在豫章。”按即《汉志》之余水。陈澧谓即今余干水），三年不解甲弛弩，使监禄无以转饷，又以卒凿渠而通粮道，以与越人战，杀西呕君隆(译)吁宋。而越人皆入丛薄中，与禽兽处，莫肯为秦虏。相置桀骏以为将，而夜攻秦人，大破之，杀尉屠睢，伏尸流血数十万。乃发适戍以备之。”[2]

是平越之军有五，此张耳、陈馀所谓南有五岭之戍

---

① 当指《史记·秦始皇本纪第六》——编者注

② 出自《淮南子·卷十八·人间训》。本书《淮南子》引文及观点用中华书局《淮南子集释》(何宁撰)本核，后同——编者注

也（吴仁杰说）。考番禺一军在岭南，余俱在今湖南江西之境，而余干之戍最为费解。盖豫章之地，秦属九江郡，始皇廿四年所置（全祖望说）。将平南越何为北屯？殆备东越乎？（《汉书·严助传》[①] 淮南王安谏伐闽越书谓“越人欲为变，必先田余干界中，积食粮，乃入伐材治船。边城守候诚谨，越人有入伐材者，辄收捕，焚其积聚，虽百越，奈边城何！”）抑由是而收闽中也。（《闽越列传》[②] 谓秦已并天下，始郡闽中，未知行在何年。考无诸率诸越归鄱阳令吴芮，从诸侯灭秦，起于会稽，而不附项羽，似闽中与鄱阳别有政治关系，疑余干之戍即收闽中之役也。）事涉别端，姑弗深论。至于镡城之军，似逆沅江右源踰（逾）岭而沿柳江南下，以取桂林之地者，而九疑南野之师则循今骑田大庾之峤道，实通南越之经涂焉。故南海尉任嚣之病且死也，召赵佗而告之曰：“中国扰乱，未知所安，豪杰畔秦相立。南海僻远，吾恐盗兵侵地至此，吾欲兴兵绝新道，自备，待诸侯变，会病甚。且番禺负山险，阻南海，东西数千里，颇有中国人相辅，此亦一州之主也，可以立国。”遂被佗书，行南海尉事。嚣死，佗即移檄告横浦、阳山、湟溪关曰：“盗兵且至，急绝道聚兵自守！”（节引《南越列传》[③] 文）。按：横浦关，在今广东南雄县西北，北踰（逾）大庾岭即是南野

---

① 全称《汉书·严朱吾丘主父徐严终王贾传第三十四上·严助》——编者注

② 当指《史记·东越列传第五十四》——编者注

③ 当指《史记·南越列传第五十三》——编者注

之界；阳山关在今广东阳山县东；湟溪关在今连县西北，壤地相接，北踰(逾)骑田，即是九疑之塞。此即任嚣所谓新道也。新道自是新辟之道。《史记索隐》引苏林云“秦所通越道”是矣。后日武帝平南越，即循此途。

监禄凿渠之事，今所见汉人记述，除《淮南子》外，尚有下揭二条：

《史记·主父偃传》[①]：严安上书曰，秦之“使尉佗（《志疑》据《汉书·安传》[②] 谓佗字衍，是也）屠睢将楼船之士南攻百越，使监禄凿渠运粮，深入越地，越人遁逃。旷日持久，粮食绝乏，越人击之，秦兵大败。秦乃使尉佗将卒以戍越”（又见《汉书·安传》[③]）。

《汉书·严助传》[④]：“淮南王(安)上书谏曰：‘臣闻长老言，秦之时尝使尉屠睢击越，又使监禄凿渠通道。越人逃入深山林丛，不可得攻。留军屯守空地，旷日持久，士卒劳倦，越乃出击之。秦兵大破，乃发适戍以备之。’”

然所凿何渠，史无明文，惟《淮南子》高诱注曰：

---

① 全称《史记·平津侯主父列传第五十二》——编者注

② 全称《汉书·严朱吾丘主父徐严终王贾传第三十四下·严安》——编者注

③ 全称《汉书·严朱吾丘主父徐严终王贾传第三十四下·严安》——编者注

④ 全称《汉书·严朱吾丘主父徐严终王贾传第三十四上·严助》——编者注

“监禄，秦将，凿通湘水、漓水之渠。”[①] 考《水经注·漓水篇》曰：“漓水与湘水，出一山而分源也。湘、漓之间，陆地广百余步，谓之始安峤。峤，即越城峤也。”[②] 竟不及秦人凿渠之事。盖道元生于魏代，未履南土，用多疏略矣。诱当东汉之末，其言必有所本。核以地势亦固当尔。故武帝之平南越也，令“归义越侯严为戈船将军，出零陵，下漓水；甲为下濑(濑)将军，下苍梧”矣（《汉书·武纪》[③]）。至凿渠之人，汉人谓为监禄。监当是官号。而唐人则谓为史禄。

考凿渠之年，据《淮南鸿烈》之文，似在略越三岁之后或三岁之间，难以断定。兹姑系诸略越之年。又近人吕思勉据《六国表》[④] 始皇廿四年王翦定楚，而《翦传》[⑤] 有平荆地为郡县，因南征百越之君之文（小注：《始皇纪》[⑥] 廿五年，“王翦遂定荆江南地；降越君，置会稽郡”，盖误后一年），谓自此至二世元年，首尾凡十三岁。故《南越传》[⑦] 云：“秦时已并天下，略定杨、越，置桂林、南海、象郡，以

---

① 出自《淮南子·卷十八·人间训》——编者注

② 出自《水经注·卷三十八·漓水》——编者注

③ 全称《汉书·武帝纪第六》——编者注

④ 当指《史记·六国年表第三》——编者注

⑤ 当指《史记·白起王翦列传第十三·王翦》——编者注

⑥ 当指《史记·秦始皇本纪第六》——编者注

⑦ 当指《史记·南越列传第五十三》——编者注

谪徙民，与越杂处十三岁。”然此杨、越皆指会稽，史类序于此，因与岭南百越相混。（见所著《燕石札记》[①]）按秦之经略南越，当有所渐，《传》未必误，吕说殆不尽然。然其出师大举碻(确)在卅三年，姑以为辟道之岁焉。

夫南越新道，起讫难知。核以秦皇戍卒之地，汉帝出师之略，尉佗遮道之关，令羌宰临之域，按以今道，设其起于长沙，止于番禺。迹具附图，文征于次。其上已揭者，不复写录。

《史记·南越传》[②]：“元鼎四年，汉使安国少季往谕王、王太后以入朝，比内诸侯；令辩士谏大夫终军等宣其辞，勇士魏臣等辅其缺，卫尉路博德将兵屯桂阳（疑此桂阳是县名），待使者。…… 吕嘉等乃遂反……攻杀王、太后及汉使者。……元鼎五年秋，卫尉路博德为伏波将军，出桂阳，下汇水（《志疑》[③]：汇，洭之伪；《汉书》作湟，即湟溪）；主爵都尉杨仆为楼船将军，出豫章，下横浦（《汉书》作浈水，实一也）；故归义越侯二人为戈船、下厉将军，出零陵，或下离水，或抵苍梧……咸会番禺。元鼎六年冬，楼船将军将精卒先陷寻陕（英德南，近连口），破石门（番禺北廿里），得越船粟，因推而前，挫越锋，以数万人待伏波。

① 当指吕思勉《燕石札记》，上海：商务印书馆，1937——编者注

② 全称《史记·南越列传第五十三》——编者注

③ 当指清梁玉绳《史记志疑》——编者注

伏波将军将罪人，道远，会期后，与楼船会乃有千余人，遂俱进。楼船居前，至番禺。……城中皆降伏波。”

《后汉书·和纪》[1] 章怀注引《谢承书》曰：“唐羌……补临武长。县接交州，旧献龙眼、荔支及生鲜，献之，驿马昼夜传送之，至有遭虎狼毒害，顿仆死亡不绝。道经临武，羌乃上书谏……”

按荔枝之贡始于武帝平南越后（详下节）。临武，故城在今湖南临武县东。骑田峤道实经其境。《水经·洭水注》：“洭水又南迳阳山县故城西。《耆旧传》曰：往昔县长临县，辄迁擢超级，大吏（太史）迳观，言势使然。掘断连冈，流血成川，城因倾阤，遂即倾败。阁下大鼓，飞上临武，乃之桂阳，追号‘圣鼓’。自阳山达乎桂阳之武步驿，所至循圣鼓道也，其道如堑，迄于鼓城矣。”[2]（疑有掺伪）而王韶之《始兴记》则谓：“秦凿杨山（当作阳山），桂阳山（按山当作县），阁下鼓便自奔逸，息于临武，遂之始兴、洛阳（当作桂阳），遂名圣鼓。”又曰：“秦贵阳（当作桂阳）县阁下鼓自奔逸于临武，因名圣鼓。今临武有圣鼓城。”（《始兴记》据《说郛》卷六十一，颇多伪舛，兹依《洭水注》正之，注于行间。）二说固不经，然足证六朝时阳山、桂阳间之峤道实经临武。由秦凿阳山之传说中亦可略窥秦人通道

① 全称《后汉书·孝和孝殇帝纪第四·和帝》——编者注

② 出自《水经注·卷三十九·洭水》——编者注

之消息，其道为堑，艰险可知。非其斧凿之痕，深入人心，耆老相传，播为神说乎？[①]

六、筑九原

《始皇纪》[②] 三十二年，“使将军蒙恬发兵三十万人北击胡，略取河南地”。三十三年，“西北斥逐匈奴。自榆中并河以东，属之阴山，以为三十四县（《志疑》[③]：当从《表》[④] 及《匈奴传》[⑤] 作四十四县），城河上为塞。又使蒙恬渡河取高阙、陶山、北假中，筑亭障以逐戎人。徙谪，实之初县”。“三十四年，適治狱吏不直者，筑长城”。

按秦取河南地以为九原郡，筑城障徙罪谪，斯固开发之大经，而开道途置邮驿，未始非交通建设之一端也。故备录之。

---

① 南朝宋王韶之《始兴记》是一方之书，必采当地传说，似较郦注近实矣。——作者所作小注

② 当指《史记·秦始皇本纪第六》——编者注

③ 当指清梁玉绳《史记志疑》——编者注

④ 当指《史记·六国年表第三》——编者注

⑤ 当指《史记·匈奴列传第五十》——编者注

七、除直道

《始皇纪》[①]："三十五年，除道，道九原抵云阳，堑山堙谷，直通之。"

《六国表》[②]："三十五年　为直道，道九原，通甘泉。"

《匈奴传》[③]："始皇帝使蒙恬将十万之众北击胡，悉收河南地。因河为塞，筑四十四县城临河，徙适戍以充之。而通直道，自九原抵云阳。"

《蒙恬传》[④]："始皇欲游天下，道九原，直抵甘泉，乃使蒙恬通道，自九原抵甘泉，堑山湮谷，千八百里。道未就。始皇三十七年冬，行出游……道病……至沙邱(丘)崩……"

按直道所止，以县言，则曰云阳，以山言，则曰甘泉（《文纪三年》[⑤]《索隐》应劭云："宫名，在云阳。"臣瓒云："甘泉，山名。"其实一也）。至其所经之地，惟《匈奴传》[⑥]《正义》引《括地志》曰："秦故道在庆州华池县西四十五里子午山

① 当是《史记·秦始皇本纪第六》——编者注

② 全称《史记·六国年表第三》——编者注

③ 当指《史记·匈奴列传第五十》——编者注

④ 当指《史记·蒙恬列传第二十八》——编者注

⑤ 当是《史记·孝文本纪第十》三年五月"帝初幸甘泉"注——编者注

⑥ 当指《史记·匈奴列传第五十》——编者注

上。自九原至云阳，千八百里。”今所知者仅此而已。隋华池县，在今甘肃合水县东北百廿里。县东有子午山，一名桥山。九原，在今绥远乌拉旗东南境，套北黄河东流处。而云阳则在今陕西淳化县西北五十里。联此三点，南北相直，亦可得直道之概矣。其半在今套内高原，其半则在今陕甘山地。考蒙恬将三十万之众（《始皇纪》及《本传》①）益以谪遣之戍（《始皇纪》② 卅三、卅四两年皆遣谪戍）。除道二年而未就，工程艰巨可以想知。故史公适北边，自直道归而叹其堑山堙谷，轻百姓力矣（《蒙恬传·赞》③）。

直道惟史公言及之，以后弗见于史册。蒙恬斩于阳周（陕西安定县北），灌婴屯于高奴（陕西肤施县东。《文纪三年》④匈奴入北地，因发兵诣高奴，遣灌婴击匈奴），皆非直道所经。而单于之入朝甘泉，发自五原，途经七郡。（事见《汉书·匈奴传》⑤。胡三省曰：过五原、朔方、西河、上郡、北地、冯翊，而后至长安也。）武帝之北巡朔方，亦从云阳道历三域（《武纪》⑥ 元封元年，历上郡、西河、五原而出长城也），亦非直道，是由后汉马成

---

① 当指《史记·秦始皇本纪第六》《史记·蒙恬列传第二十八》——编者注

② 当是《史记·秦始皇本纪第六》——编者注

③ 当指《史记·蒙恬列传第二十八》——编者注

④ 当是《史记·孝文本纪第十》——编者注

⑤ 全称《汉书·匈奴传第六十四下》——编者注

⑥ 当是《汉书·武帝纪第六》——编者注

之修塞，自西河而至渭桥（《本传》[1]）。段颎之逐羌，由桥门（中郡县桥山）、朔方而向奢延（奢延泽在上郡奢延境，今横山西边境），是直道，实非要途。容《括地志》不可信乎？然考《汉志》[2]北地郡有直路县，沮水出西口。沮水，今入洛之沮水也。县在今陕西中部县西北二百余里。王先谦谓其因直道而受名（《汉书补注》）。准以里望，其境子午山在西北直道，当经县境。又有除道县，未知当今何地。钱坫谓因除直道，以事氏县，疑地与直路县相近（《汉志斠注》[3]）。说亦诚是北地郡，今甘肃东北隅及其所邻接陕西之缘，宁夏、河东一角之地。既曰直道不得，又东北折至上郡、西河之境也。《括地志》之说当有所本。据《平准书》[4]武帝北巡，"新秦中或千里无亭徼，于是诛北地太守以下"，则揣秦人取道此处之意，一则以其路线迳直，一则今陕西缘河之地，虽较夷坦，而川泽横列，不胜筑桥之费。水流湍急，颇惮济渡之劳。然其道之终至无闻者，殆其所经多深山瘠壤之区，农垦匪易，户口罕少，难见开垦之效，遂无养路之民。故日即荒堙与。

---

① 当是《后汉书·朱景王杜马刘傅坚马列传第十二·马成》——编者注

② 当指《汉书·地理志第八下》——编者注

③ 当指清钱坫《新斠注地理志》——编者注

④ 当指《史记·平准书第八》。——编者注

第二节　西汉之交通建设

大事表

武帝建元三年	作便门桥
元光四年	发巴蜀治南夷道①
六年	穿漕渠通渭
	通西夷
元朔元年	穿秽貊、朝鲜
三年	筑朔方②
元狩三年	通褒斜道，置武威、酒泉郡，筑令居以西
元鼎六年	平南越，置驿候运龙眼荔枝
元封四年	通回中道
太初四年	破大宛，是后自敦煌至盐泽往往起亭
平帝元始五年	通子午道，置西海郡，起邮亭

① 《汉书·武帝纪第六》作“元光五年夏”——编者注

② 《汉书·武帝纪第六》作“元朔二年”——编者注

一、便门桥

《汉书·武纪》[①]："建元二年……初置茂陵邑。三年……初作便门桥。"注苏林曰："去长安四十里。"服虔曰："在长安西北，茂陵东。"师古曰："长安城北面西头门，即平门也。古者平便皆同字。于此道作桥，跨渡渭水以趋茂陵，其道易直，即今所谓便桥是其处也。"

二、南夷道

《武纪》[②]："元光五年……发巴蜀治南夷道……"

《史记·将相表》[③]："元光六年，南夷始置邮亭。"

《西南夷传》[④]："(唐)蒙乃上书说上曰：'南越……名为外臣，实一州主也。今以长沙、豫章往，水道多绝，难行。窃闻夜郎所有精兵，可得十馀万，浮船牂牁(柯)江，出其不意，此制越一奇也。诚以汉之强，巴蜀之饶，通夜郎道，为置吏，易甚。'上许之。乃拜蒙为郎中将，将

---

① 全称《汉书·武帝纪第六》——编者注

② 当指《汉书·武帝纪第六》——编者注

③ 全称《史记·汉兴以来将相名臣年表第十》。——编者注

④ 当指《史记·西南夷列传第五十六》——编者注

千人，食重万馀人，从巴蜀筰关入（《读书杂志》蜀字衍；筰，符字伪。今四川合江县南有符关），遂见夜郎侯多同。蒙厚赐，喻以威德，约为置吏，使其子为令。夜郎旁小邑皆贪汉缯帛，以为汉道险，终不能有也，乃且听蒙约。……发巴蜀卒治道，自僰道指牂㸰(柯)江。……戍转相饷。数岁，道不通，士罢饿离湿，死者甚众。"

《司马相如传》[①]："会唐蒙使略通夜郎西僰中，发巴蜀吏卒千人，郡又多为发转漕万余人，用兴法诛其渠帅，巴蜀民大惊恐。上闻之，乃使相如责唐蒙，因喻告巴蜀民以非上意。……唐蒙已略通夜郎，因通西南夷道，发巴、蜀、广汉卒，作者数万人。治道二岁，道不成，士卒多物故，费以巨万计。"

《平准书》[②]："唐蒙、司马相如开路西南夷，凿山通道千余里，以广巴蜀，巴蜀之民罢焉。……作者数万人，千里负担馈粮，率十余钟致一石，散币于邛僰以集之。数岁道不通，蛮夷因以数攻，吏发兵诛之。悉巴蜀租赋不足以更之，乃募……费数十百巨万。"

按僰道故城，在今四川宜宾县西南。牂柯江则今贵州定番县之濛江南注盘江者也。其间道里自有千余。《一统志》据《水经·江水注》之文，叙州府庆符县南五里

---

① 当指《史记·司马相如列传第五十七》——编者注

② 当指《史记·平准书第八》——编者注

有石门山，即唐蒙所凿以通南夷者。说虽难恃，核以道涂所趋，盖为近之。

《水经·江水注》曰："(僰道)县，本僰人居之。……汉武帝感相如之言，使县令南通僰道，费功无成。唐蒙南入斩之。乃凿山(石)开阁，以通南中，迄于建宁，二千余里，山道广丈余，深三四丈，其錾凿之迹犹存。"[①] 按蜀汉改益州曰建宁，辖今云南省东部，治味县故城，今曲靖县西十五里，近汉夜郎县。如郦说，则蒙所治道自川入滇至盘江也。盖郦说实不足信。凿山深三四丈，广丈余，乃传说之附会，固不必论。然史明言，自僰道指牂柯江则沿滇黔之交顺北盘江而南即可。考汉通滇国始于元狩中，求身毒以通大夏，在西南夷中独得。益州置郡，于西南夷诸初郡中亦最为迟。《史记·大宛西南夷传》[②]可证。《三国》惟《蜀书·刘巴传》[③] 谓"巴从交阯至蜀"，裴注引《零陵先贤传》谓"巴入交阯……乃由牂柯道。去为益州郡所拘留"。而道元本作"遁"，则郦注亦或可信乎。若非以后世之迹推测前代之功，而州郡壤界，

---

① 出自《水经注·卷三十三·江水》——编者注

② 当指《史记·大宛列传第六十三》《史记·西南夷列传第五十六》——编者注

③ 全称《三国志·蜀书·董刘马陈董吕传第九·刘巴》——编者注

今古不同似，何能迄于建宁。[1]

至于治道之岁，《纪》[2] 谓元光五年，然《司马相如列传》[3] 言蒙治道二岁不成，武帝因使相如略通西夷。而相如难蜀父老之辞，则谓汉兴七十有八载，命使西征云云。以数计之，徐广云，元光六年是也。蒙通南夷，既在其前二岁，是元光四年也。而蜀父老谓今通夜郎之途，三年于兹而功不竟者，乃举首尾通计之也。《纪》[4] 盖不书其工之始兴而载其卒之大业与。

三、通西夷

《史记·司马相如传》[5]："唐蒙已略通夜郎，因通西南夷道，发巴、蜀、广汉卒，作者数万人。治道二岁，道不成，士卒多物故，费以巨万计。蜀民及汉用事者多

---

① 《华阳国志·南中志》："武帝卒开僰门，通南中。相如持节开越嶲，按道侯韩说开益州。转拜唐蒙为都尉，开牂柯。及置越嶲、朱提、益州，四郡。"此说实不足据。西夷副使三人，其中并无韩说。唐蒙所开者南夷夜郎，司马相如所开者牂柯者，谓两初郡接壤也。若韩说已开益州，何待张骞之议而始通之。因破越兵威以风喻之。迄于建宁之说盖不然矣。——作者所作小注

② 当指《汉书·武帝纪第六》——编者注

③ 全称《史记·司马相如列传第五十七》——编者注

④ 当指《汉书·武帝纪第六》——编者注

⑤ 全称《史记·司马相如列传第五十七》——编者注

言其不便。是时邛筰之君长闻南夷与汉通，得赏赐多，多欲愿为内臣妾，请吏，比南夷。天子问相如，相如曰：'邛、筰、冉(冄)、駹者近蜀，道亦易通，秦时尝通为郡县，至汉兴而罢。今诚复通，为置郡县，愈于南夷。'天子以为然，乃拜相如为中郎将，建节往使。副使王然于、壶充国、吕越人驰四乘之传，因巴蜀吏币物以赂西夷。……便略定西夷，邛、筰、冉(冄)、駹、斯榆之君皆请为内臣。除边关，关益斥，西至沬、若水，南至牂柯为徼，通零关道，桥孙水以通邛都（王念孙曰"都"当从《汉传》① 作"筰"）。"

又"汉兴七十有八载（徐广曰元光六年也），德茂存乎六世。威武纷纭，湛恩汪濊……于是乃命使西征……朝冉(冄)从駹，定筰存邛，略斯榆，举苞满……徼牂柯，镂零山，梁孙原"②。

按汉以邛为越巂郡（《西南夷传》③），治邛都，故城在今西昌县西北百卌里，打冲河东岸。筰都后为沈黎郡，在汉源东南。孙水在今安宁河。《华阳国志·蜀志》曰："台登有孙水。"台登在今冕宁东。上源水狭，梁必在此

① 当指《汉书·司马相如传第二十七下》——编者注

② 引自《史记·司马相如列传第五十七》——编者补注

③ 当指《史记·西南夷列传第五十六》《汉书·西南夷两粤朝鲜传第六十五·西南夷》——编者注

矣。零关即零山，在今芦山县西北。考《蜀志·张嶷传》[①] 曰，越嶲郡旧有道经旄牛至成都（详第四节）。旄牛，在今汉源县西。汉源东北，即荥经县，汉之严道县。《续志》[②] 谓，县有邛僰九折坂。《华阳国志》曰："道至险，有长岭若栋八渡之难，杨母阁之峻者也。"（《江水注》[③] 作"蜀西度邛莋，其道至险，有弄栋八渡之难，杨母阁道之阻"。）山在县西。永平中，益州刺史朱辅招徕汶山以西。而白狼诸夷遂经邛来大山零高坂慕化来归。又汉青衣县在今雅安北，汉武置都尉于此，以主蜀西部。汉人以与在旄牛之都尉主徼，外夤夷者分治。（《范书·西南夷传》[④]）本此数事，准以今地，知越嶲大道，盖起自成都西南，经雅安，趋荥(荥)经、汉源，越大渡河，至冕宁东，过安宁河上桥而至打冲河东岸也。汉源以下，其司马相如所通者。至于零关之设，盖所以经管徼外，涂路所向，莫得详矣。核以形便，固非趋越嶲所经也。

又《史记·大宛传》[⑤]："天子……乃令(张)骞因蜀犍为发间使，四道并出：出駹，出冉(冄)，出徙，出邛、僰，皆各行

---

① 全称《三国志·蜀书·黄李吕马王张传·张嶷》——编者注

② 当指《后汉书·志第二十三·郡国五·蜀郡属国》——编者注

③ 当指《水经注·卷三十三·江水》——编者注

④ 全称《后汉书·南蛮西南夷列传第七十六·西南夷》——编者注

⑤ 全称《史记·大宛列传第六十三》——编者注

一二千里。其北方闭氐、筰，南方闭巂、昆明。……终莫得通。……于是汉以求大夏道始通滇国。”是西夷有四道。冉(駹)、駹，今茂县北，徙今天全县东。此殆出零关者乎。邛僰，即出邛崃山者。《华阳国志》亦谓，山本名邛筰，故邛人筰人界也。滇国，今昆明，巂昆明，则云南西鄙之地（丁谦说[①]）。是越巂道，又可通至益州也。故刘尚诸葛亮之南征由此途焉。

四、漕渠

《武纪》[②]：“元光六年，穿漕渠通渭。”

《河渠书》[③]：“是时郑当时为大农，言曰：‘异时关东漕粟从渭中上，度六月而罢，而漕水道九百余里（沈钦韩谓由陕起程由河入渭），时有难处。引渭穿渠起长安，并南山下，至河三百余里，径，易漕，度可令三月罢；而渠下民田万余顷，又可得以溉田：此损漕省卒，而益肥关中之地，得谷。’天子以为然，令齐人水工徐伯表，悉发卒数万人穿漕渠，三岁而通。通，以漕，大便利。其后漕稍多，

① 丁谦（1843—1919），历史地理学者，著有《汉书匈奴传地理考证》《汉书西域传地理考证》等。

② 当指《汉书·武帝纪第六》——编者注

③ 当指《史记·河渠书第七》——编者注

而渠下之民得以溉田矣。”

《平准书》[1]：“郑当时为渭漕渠回远，凿直渠自长安至华阴，作者数万人；朔方亦穿渠，作者数万人：各历二三期，功未就，费亦各巨万十数。”

按此水源委如下：

《水经·渭水注》：“渭水又东迳长安城北……东合昆明故渠，渠上承昆明池东口，东迳河池陂北，亦曰女观陂。又东合泬水，亦曰漕渠，又东迳长安县南，东迳明堂南……又东而北屈，迳长(青)门外，与泬水枝渠会，渠上承泬水于章门西，飞渠引水入城……又东迳未央宫北……未央宫北，即桂宫也……故渠出二宫之间，谓之明渠也。（按上言泬水枝渠，而此言故渠非昆明故渠，实泬水枝渠也。）又东历武库北……又东迳汉高祖长乐宫北……故渠又东出城分为二渠，即《汉书》所谓王渠者也。苏林曰：王渠，官渠也，犹今御沟矣。晋灼曰：渠名也，在城东覆盎门外。一水迳杨桥下，即青门桥也，侧城北迳邓艾祠西，而北注渭，今无水。其一水右入昆明故渠，东迳奉明县广城乡之廉明苑南。……东北迳汉太尉夏侯婴冢西……又北分为二渠，一水东迳虎圈南而东入霸，一水北合渭，今无水。……

---

① 当指《史记·平准书第八》——编者注

“霸水……又北历蓝田川，迳蓝田县东……又北，故渠右出焉（按此故渠不知何所指，然非昆明故渠也。下同）。……霸水又北迳枳道，在长安县东十三里……霸水又北，左纳漕渠，绝霸右出焉。东迳霸城北，又东迳子楚陵北……又东迳新丰县，右会故渠，渠上承霸水，东北迳霸城县故城南，汉文帝之霸陵县也……故渠又东北迳刘更始冢西……东北迳新丰县，右合漕渠，汉大司农郑当时所开也。以渭水难漕，命齐水工徐伯发卒穿渠引渭。其渠自昆明池，南傍山原，东至于河，且田且漕，大以为便。今无水。……

“鱼池水……水出丽山东北……又迳鸿门西，又迳新丰县故城东……又北绝漕渠，北注于渭。”[①]

《长安志》卷十二《长安县》：“漕河在县南一十五里，自万丰县界来（唐万丰即今长安），经县界五里入于渭。”《汉书·武帝》[②]“元光六年……穿漕渠通渭。”《长安志》卷十五《渭南县》：“漕渠在县北一里，来自临潼东，入郑县（今华县），今涸。”

考汉都关中，以“河渭漕輓(挽)天下”（《留侯世家》[③]），而高惠之世漕转山东粟以给中都，官岁不过数十万石

---

① 出自《水经注·卷十九·渭水》——编者注

② 全称《汉书·武帝纪第六》——编者注

③ 当指《史记·留侯世家第二十五》——编者注

(《平准书》)[①]。至武帝初，已百余万石（《河渠书》[②] 番系奏）。元鼎而后缗钱有算没入奴婢，盖置官员岁漕四百万石，犹不足给。（《平准书》[③]）元封中，桑弘羊行均输、平准，诸农各致粟，山东漕益岁六百万石。（《平准书》[④]）至昭帝，元凤二年，诏以百姓未赡，寿(前)年减漕三百万石。三年且止。次年毋漕。（《汉书·昭纪》[⑤]）而宣帝五凤中，大司农中丞耿寿昌奏言："故事，岁漕关东谷四百万斛以给京师，用卒六万人（《汉书·食货志上》[⑥]）。"是又增于昔。观郑当时捐漕省卒之言，知此渠之功巨矣。

漕渠而后代有兴凿，其以灌溉为主不因漕运而见称者，概不具录。

五、穿秽貊、朝鲜

《汉书·武纪》[⑦]："元朔元年，东夷薉君南闾等口二十八万人降，为苍海郡。……三年春，罢苍海郡。"

---

① 当指《史记·平准书第八》——编者注

② 当指《史记·河渠书第七》——编者注

③ 当指《史记·平准书第八》——编者注

④ 当指《史记·平准书第八》——编者注

⑤ 全称《汉书·昭帝纪第七》——编者注

⑥ 全称《汉书·食货志第四上》——编者注

⑦ 全称《汉书·武帝纪第六》——编者注

《食货志》[1]："武帝……即位数年……彭吴穿秽貊、朝鲜，置沧海郡，则燕、齐之间靡然发动。……人徒之费疑于南夷。"

按《汉志》[2] 此段与《平准书》[3] 略同。惟《平准书》作"彭吴贾灭朝鲜"，王念孙《读书杂志》谓"贾，穿之伪；穿隶作窗，与贾形近"。而钱大昕《史记考异》又疑"灭"当作"涉"，谓元封三年，荀彘、杨僕始灭朝鲜，与此相距廿年非一事也。二说皆碻(确)。

穿者，师古曰[4]："本皆荒梗，始开通之也，故言穿也。"考西南夷之通也，作者数万人，千里负担餽饟，率十余钟致一石，费数十百巨万，士卒多物故（详前）。而此事所费与之相等，则开道置亭之难可以想见，惜不三年而罢郡。史亦语焉不详，其事难细考矣。

六、筑朔方及令居以西

《武纪》[5]："元朔二年……收河南地，置朔方、五原

---

① 当指《汉书·食货志第四下》——编者注

② 当指《汉书·食货志第四下》——编者注

③ 当指《史记·平准书第八》——编者注

④ 当指《汉书·食货志第四下》所注——编者注

⑤ 当指《汉书·武帝纪第六》——编者注

郡。……募民徙朔方十万口。三年……城朔方城。……元狩二年……匈奴昆邪王杀休屠王……来降……以其地为武威、酒泉郡。……元鼎六年……分武威、酒泉地置张掖、敦煌郡。”

《食货志》[①]："又兴十万余人筑卫朔方，转漕甚远，自山东咸被其劳，费数十百巨万。”

又："南粤反（按《纪》[②]在元鼎五年），西羌侵边。天子……发三河以西骑击羌，又数万人度河筑令居。初置张掖、酒泉郡。”[③]

《张骞传》[④]："汉始筑令居以西……以通西北国……楼兰姑师小国，当空道，攻劫汉使……而匈奴奇兵又时时遮击之。……于是天子遣从票侯破奴将属国骑及郡兵数万以击胡，胡皆去。明年，击破姑师，虏楼兰王。酒泉列亭障至玉门矣。”

《西域传》[⑤]："秦始皇攘却戎狄，筑长城，界中国，然西不过临洮。汉兴……骠骑将军击破匈奴右地，降浑邪、休屠王，遂空其地，始筑令居以西，初置酒泉郡，

① 当指《汉书·食货志第四下》——编者注

② 当指《汉书·武帝纪第六》——编者注

③ 引自《汉书·食货志第四下》——编者补注

④ 当指《汉书·张骞李广利传第三十一·张骞》——编者注

⑤ 当指《汉书·西域传第六十六上》——编者注

后稍发徒民充实之，分置武威、张掖、敦煌，列四郡，据两关焉（按指阳关、玉门关）。”

按诸所云筑不止城障，辟路起亭亦一端也。考河西置郡之事，传志所言互有舛略，当以本纪为正（全祖望说）。赵破奴击胡，《武纪》《卫霍传》《匈奴传》[①] 皆在元鼎六年（《史记·卫霍传》[②] 附赵破奴传有误），则破姑师楼兰在元封元年矣。

是河西起亭显有两役，一自令居以西至酒泉，一自酒泉至玉门。前者依《汉书·食货志》则在元鼎中，依《汉书·西域传》则在元狩中。夫筑亭必先于设郡，盖置卫而后可行政。兹取《传》文，至于酒泉以西，殆无亭障用，见寇钞，元鼎六年出师置郡，则亭障之筑必在此时矣。而《食货志》即以后事误为前役欤。

又此所云之玉门，盖在今敦煌县东，即玉门安西两县之双塔堡也，非敦煌西之玉门。考《史记·大宛传》[③]，太初元年，贰师将军征大宛，未至而还，往来二岁，至敦煌。武帝使使遮玉门，曰："军有敢入者，辄斩之。"沙宛遂据是谓，至少在太初三年以前，玉门关在敦煌以东，兹从其说。（沙宛说见《流沙坠简》王序引。）

---

① 当指《汉书·武帝纪第六》《汉书·卫青霍去病传第二十五》《汉书·匈奴传第六十四》——编者注

② 全称《史记·卫将军骠骑列传第五十一》——编者注

③ 全称《史记·大宛列传第六十三》——编者注

七、褒斜道

《河渠书》[1]："人有上书欲通褒斜道及漕事，下御史大夫张汤。汤问其事，因言：'抵蜀从故道，故道多阪，回远。今穿褒斜道，少阪，近四百里，而褒水通沔，斜水通渭，皆可以行船漕。漕从南阳上沔入褒，褒之绝水至斜，间百余里，以车转，从斜下下渭。如此，汉中之谷可致，山东从沔无限，便于砥柱之漕。且褒斜材木竹箭之饶，拟于巴蜀。'天子以为然，拜汤子卬为汉中守，发数万人作褒斜道五百余里。道果便近，而多水湍石（一本无"多"字），不可漕。"

按《史记·将相表》[2]，汤为御史大夫在元狩二年，而《汉书·公卿表》[3]则在三年。《通鉴考异》[4]，是《史》非《汉》。而《武纪》[5]谓汤之自杀在元鼎二年十一月（时以十月为岁首），则通道当在元狩二年至元鼎元年六年之中。兹姑系于元狩年间耳。

---

① 当指《史记·河渠书第七》——编者注

② 全称《史记·汉兴以来将相名臣年表第十》——编者注

③ 全称《汉书·百官公卿表第七下》——编者注

④ 当指司马光《资治通鉴考异》——编者注

⑤ 当指《汉书·武帝纪第六》——编者注

考《水经·沔水注》曰："汉水又东合褒水，水西北出衙岭山，东南迳大石门，历故栈道下谷，俗[所]谓千梁无柱[者]也……又东南历小石门……门在汉中之西，褒中之北。褒水又东南历褒口，即褒谷之南口也。"① 《方舆纪要》曰：大石门，当即斜谷口，在郿县西南三十里；小石门在箕山，近褒谷口，在褒城北十里。② 总计川陕相通之道谷长四百七十里。盖汉尺度较小，《史》云五百里数亦相当。

盖褒斜之间，昔尝有小径，故人得上书通道。然观于武帝发卒数万人治道五百里之文，其始辟为经涂，原无可疑。而《沔水注》则谓《石门颂》③ 以为石牛道，遂引来敏《本蜀论》云："秦惠王欲伐蜀而不知道，作五石牛，以金置尾下，言能屎金。蜀王负力，令五丁引之成道。秦使张仪、司马错寻路灭蜀，因曰石牛道。"④ 而不及汉武通道之事，则是以为秦所开矣。今按《石门颂》未尝以为石牛道，道元舍正史而信传言疏矣。又，汉

① 出自《水经注·卷二十七·沔水》——编者注

② 见《方舆纪要·卷五十六·陕西五》。本书《方舆纪要》引文及观点用中华书局《读史方舆纪要》（［清］顾祖禹撰；贺次君、施和金点校）本核，后同——编者注

③ 《石门颂》即《隶释》卷四《司隶校尉杨孟文石门颂》之简称。《两汉金石记》卷十三谓之《故司隶校尉犍为杨君颂》。——作者所作小注

④ 出自《水经注·卷三十三·江水》——编者注

《析里桥郙阁颂》有“嘉念高帝之开石门，元功不朽”，则以为高帝所通是亦齐东野语。盖此时汉兴不过八十余岁，高帝如通石门，重通未必如此费力。而事下张汤论究之，是汉廷实不知有此事也。

石门既通，后世遂为入汉中之坦涂矣。

八、南越驿运

《三辅黄图》曰：“扶荔宫，在上林苑中。汉武帝元鼎六年，破南越起扶荔宫。以植所得奇草异木……土本南北异宜，岁时多枯瘁。荔枝自交趾移植百株于庭，无一生者，连年犹移植不息。后数岁，偶一株稍茂，终无华实，帝亦(已)珍惜之。一旦萎死，守吏坐诛者数十人，遂不复莳矣。其实则岁贡焉，邮传者疲毙于道，极为生民之患。至后汉安帝时，交趾郡守唐羌极陈其弊，遂罢其贡（毕注《雍录》作“交趾太守唐羌极陈其弊，乃始罢贡”①）。”②

《后汉书·和帝纪》③：“旧南海献龙眼荔枝(支)，十里一置，五里一候，奔腾阻险，死者继路。时临武长汝南

---

① 出自《雍录·卷第十·铜人·荔支》。本书《雍录》引文及观点用中华书局《雍录》（［宋］程大昌撰；黄永年点校）本核，后同——编者注

② 出自《三辅黄图·卷之三·扶荔宫》——编者注

③ 全称《后汉书·孝和孝殇帝纪第四·和帝》——编者注

唐羌，县接南海，乃上书陈状。帝下诏曰：‘远国珍羞，本以荐奉宗庙，苟有伤害，岂爱民之本。其敕太官，勿复受献。’由是遂省焉。”

章怀注引《谢承书》曰：“唐羌……补临武长。县接交州，旧献龙眼、荔支及生鲜，献之，驿马昼夜传送之，至有遭虎狼毒害，顿仆死亡不绝。道经临武，羌乃上书谏曰：‘……伏见交阯七郡献生龙眼等，鸟惊风发。南州土地，恶虫猛兽不绝于路，至于触犯死亡之害。死者不可复生，来者犹可救也。此二物升殿，未必延年益寿。’帝从之。”①

按由范谢之书可是正《黄图》“安帝时交趾郡守唐羌极陈其弊”之误，则所谓“一骑红尘妃子笑，无人知是荔枝来”者，汉已始之矣。虽鸟惊风发，弊踣人马，而亭候之置，涂路之修，实有裨交通也。

九、回中道

《武纪》②：“元封四年冬十月，行幸雍，祠五畤，通回中道，遂北出萧关。”

注应劭曰：“回中在安定高平，有险阻，萧关在其北。

① 引自《后汉书·孝和孝殇帝纪第四·和帝》所注——编者补注

② 当指《汉书·武帝纪第六》——编者注

通治至长安也。”孟康曰：“回中在北地，有山险，武帝故宫。”如淳曰：“《三辅黄图》云回中宫在汧也。”师古曰：“回中在安定，北通萧关。应说是也。而云治道至长安，非也。盖自回中通道以出萧关。孟、如二家皆失之矣。回中宫在汧者，或取安定回中为名耳，非今所通道。”

王鸣盛曰：“颜说于文义不顺，盖自雍通道至回中，遂由回中北出萧关耳。”（《汉书商榷》）

沈钦韩曰：“《元和志》秦回中宫在凤翔府天兴县西。按《后书》来歙与祭遵袭略阳（今甘肃秦安东北九十五里），伐山开道，从番须、回中径至略阳。是时遵屯兵汧（今陕西陇县南），与雍（凤翔南）相连。是回中宫与回中道初非异处，宫以道得名耳。《郡国志》汧县有回中（刘昭云来歙开道处），汉武由此道北至安定萧关。《寰宇记》萧关故城在原州平高县东南三十里。《明志》① 陇州西北有回城，亦曰回中。又西北有回中宫。又有番须口即陇山口。而原州平高乃固原州，萧关在其东，安得云北通萧关乎（《疏证》②）。”

按王、沈说是，惟未必是由雍通道至回中，盖所通道容在回中，武帝至回中循陇山而北出萧关耳。

① 当指《大明一统志》——编者注

② 当指清人沈钦韩《后汉书疏证》——编者注

十、玉门盐泽亭障

《武纪》[①]：“太初四年春，贰师将军广利斩大宛王首，获汗血马来。”

《西域传》[②]：“自贰师将军伐大宛之后，西域震惧，多遣使来贡献，汉使西域者益得职。于是自敦煌西至盐泽，往往起亭……”

按此汉营西域之据点也，至其途径具在。汉传时贤考之綦详，不复具列矣。

十一、通子午道

《王莽传》[③]：“（元始）五年……其秋，莽以皇后有子孙瑞，通子午道。子午道从杜陵直绝南山，径汉中。”

按子午道者，北口曰子，南口曰午。《方舆纪要》曰：“南口在洋县东一百六十里，北口在西安府南百里，谷长六百六十里。”考高祖之就国汉中也，《高纪》[④] 曰：

① 当指《汉书·武帝纪第六》——编者注

② 当指《汉书·西域传第六十六上》——编者注

③ 当指《汉书·王莽传第六十九上》——编者注

④ 当指《汉书·高帝纪第一上》——编者注

“从杜南入蚀中……至南郑。”《雍录》[①] 谓以地望求之，此蚀中非子午谷即骆谷。按《石门颂》曰：“高祖受命，兴于汉中，道由子午出散入秦。”道由子午，即从杜南入蚀中之谓，与出散入秦是二事。碑文协韵，遂为倒句。杜，即汉之杜陵，在长安东南，非向骆谷所经。然则子午道，秦时已有，莽特缮治之耳。

十二、筑亭西海

《平纪》[②]：元始四年冬，“置西海郡，徙天下犯禁者处之”。

《王莽传》[③]：“（元始）五年……莽既致太平，北化匈奴，东致海外，南怀黄支，唯西方未有加。乃遣中郎将平宪等多持金币诱塞外羌，使献地，愿内属。宪等奏言：‘羌豪良愿等种，人口可万二千人，愿为内臣，献鲜水海、允谷盐池、平地美草皆予汉民，自居险阻处为藩蔽。问良愿降意，对曰：“太皇太后圣明，安汉公至仁，天下太平……从四岁以来，羌人无所疾苦，故思乐内属。”……’事下莽，莽

---

① 南宋程大昌以《三辅黄图》《唐六典》《长安志》《长安图记》诸书互相考证，撰成《雍录》十卷。

② 当指《汉书·平帝纪第十二》——编者注

③ 当指《汉书·王莽传第六十九上》——编者注

复奏曰：‘……今谨案已有东海、南海、北海郡，未有西海郡，请受良愿等所献地为西海郡。……’奏可。又增法五十条，犯者徙之西海。徙者以千万数，民始怨矣。”

《后汉书·西羌传》[①]：“至王莽辅政，欲耀威德，以怀远为名，乃令译讽旨诸羌，使共献西海之地，初开以为郡，筑五县，边海亭燧相望焉。”

按置郡之年，《莽传》较《平纪》后一岁，观于良愿“从四岁以来”一言，疑《传》[②] 是也，姑系诸五年。

第三节　东汉之交通建设

大事表

光武帝建武二年	治飞狐道，其后又漕瀍水
十九年	马援征交趾，缘海刊道千余里，所过城郭为穿沟渠
十？年	通含洭、浈阳、曲江三县山道
廿四年	穿阳渠引洛水为漕
明帝永平六年	通褒余(斜)道

① 全称《后汉书·西羌传第七十七》——编者注

② 当指《汉书·王莽传第六十九上》——编者注

十二年	通博南山；修汴渠
章帝建初三年	永平中理滹沱、石臼河，是年罢
八年	通零陵、桂阳峤道
安帝元初三年（?）	漕两当溪
延光四年	通褒斜道
顺帝阳嘉四年	筑建春门石桥
永和？年	穿凿马濑（瀨）
灵帝熹平元年	造析里桥闸
三年	凿曲红、溱水、六泷

一、治飞狐道，漕㶟水

《光武纪》[①]：建武十二年，“遣骠骑大将军杜茂将众郡施刑屯北边，筑亭候，修烽燧”。（又见《杜茂传》[②]）

《后书·王霸传》[③]：“十三年，增邑户，更封向侯。是时，卢芳与匈奴、乌桓连兵，寇盗尤数，缘边愁苦。诏霸将弛（弛）刑徒六千余人，与杜茂治飞狐道，堆石布土，筑起亭障，自代至平城三百余里。凡与匈奴、乌桓大小数十百战，颇识边事，数上书言宜与匈奴结和亲，又陈

---

① 当指《后汉书·光武帝纪第一下》——编者注

② 当指《后汉书·朱景王杜马刘傅坚马列传第十二·杜茂》——编者注

③ 全称《后汉书·铫期王霸祭遵列传第十·王霸》——编者注

委输可从温水漕，以省陆转输之劳，事皆施行。”

按飞狐口在今河北涞源县北，接察哈尔蔚县界；平城在今大同东，此所治道盖为军用者也。考《前书·武纪》[①] 元光五年发卒万人治雁门阻险。注师古曰“所以为固用止匈奴之寇”，而刘攽曰“予谓治险阻者，通道令平易以便伐匈奴耳”，然王念孙是，颜非。刘谓即《匈奴传》[②] 所云“因边山险阻，堑谿谷，可缮者缮之”也。则此处之堆石布土，亦此类耳。以其有治道筑亭之工，故具列之。

《传》[③] 文“温水”，沈氏《疏证》[④] 本赵一清说，以为当作“㶟”。㶟伪湿，因又伪温也。汉昌平旧县之温水并入于㶟，川源无几。既非通津，不得指为转漕之路。《汉志》[⑤] 之治水，即《说文》之㶟水，乃今桑干河及其下流之永定河是也。霸之防匈奴及匈奴侵苦汉边，雁门代郡尤剧，故其筑治亭鄣(障)自代至平城三百余里。而㶟水从雁门代郡东至上谷渔阳并合众流千余里，就水转漕，惟此可以当之。若温余水所经流，既不当边屯冲要，又

① 全称《汉书·武帝纪第六》——编者注

② 当指《汉书·匈奴传第六十四上》——编者注

③ 当指《后汉书·铫期王霸祭遵列传第十·王霸》——编者注

④ 当指沈钦韩《后汉书疏证》——编者注

⑤ 当指《汉书·地理志第八下·雁门郡 代郡》——编者注

从上谷军都入渔阳、狐奴，裁历三县，则非当日转漕治之水甚明矣。盖范史已伪作温水，章怀遂以湿余之近似者当之。非也。

按赵、沈说是。兹正温作㶟，惟其漕始何年，莫可考矣。

二、交州刊道与凿渠

建武十八年，夏四月，遣伏波将军马援率楼船将军段志等击交阯贼徵侧等。十九年夏四月，伏波将军马援破交阯斩徵侧等，固击破九真贼，都阳等降之。

《马援传》[①]："交阯(鄚)女子徵侧及女弟徵贰反，攻没其郡，九真、日南、合浦蛮夷皆应之，寇略岭外六十余城，侧自立为王。于是玺书拜援伏波将军，以扶乐侯刘隆为副，督楼船将军段志等南击交阯。军至合浦而志病卒，诏援并将其兵。遂缘海而进，随山刊道千余里。十八年春，军至浪泊上，与贼战，破之……追徵侧等至禁溪……明年正月，斩徵侧、徵贰，传首洛阳。……援将楼船大小二千余艘，战士二万余人，进击九真贼徵侧余党都羊等，自无功至居风，斩获五千余人，峤南悉

① 当指《后汉书·马援列传第十四》——编者注

平。……援所过辄为郡县治城郭，穿渠灌溉，以利其民。……二十年秋，振旅还京师……”

按合浦在今合浦县境，浪泊在今越南境。所谓缘海随山刊道千里者，盖自合浦至浪泊乎。至于伏波所凿渠见于后代记载者有二：

《水经·温水注》：“郁水南通寿泠，即一浦也。浦上承交阯郡南都官塞浦。……至凿口，马援所凿，内通九真、浦阳……《交州记》曰：凿南塘者，九真路之所经也，去州五百里，建武十九年，马援所开。”[①]

《文苑英华》八百十三“鱼孟威灵渠记”：“灵渠，秦命史禄监越峤而首凿之，汉命马援征徼侧而继疏之。”

莫休符《桂林风土记》“灵渠条”：“全义县湘漓分流处相传曰后汉伏波将军马援开川浚济，水急曲折四斥，用遏其节，节斗门以驻其势。有伏波庙在县侧。”又按后汉郑宏[②]奏，交阯七郡贡钱从东泛海，多没溺，请开桂岭灵渠。后御史史禄重开辟。又按前汉武帝元鼎五年，命……戈船将军严助击南越吕嘉，戈船出零陵，下漓水。此则前汉岭首已通舟楫明矣，焉得至后汉马援、郑宏(弘)开灵渠，于理未协。言马、郑重修则可，云创辟则于义

① 出自《水经注·卷三十六·温水》——编者注

② 核史，郑宏当为郑弘。此处所叙事出自《后汉书·朱冯虞郑周列传第二十三·郑弘》——编者注

有乖。

按《桂林风土记》所述多谬，史禄秦监误作汉人，没其首创，一也。郑宏(弘)开道未尝通渠，《本传》[①] 可证，二也。盖灵渠之修，传马援为之。《汉传》但谓所过辄为郡县穿渠，则容可信乎。而凿口所在以图书不备，不克详之。

三、含洭、浈阳、曲江三县山道

《循吏·卫飒传》[②]：“建武二年，辟大司徒邓禹府。举能案剧，除侍御史，襄城令。政有名迹，迁桂阳太守。……先是，含洭、浈阳、曲江三县，越之故地，武帝平之，内属桂阳。民居深山，滨溪谷，习其风土，不出田租。去郡远者，或且千里。吏事往来，辄发民乘船，名曰‘传役’。每一吏出，徭及数家，百姓苦之。飒乃凿山通道五百余里，列亭传，置邮驿。于是役省劳息，奸吏杜绝。流民稍还，渐成聚落(邑)，使输租赋，同之平民。……视事十年，郡内清理。二十五年，征还。”

按《传》[③] 云“视事十年”，“二十五年，征还”，则

---

① 当指《后汉书·朱冯虞郑周列传第二十三·郑弘》——编者注

② 当指《后汉书·循吏列传第六十六·卫飒》——编者注

③ 当指《后汉书·循吏列传第六十六·卫飒》——编者注

迁太守当在建武十五年左右，而通道亦当在此时矣。考桂阳郡治郴（《续志》[①]），故城今湖南郴县治，而曲江故城在今广东曲江县西。含洭，今英德县西廿五里，浈阳则在英德东。飒之凿山通道列亭置驿，当是自今郴县踰(逾)骑田岭经曲江英德也。盖西汉峤道，一自今阳山连州而至临武，一自南雄踰(逾)大庾，而郴与曲江间似无大道，并三县民山居溪处，故吏事往来必藉于北江及其支水矣。或谓“凿山通道五百里乃通三县之道深入山溪，总其里程凡五百”，恐非史文本意。

四、穿阳渠

《王梁传》[②]：“(建武)五年……征入……为河南尹。梁穿渠引榖水注洛阳城下，东写巩川，及渠成而水不流。七年，有司劾奏之……”

《张纯传》[③]：“明年(建武廿四年)，上穿阳渠，引洛水为漕，百姓得其利。”

《水经・榖水注》：“榖水又东屈南，迳建春门石桥下，即上东门也。……又自乐里道屈而东出阳渠……又

① 当指《后汉书・志第二十二・郡国四・桂阳郡》——编者注

② 当指《后汉书・朱景王杜马刘傅坚马列传第十二・王梁》——编者注

③ 当指《后汉书・张曹郑列传第二十五・张纯》——编者注

东迳马市石桥……汉司空渔阳王梁之为河南也，将引穀水以溉京都，渠成而水不流，故以坐免。后张纯堰洛以通漕，洛中公私穰赡。是渠今引穀水，盖纯之创也。按陆机《洛阳记》、刘澄之《永初记》言，城之四面有阳渠……亦谓之九曲渎。《河南十二县境簿》云：九曲渎在河南巩县西，西至洛阳。"①

《方舆纪要》"河南三·河南府·洛阳县·穀水"：穀水"东历故洛阳城广莫门（北城之东歌丹门也）北，又东南出上东门门外石桥下而会于洛，此魏晋以后之穀水也"②。

《禹贡锥指》："王城……汉为河南县，县故城在今洛阳县西北。成周，汉为洛阳县，其故城在今洛阳县东北二十里……古时涧水经河南故城西入洛，瀍水经河南故城东入洛。迨东汉建都于此，自河南县东十五里之千金堨引水绕都城南北以通漕，而瀍、穀俱东注。古时瀍不合涧，亦不过洛阳县南而东至偃师也。"

《方舆纪要》卷四十六"河南·洛水"："洛水……入洛阳西南境，又东则涧水流入焉；涧水之上源曰穀水，出渑池县南山中……东北至新安县南，又东北而涧水合焉；涧水出渑池县东北……东流合穀水，遂兼有穀水之称，引而东又折而南，俱至府城西故苑中入于洛。洛水

---

① 出自《水经注·卷十六·穀水》——编者注

② 出自《方舆纪要·卷四十八·河南三》——编者注

又东经故洛阳城南而瀍水入焉；瀍水出洛阳县西北五十里之穀城山，东流经府城北，至洛阳故城西而南流入洛。东汉以后则经洛阳故城东，又东南经偃师县南，又东而复入于洛也。……东汉初定都洛阳，建武二十三年张纯引洛水通漕，谓之阳渠，堰瀍、穀之水自洛阳城北东屈而南曰千金渠，会于阳渠，自是瀍、穀非复故流矣。"[①]

《王》《张》[②] 引之巩川即洛水，以其自巩入河，故名。按千金堨在今洛阳北，阳渠在县东，如顾祖禹说，则引瀍至偃师入洛，引穀至今洛阳北入瀍也。

五、通褒斜道

《故司隶校尉犍为杨君颂》："至于永平，其有四年，诏书开余(斜)，凿通石门。"

《鄐君开石门刻字》："永平六年，汉中郡以诏书受广汉、蜀郡、巴郡徒二千六百九十人，开通褒余道，太守钜鹿鄐君，□部掾治级、王弘、史荀茂、张宇、韩岑弟典𠟭功作。太守丞广汉杨显将相用□始作桥格六百卌三间，大桥五，为道二百五十八里，邮亭、驿置、徒司空、褒

① 出自《方舆纪要·卷四十六·河南一》——编者注

② 当指《后汉书·朱景王杜马刘傅坚马列传第十二·王梁》《后汉书·张曹郑列传第二十五·张纯》——编者注

中县官寺并六十四所。凡用功七十六万六千八百余人，瓦卅六万九千八百八（以下残阙难辨），九千四百余□粟□□□，九年四月成就益州□东至（以下残阙）。”[①]

按二碑俱见《两汉金石记》卷十三。考褒斜道五百余里，武帝所通令所治者二百五十八里耳。盖永平四年下诏，六年兴工，九年竣事也。

六、通博南山

《明纪》[②]：“永平十二年春正月，益州徼外夷哀牢王相率内属。于是置永昌郡，罢益州西部都尉。”

《西南夷传》[③]：“永平十二年，哀牢[夷]王柳貌遣子率种人内属……显宗以其地置哀牢、博南二县，割益州郡西部都尉所领六县[④][⑤]，合为永昌郡。始通博南山，度兰[⑥]仓

---

① 此段引文中的首个阙文符“□”为编者据拓本补——编者注

② 当指《后汉书·显宗孝明帝纪第二》——编者注

③ 当指《后汉书·南蛮西南夷列传第七十六·西南夷》——编者注

④ 章怀注：“《古今注》曰：‘永平十年，置益州西部都尉，居巂唐。’”《续汉志》六县谓不韦、巂唐、比苏、朴(楪)、邪龙、云南也。——作者所作小注

⑤ 作者所作小注亦见《后汉书·南蛮西南夷列传第七十六·西南夷》——编者注

⑥ 作者手稿中，此“兰”字书作“蘭”，当是“兰”的繁体字“蘭”的简写，下同——编者注

水，行者苦之。歌曰：‘汉德广，开不宾。度博南，越兰津。度兰仓，为它人。’”

《华阳国志·南中志》：“孝武时通博南山，度兰沧水、潴溪，置嶲唐、不韦二县，徙南越相吕嘉子孙宗族实之，因名不韦，以彰其先人恶行。人语之曰：汉德广，开不宾，渡博南，越兰津，渡兰沧，为他人。渡兰沧水以取哀牢地……譔曰南域处邛、笮、五夷之表，不毛闽濮之乡，固九服之外也。而能开土列郡，爰建方州，踰(逾)博南，越兰沧，远抚西垂，汉武之迹，可谓大业。”

《水经·若水注》：“按永昌郡有兰仓水，出西南博南县，汉明帝永平十二年置。博南，山名也，县以氏之。其水东北流迳博南山，汉武帝时通博南山道，渡兰仓津，土地绝远，行者苦之。歌曰：汉德广，开不宾，渡博南，越仓津，渡兰仓，为他(作)人。山高四十里。”[①]

按《范书》与《常志》[②] 所言有异郦注，则采摭群言，从于常说。考《续志》[③] 永昌郡领县八，治不韦，其在今云岭山脉以西者凡五。不韦，故城今保山县北卅里，凤溪山下，在今县南。嶲唐，今云龙县南；比苏，今县西。此前汉益州郡属县也。若明帝所置之博南，在今永

① 出自《水经注·卷三十六·若水》——编者注

② 《范书》即《后汉书》，《常志》即《华阳国志》——编者注

③ 当指《后汉书·志第二十三·郡国五·永昌郡》——编者注

平县东，哀牢在保山县东，而澜沧江贯其间。澜沧即兰仓也。水东，即博南山，《常志·南中志》博南县下所谓山高四十里，越之乃澜沧水者也。水上今尤有铁索桥，盖自古为津济之处。《范书》以为明帝时通，似甚可信。或谓武帝置益州郡，《常志》谓其县不韦、巂唐，则固当踰(逾)博南矣。璩是蜀人，近于南中，说必有据。按汉武置郡未必即能县极西鄙。盖有此语，史汉谅无遗之之理。不韦之号何谓彰恶，因名附会不足置信。(《水经注·檏榆河》谓秦徙吕不韦子孙于此以彰其先人恶说，固不经，尚属近情。后人殆以秦地不及此，遂附会为徙吕嘉子孙之说，疑不韦盖夷语耳。)《范书》本于官史，自必折衷至当，其不采常说，必有所据也。博南之通，固必有所始，而明帝设郡置县自必加以经营，揆之于理，无可疑者。

七、修汴渠

《明纪》①："永平十二年夏四月，遣将作谒者王吴修汴渠，自荥阳至于千乘海口……十三年……汴渠成。辛巳，行幸荥阳，巡行河渠。"

《循吏·王景传》②："初，平帝时，河、汴决坏，未

① 当指《后汉书·显宗孝明帝纪第二》——编者注

② 当指《后汉书·循吏列传第六十六·王景》——编者注

及得修。……后汴渠东侵，日月弥广，而水门故处，皆在河中，兖、豫百姓怨叹……永平十二年，议修汴渠，乃引见景，问以理水形便。景陈其利害，应对敏给，帝善之。……夏，遂发卒数十万，遣景与王吴修渠筑堤，自荥阳东至千乘海口千余里。景乃商度地势，凿山阜，破砥碛(绩)，直截沟涧，防遏冲要，疏决壅积，十里立一水门，令更相洄注，无复溃漏之患。景虽简省役费，然犹以百亿计。明年夏，渠成。”

《本传》[1]《集解》[2]引胡朏明(渭)曰：“景修渠筑堤，自荥阳东至海口千余里，则所治者即东汉以后大河之经流也。而史称汴渠又曰渠成，始终皆不言河。盖建都洛阳，东方之漕全资汴渠，故惟此为急河汴分流则运道无患，治河所以治汴也。”

按《水经·瓠子河注》谓自武帝元封二年，塞瓠子决河后，平帝以降，未及修理，河水东浸，日月浸(弥)广。自王景治后，瓠子之水，绝而不通（节引）。而《济水注》：“济水分河东南流。汉明帝之世，司空伏恭荐乐浪人王景……善能治水。显宗诏与谒者王吴始作浚仪渠，吴用景法，水乃不害，此即景、吴所修故渎也。渠流东注，浚仪故复，谓之浚仪渠。”考汴水即蒗荡渠，首受济水，

---

① 当指《后汉书·循吏列传第六十六·王景》——编者注

② 当指清人王先谦《后汉书集解》——编者注

所说盖本此。本编于治河之事也，例所不书。此役并及汴渠、漕运攸关，故备录之其后。顺帝阳嘉三年，又自汴口以东，缘河积石为堰，通渠或曰金堤（《河水注》《济水注》）。灵帝建宁四年，又增修石门以遏渠口（《河水注》《济水注》）。斯亦治水之事也。因类叙于此，不复重出。[①]

八、罢虖沱、石臼河漕

《章纪》[②]："建初三年……夏四月……罢常山呼沱(滹)石臼河漕。"

《邓禹子训传》[③]："永平中，理虖沱、石臼河，从都虑至羊肠仓，欲令通漕。太原吏人苦役，连年无成，转运所经三百八十九隘，前后没溺死者不可胜算。建初三年，拜训谒者，使监理(领)其事。训考量隐括，知大功难立，具以上言。肃宗从之，遂罢其役，更用驴辇，岁省费亿万计，全活徒士数千人。"

《郡国志》[④]"常山国蒲吾县"刘昭注引伏侯《古今

---

① 以上引文及观点出自《水经注·卷二十四·瓠子河》《水经注·卷七·济水》《水经注·卷五·河水》——编者注

② 当指《后汉书·肃宗孝章帝纪第三》——编者注

③ 当指《后汉书·邓寇列传第六·邓禹子训》——编者注

④ 当指《后汉书·志第二十·郡国二·常山国》——编者注

注》："永平十年，作常山呼沱河蒲吾渠（即涉河），以通漕船也。"

《水经·汾水注》："汾水又南迳汾阳县故城东，川土宽平，峘山夷水。……汉……立屯农，积穀(粟)在斯，谓之羊肠仓。山有羊肠坂，在晋阳西北，石隥萦行，若羊肠焉，故仓坂取名矣。汉永平中，治呼沱、石臼河。按司马彪《后汉郡国志》①，常山南行唐县有石臼谷，盖资乘(承)呼沱之水，转山东之漕，自都虑至羊肠仓，将凭汾水以漕太原。用实秦、晋。苦役连年，转运所经，凡三百八十九隘，死者无算。拜邓训为谒者，监护水功。训隐括知其难立，具言肃宗，肃宗从之，全活数千人。和熹邓后之立，叔父陔以为训积善之所致也。"②

按蒲吾故城，今河北平山县东南。石臼河自县北东注呼沱，今滹。南行唐故城，今行唐县北与平山壤地相接。都虑（沈钦韩《疏证》③ 谓中都、虑庐之合称。中都在今平遥西北，虑庐则在今五台东北）羊肠仓在今山西太原县西北九十里。盖漕虖沱上流以通汾水也。自永平十年至建初三年，首尾凡十一年而功不就，足见艰巨矣。

---

① 当指《后汉书·志第二十·郡国二·常山国》——编者注

② 出自《水经注·卷六·汾水》——编者注

③ 当指沈钦韩《后汉书疏证》——编者注

九、通零陵、桂阳峤道

《郑弘传》[①]："建初八年，代郑众为大司农。旧交阯七郡贡输(献)转运，皆从东冶。汎(泛)海而至，风波艰阻，沉溺相系。弘奏开零陵、桂阳峤(硚)道，于是夷通，至今遂为常路。在职二年，所息省三亿万计。"

按东冶今闽侯也，交阯七郡指南海、苍梧、郁林、合浦、交阯、九真、日南而言（《集解》[②] 引钱大昭说）。汉零陵郡，今湘资二江上源之地，则零陵峤道当是今湘桂间都庞岭一路矣。桂阳峤道，秦已通之。上已详述。史谓旧日交阯七郡贡输汎(泛)海北运，盖峤道陡隘不便委输，至是因旧路夷广之耳。若荔枝、龙眼之贡，则须及其生鲜，必峤道是由矣。

十、漕两当溪

《虞诩传》[③]："后羌寇武都，邓太后以诩有将帅之略，迁武都太守……先是运道艰险，舟车不通，驴马负载，

① 当指《后汉书·朱冯虞郑周列传第二十三·郑弘》——编者注

② 当指王先谦《后汉书集解》——编者注

③ 当指《后汉书·虞傅盖臧列传第四十八·虞诩》——编者注

僦五致一。诩乃自将吏士，案行川谷，自沮至下辩数十里中，皆烧石剪木，开漕船道，以人僦直雇借佣者，于是水运通利，岁省四千余万。”

《水经·漾水注》：“故道水南入东益州之广业郡界，与沮水枝津合，谓之两当溪水，上承武都沮县之沮水渎，西南流，注于两当溪。虞诩为郡，漕谷市在沮，从沮县至下辨，山道险绝，水中多石，舟车不通，驴马负运，僦五致一。诩乃于沮受僦直，约自致之。即将吏民按行，皆烧石檶木，开漕船道，水运通利，岁省万计，以其僦廪与吏士，年四十余万也。”[①]

按沮县故城在今陕西略阳县东北百六十里，下辨在今甘肃成县西。此所漕者，即西汉水上源也。诩除太守，据《本传》在永初四年羌乱，其赴任所，羌曾遮之陈仓。既到郡，乃破羌，羌奔益州。考《安纪》[②] “元初元年，先零羌寇武都、汉中，绝陇道。……二年……寇益州……”是诩守武都在元初元年矣，其通漕当在二年以后。史叙于其破羌之后，为治二三年，户口大增以歬(前)。是其事当在元初二三年间也。姑系诸三年耳。

---

① 出自《水经注·卷二十·漾水》——编者注

② 当指《后汉书·孝安帝纪第五》——编者注

十一、通褒斜道

《顺记》[①]：延光四年，“诏益州刺史罢子午道，通褒斜路”。

《隶释》卷四“石门颂”：“至于永平，其有四年。诏书开余(斜)，凿通石门。中遭元二、西夷虐残，桥梁断绝，子午复脩（脩，翁方纲释循）。上则县峻，屈曲浽(流)颠。下则入寘(寘)，庼写输渊。平阿源泥，常荫(阴)鲜晏。木石相距，利磨确磐。……愁苦之难，焉可具言。……于是明知故司隶校尉犍为武阳杨君，厥字孟文。深执忠伉，数上奏请。有司议驳，君遂执争。百辽咸从，帝用是听。废子由斯，得其度经。功饬尔要，敞而晏平。清凉调和，烝烝艾宁。”

洪适谓顺帝之通褒斜，即从杨涣所请（《华阳国志》杨君名涣），释元二为元丰二年。盖安帝永初元年，先零叛，断陇道，寇三辅，入益州，杀汉中守乃桥梁断绝时也。自明帝永平四年，通石门，至永初几五十年。自永初褒斜断绝至延光四年，凡十五年矣（详跋文）。若《水经·沔水注》“褒水又东南历小石门……穿山通道，六丈有余。刻

---

① 当指《后汉书·孝顺孝冲孝质帝纪第六·顺帝》——编者注

石言：汉明帝永平中，司隶校尉杨厥之所开”云云则误会碑文矣。[①]

十二、筑建春门石桥

《水经·穀水注》：“穀水又东屈南，迳（洛阳）建春门石桥下，即上东门也……桥首建两石柱，桥之右柱铭云：阳嘉四年乙酉壬申，诏书以城下漕渠，东通河、济，南引江、淮，方贡委输，所由而至，使中谒者魏郡清渊马宪监作石桥梁柱，敦敕工匠尽要妙之巧，攒立重石，累高周距，桥工路博，流通万里云云……三月起作，八月毕成。”[②]

十三、凿马濑[③]（濑）

《水经·淮水注》：“淮水右岸即淮阴（淮阴东南）也……县有中渎水，首受江于广陵郡之江都县（江都西南），

---

① 沈氏《邓骘传疏证》谓洪氏元二之释，于《邓传》杨碑虽合，而《陈忠传》云：自帝即位以后频遭元二之阨，时在邓氏已崩之后，不可谓元初之元年二年也。章怀云或说阳九百六者当近之（阳九百六在入元之终或复元之初）。毕口曾曰元二乃无妄之讹。——作者于此段上之页眉批注

② 出自《水经注·卷十六·穀水》——编者注

③ 此部分为两张于右上标有1.2.序号的散页，文前有标题“（十三）凿马濑”——编者注

县城临江……旧江水道也。昔吴将伐齐，北霸中国，自广陵城（江都东北）东南筑邗城，城下掘深沟，谓之韩江，亦曰邗溟沟，自江东北逋(通)射阳湖（淮阴东南七十里与盐城、阜陵、宝应分界）。《地理志》所谓渠水也。西北至末口入淮。自永和中，江都水断，其水上承欧阳埭（仪征东北十里有欧阳戍），引江入埭，六十里至广陵城……中渎水自广陵北出武广湖东、陆阳湖西，二湖东西相直五里（案此二湖在今高邮县南），水出其间，下注樊梁湖（高邮西北五十里）。旧道东北出，至博芝、射阳二湖。西北出夹邪，乃至山阳矣（淮安）。至永和中，患湖道多风，陈敏因穿樊梁湖北口，下注津湖迳渡（宝应县南六十里），渡十二里方达北口（案谓津湖北口），直至夹邪。兴宁中，复以津湖多风，又自湖之南口（案谓津湖南口），沿东岸二十里，穿渠入北口，自后行者不复由湖。故蒋济《三州论》曰：淮湖纡远，水陆异路，山阳不通，陈敏穿沟，更凿马濑(濑)，百里渡湖者也。自广陵出山阳白马湖（宝应西北十五里），迳山阳城西，即射阳县之故城也（淮安东南）……中渎水又东，谓之山阳浦，又东入淮，谓之山阳口者也。”①

按汉顺帝、晋穆帝皆有永和年号，但陈敏乃东晋叛臣，故知永和中乃晋穆帝时也。兴宁则哀帝年号，所以

---

① 出自《水经注·卷三十·淮水》——编者注

知穿百濑(濑)在汉世者，以蒋济《三州论》述及此事也。考《魏志·蒋济传》[1]：黄初六年（黄初五年，文帝亦尝幸广陵，然非东征之师，故定在六年），“车驾幸广陵，济表水道难通，又上《三州论》以讽帝”。赵一清曰：“《三州论》本诗人淮有三洲之义，言水浅也。”（《水经》注释[2]）盖吴凿邗沟以通江淮，自淮北出则循泗而上或由沛水或由睢水以通于河。循淮而西上，逆涡水可至荥泽，逆颍水可至陈许，逆汝水可至蔡叶，沿淮而下，循其支流游水（约为今运盐河所行合），东北入海。吴之燕岱常泛巨海，惮其涛险，便沿此渎，由是出海也（《水经·淮水注》[3]）。水运之利，莫盛于此。由中州以制东南中渎一水，势所必争。故吴楚之乱，周亚夫以轻兵绝淮泗以绝吴饟道，魏之征吴往往自涡入淮以向广陵也。陈敏之举，盖系夫差后之首功矣。

十四、造析里桥

《两汉金石记》卷十三“汉析里桥郙阁颂”：“惟斯析里，处汉之右。溪源漂疾，横柱（洪释：注）于道。涉秋霖漉，盆（洪释：溢）溢汨涌(滔涌)。涛波滂沛，激扬绝道。汉

① 当指《三国志·魏书·程郭董刘蒋刘传第十四·蒋济传》——编者注

② 出自《水经注·卷三十·淮水》——编者注

③ 出自《水经注·卷三十·淮水》——编者注

水逆让，稽滞商旅。路当二州（按，指益、凉），经用[illegible](泞)沮。沮县士民，或给州府。休偈往还，恒失日晷。行旅咨嗟，郡县所苦。斯溪既然，郙阁尤甚。缘崖凿石，处隐定柱，临深长渊，三百余丈。接木相连，号为万柱。过者慄慄，载乘为下。常车迎布，岁数千两（翁释：㒳）。遭遇隤纳，人物俱堕。沉没洪渊，酷烈为祸。自古迄今，莫不怆楚！于是，太守……李君讳翕……乃俾衡官掾，下辨仇审，改解危殆，即便求隐，析里大桥，于今乃造。挍致攻坚，□□工巧，虽昔鲁班，亦其儗象。又醳（洪释：释）散关之嶃漯（欧释：湿），从朝阳之平熮（洪释：燥），减西□□高阁，就安宁之石道……建宁五年二月十八日癸卯（建宁以下，翁据《隶释》补）。

翁方纲跋曰："娄氏《汉隶字原》云在兴州磨崖。宋之兴州今为略阳县……建宁无五年，建宁五年即熹平元年也。是岁五月改元。"

按汉沮县故城今陕西略阳县东北百十里，郙阁在县西二十里。县志曰："县西有崖临江，高数十丈，俗名'白崖'，水溢则上下不通，李翕凿石架木建阁以济行人，废址犹存。"碑云三百余丈，则桥长近二里矣。

又翕所经营建宁四年，则治西狭，在今甘肃成县境，五年又治天井道。前碑见《隶释》卷四。《两汉金石记》卷十三，后碑见《隶续》卷十一。事匪巨要，故弗具录。

十五、凿曲红、溱水、六泷

《隶释》卷四《桂阳太守周憬功勋铭》："桂阳太守周府君者……讳憬……郡又与南海接比，商旅所臻，自瀑亭至乎曲红，壹由此水。其水源也，出于王禽之山……下迄安聂，六泷作难，湍濑(濑)滏滏，泫沄潺湲。虽《诗》称百川沸腾，高岸为谷，深谷为陵，盖莫若斯。天轨所经，恶得已改。其下注也，若奔车失戀(辔)，狂牛无縻，口勿巟忽，舻艖不相知。及其上也，则群辈相随，檀柁提口，唱号慷慨，沈深不前。其成败也，非徒丧宝玩，陨珍奇，替珠贝，沶(流)象犀也。往古来今，变甚终矣。于是府君……迺(乃)命良吏，将帅壮夫，排颓磐石，投之寥口，口高填下，凿截回曲，弥水之邪性，顺导其经脉，断硠溘之电波，弱阳侯之汹涌。由是小徯乃平直，大道允通利，抱布贸丝，交易而至，升涉周旋，功万于前……故肸(船)人叹于水渚，行旅语于涂陆……于是熹平三年，岁在摄提仲冬之月，曲红长……区祉……遵承典宪，宣扬德训，帅礼不越，钦仰高山，乃与邑子故吏……等，命工击石，建碑于泷上，勒铭公功……其辞曰：……仰王禽兮又崕嵬，俯泷渊兮怛以悲。岸参天兮无路徯，石纵横兮沵(流)洄洄。波隆隆兮䏾[1]若雷，或抱货兮以从利。或追恩兮有赴义，汜舟楫兮有不避。口躬躯兮于玄池，委性命兮于芒缅，憯寒慄兮不皇计，忽随沵(流)兮殆忘归。懿贤后兮发亟(圣)荚，闭不通兮治斯谿。蹷(蹶)巨石兮以湮填，开动总兮导曲机。摧六泷兮弱口口，口口口兮散其波。……睦老唱兮胪人歌……”

按曲红即曲江，故城在今广东曲江县西。安聂，据《水经·溱水》篇“溱水东至曲江县安聂邑东”[2] 之文，则在曲红境矣。瀑亭，就碑文观之，似在南海境内。此碑《集古录》跋文曰：“按《韶州图经》云：‘后汉桂阳太守周府君庙，在乐昌县西一百一十八里武溪上。武溪惊湍激石，流数百里……周府君开此溪，下合真水，桂阳人便之，为立庙刻石……’按武水源出郴州临武县鸬鹚石，南流三百里入桂阳，而桂阳桂水、真水、梨溪、卢溪、曹溪诸水皆与武水合流。其俗谓水湍峻为泷，韩退之诗云‘南下昌乐泷’（后本跋尾曰县名乐昌，泷名昌乐，昔误改为乐昌泷。按原本改诗作乐昌泷，兹依后本正之。韩原诗云“南下昌乐泷，险恶不可状”）即此水也。”考《水经·溱水注》曰：“武溪水出临武县西北桐柏山，东南流，右合溱水……东南迳临武县西……又南入重山，山名蓝豪，广圆五百里，

① 疑“声”字，从“耳”不从“瓦”。——作者所作小注

② 出自《水经注·卷三十八·溱水》——编者注

悉曲江县界，崖峻险阻，岩岭干天，交柯云蔚，霾天晦景，谓之泷中。悬湍迴注，崩浪震山，名之泷水。泷水又南出峡，谓之泷口……又南迳曲江县东……泷中有碑文曰……。”[①] 赵一清谓即《周憬功勋铭》也，则憬所凿六泷盖在今曲江乐昌间武水中欤。

第四节　三国之交通建设

大事表

汉献帝建安七年	治睢阳渠
九年	遏淇水入白沟
十一年	凿平虏、泉州二渠，导新河
十二年	通卢龙塞外道
十八年	通利漕渠
廿一年	蜀凿天社山
廿三年?	开二崤北道
廿四年	蜀筑成都至白水传邮
魏文帝黄初元年?	通“贾侯渠”
四年?	通上庸道

① 出自《水经注·卷三十八·溱水》——编者注

六年	通讨虏渠
明帝太和元年	自西阳开直道临江
五年	筑千金竭
景初二年	遣人岁常修治河阻
齐王芳正始三年	引河入汴
六年	吴大帝赤乌八年凿句容中道
正始嘉平中	蜀后主延熙中通越嶲道
陈留王奂景元四年	通褒斜阁道

一、治睢阳渠

《魏志·武纪》①："建安七年春正月，公军谯……遂至浚仪，治睢阳渠……进军官渡。"

按浚仪在今开封西北，官渡在中牟东北，睢阳今之商丘，此所治渠当是睢水沟通泗颍者。所以便漕北伐袁氏也。

二、遏淇水入白沟

《武纪》②："建安九年春正月，济河，遏淇水入白沟以

---

① 当指《三国志·魏书·武帝纪第一》——编者注

② 当指《三国志·魏书·武帝纪第一》——编者注

通粮道。”

《水经·淇水注》：“淇水又东出山，分为二水，水会立石堰，遏水以沃白沟（濬县以下之卫河）。左为菀水，右则淇水，自元甫城东南迳朝歌（淇县东北）县北。……又东，右合泉源水……又南历枋堰，旧淇水口，东流迳黎阳县界，南入河。……汉建安九年，魏武王于水口下大枋木以成堰，遏淇水东入白沟以通漕运，故时人号其处为枋头（濬县西南七十里淇门）。是以卢谌《征艰諴(赋)》曰：后背洪枋巨堰，深渠高堤者也。自后遂废（魏熙平中复通之）。……故渠历枋城北，东出今渎，破故竭。其堰，悉铁柱木石参用，其故渎南迳枋城西，又南分为二水，一水南注清水，水流上下更相通注，河清水盛，北入故渠自此始矣。一水东流，迳枋城南，东与菀口合。菀水上承淇水于元甫城西北，自石堰东、菀城西，屈迳其城南，又东南流历土军东北，得旧石逗，故五水分流，世号五穴口。……东南入淇水。淇水右合宿胥故渎（宿胥口在濬县西南），渎受河于顿丘县遮害亭东（遮害亭在濬县西南）、黎山西，北会淇水处立石堰，遏水令更东北注。魏武开白沟，因宿胥故渎而加其功也。……淇水又东北流，谓之白沟。”①

---

① 出自《水经注·卷九·淇水》——编者注

按魏武于今濬县西南，遏淇入卫，不令注河。又另引河通卫沟连三渎。

三、凿平虏、泉州二渠，导新河

《武纪》[1]：建安十一年，“辽西单于蹋顿……数入塞为害。公将征之，凿渠，自呼沱(滹)入泒水，名平虏渠；又从泃河口凿入潞河，名泉州渠，以通海”。

《董昭传》[2]：“后袁尚依乌丸蹋顿，太祖将征之。患军粮难致，凿平虏、泉州二渠入海通运，昭所建也。”

a. 泉州渠

《水经·鲍丘水注》：“鲍丘水（上流即潮河，下流为今之鲍丘河、窝头河、蓟运河也）自雍奴（武清东）县故城西北……东迳其县北，又东与泃河（今泃河）合。……又东合泉州渠口，故渎上承滹沱河于泉州（武清东南四十里）县，故以泉州为名。北迳泉州县东，又北迳雍奴县东，西去雍奴故城百二十里，自滹沱北入其下，历水泽百八十里，入鲍丘河，谓之泉州口。陈寿《魏志》曰：曹太祖以蹋顿扰边，将征之，从泃

① 当指《三国志·魏书·武帝纪第一》——编者注

② 当指《三国志·魏书·程郭董刘蒋刘传第十四·董昭》——编者注

口凿渠迳雍奴、泉州以通河海者也。今无水。”[1]

按《补三国疆域志》谢钟英《补注》曰：“渠首起武清南，东北迳宝坻，北入泃河。《水经注》云：‘故渎上承滹沱水于泉州县者，滹沱至雍奴县西入潞以下，潞水通，得滹沱之名也。’”

幽州燕国泉州县有泃口渠。

《郡国志》[2] 并州上党郡潞本国（潞城东北），刘昭注引《上党记》曰：“潞，浊漳也。县城临潞。晋荀临父伐曲梁，在城西十里，今名石渠。又东北八十里有壶(黎)城，临壶口关，至建安十一年，从淘河口凿入潞河，名泉州梁，以通于海。”[3]

b. 平虏渠

《补三国疆域志》：冀州勃海郡，东光有鲁口城。《补注》[4] 曰：“《后汉书》注（按，见《光武纪》更始二年）滹沱河旧在饶阳南，至曹操因饶河故渎决，令北注新沟水，所以今在饶阳县北。”宋白曰：“魏武决处即平虏渠。旧于

---

① 出自《水经注·卷十四·鲍丘水》——编者注

② 当指《后汉书·志第二十三郡国五·上党》——编者注

③ 此段段末有铅笔所书“？”——编者注

④ 当指清谢钟英为洪亮吉《补三国疆域志》所作的《补三国疆域志补注》——编者注

渠口置虏口镇，后讹为鲁口，因置鲁口城。”《地形志》[①]：“饶阳县有鲁口镇。”《方舆纪要》：“今饶阳县城。”《补志》[②]：“东光县有平虏渠。”《补注》曰：“《元和郡县志》：‘在鲁城县郭内，魏武北伐匈奴所开。’”《寰宇记》：“在废乾符县南二百步。”钟英案今沧州南，渠首起饶阳，东至沧州。

c. 新河

《水经·濡水注》：“濡水又迳(西乡)故城（涿县西北二十五里）南……东南流，迳乐安亭南，东与新河故渎合，渎自雍奴县承鲍丘水东出，谓之盐关口。魏太祖征蹋顿，与泃口俱导也。世谓之新河矣。陈寿《魏志》云：以通海也。新河又东北绝庚水，又东北出，迳右北平，绝泃渠之水，又东北迳昌城县故城北……又东分为二水，枝渎东南入海。新河自枝渠东出合封大水，谓之交流口。……新河又东出海阳县与缓虚水会……又东与素河会，谓之白水口。……又东至九過口，枝分南注海。新河又东迳海阳县故城南……新河又东与清水会……又东，木究水出焉，南入海。新河又东，左迆为北阳孤淀，淀

① 当指《魏书·地形志第五上·定州·博陵郡》——编者注

② 当指清洪亮吉《补三国疆域志》——编者注

水右绝新河，南注海。新河又东会于濡。”[1]

《补志》曰幽州燕国雍奴县。《补注》曰：案新河在泉州渠北，由香河、宝坻、玉田、丰润至乐亭县西入滦河。

四、通卢龙塞外道

《武纪》[2]：建安十二年，“北征三郡乌丸……夏五月，至无终。秋七月，大水，傍海道不通，田畴请为乡导，公从之。引军出卢龙塞，塞外道绝不通，乃堑山堙谷五百余里，经白檀、历平冈、涉鲜卑庭，东指柳城，未至二百里，虏乃知之。……八月，登白狼山，卒与虏遇……虏众大崩……九月，公引兵自柳城还……”

《田畴传》[3]：“畴……遂入徐无山中（玉田东北廿里）……建安十二年，太祖北征乌丸，未至，先遣使辟畴……遂……随军次无终（今蓟县）。时方夏水雨，而滨海洿下，泞滞不通，虏亦遮守蹊要，军不得进。太祖患之，以问畴。畴曰：‘此道，秋夏每常有水，浅不通车马，深

① 出自《水经注·卷十四·濡水》——编者注

② 当指《三国志·魏书·武帝纪第一》——编者注

③ 当指《三国志·魏书·袁张凉国田王邴管传第十一·田畴》——编者注

不载舟船，为难久矣。旧右北平郡治在平冈（热河哈喇沁中旗界），道出卢龙，达于柳城（凌源东北二百里之建名东北土穆特旗右翼西百里）；自建武以来，陷坏断绝，垂二百载，而尚有微径可通（从）。今虏将以大军当由无终，不得进而退，懈弛无备。若嘿回军，从卢龙口（河北迁安县西北一百九十里之龙井关）越白檀（古北口东北一百四十里承德西南）之险，出空虚之地，路近而便，掩其不备，蹋顿之首可不战而禽也。’太祖曰：‘善。’乃引军还……令畴将其众为乡导，上徐无山，出卢龙，历平冈，登白狼堆（热河凌源县东南布作阁山，亦即朝阳县南二百余里之山），去柳城二百余里，虏乃惊觉。……遂大斩获，追奔逐北，至柳城。”

裴注《先贤行状》载太祖表论畴功曰：“……王旅出塞，涂由山中九百余里，畴帅兵五百，启导山谷，遂灭乌丸，荡平塞表。”①

《水经·濡水注》：“濡水又东南迳卢龙塞，塞道自无终县东出渡濡水（滦河），向林兰陉（喜峰口），东至清陉（冷口）。卢龙之险，峻坂萦折，故有九峥之名矣。……余按卢龙东越清陉，至凡城（热河平泉境，平冈西南一百八十里）二百许里。自凡城东北出，趋（趣）平冈故城可百八十里，向黄龙则五百里。故陈寿《魏志》：田畴引军出卢龙塞，堑山

① 引自《三国志·魏书·袁张凉国田王邴管传第十一·田畴》——编者注

堙谷五百余里，迳白檀，历平冈，登白狼，望柳城。平冈在卢龙东北远矣。……濡水又东南迳卢龙故城东，汉建安十二年，魏武征蹋顿所筑也。”[①]

按田畴所辟道，盖是西汉辽西经涂，自今河北蓟县东北越滦河出长城至热河凌源境，折北向赤峰境也。考《汉书·李广传》[②]，匈奴入辽西，乃召拜广右北平太守。武帝报广诏曰：“将军其率师东辕，弥节白檀，以临右北平盛秋。”是时郡治无终（据《水经·鲍丘水注》，秦郡治此，汉初当尔，田畴所言盖其后事，平冈犹在白檀东北，若此时郡治平冈，不得云率师东辕，弥节白檀也），盖防范之途亦同魏武之迹矣。至若沿海一道，揣诸今地当是自玉田西趋永平。循海而东北，至辽、热、冀三省之际，又折北向故柳城至辽西郡治阳乐也。故魏武回军涂由徐无，赵苞迎母道经柳城矣。[③] 盖冀辽之间，海岸下降，遂至碣石山沦于海中，营州城半在水际，道元言之详矣（《河水篇注》）。[④]

---

① 出自《水经注·卷十四·濡水》——编者注

② 全称《汉书·李广苏建传第二十四·李广》——编者注

③ 《范书·独行传》：苞，东武城（在今山东韩城县）人。灵帝时为辽西太守，迎母之郡，道经柳城，为鲜卑所略。按《续志》郡治阳乐在故柳城之东，此道常为水所淹。——作者所作小注

④ 出自《水经注·卷五·河水》：“碣石在海中。盖沦于海水也。昔燕齐辽旷，分置营州，今城届海滨，城垂沦者半。”——编者注

五、通利漕渠

《武纪》[1]：建安十八年九月，“凿渠引漳水入白沟，以通河”。

《水经·浊漳水注》：“又东北过斥漳县南。注(应劭曰)：……汉献帝建安十八年，魏太祖凿渠，引漳水东入清、洹以通河漕，名曰利漕渠。漳津故渎水断，旧溪东北出，涓流濝注而已。”[2]

按斥漳故城，今河北曲周县清洹当是，《水经》之清水、洹水，皆白沟之支津，盖引古漳水入今卫河也。

六、凿天社山[3]

《华阳国志·蜀志》：“(犍为)郡去成都百五十里，渡大江。昔人作大桥曰汉安桥，广一里半，每秋夏水盛，断绝，岁岁修理，百姓苦之。建安二十一年，太守南阳李严乃凿天社山，寻江通道，省桥，梁三津，吏民悦之。”

---

① 当指《三国志·魏书·武帝纪第一》——编者注

② 出自《水经注·卷十·浊漳水》——编者注

③ 此目似可删——作者眉批

《水经 · 江水注》:"(鄢水)……东南流至武阳县，注于江。县下江上，旧有大桥，广一里半，谓之安汉桥。水盛桥(岁)坏，民苦治功。后太守李严凿天社山，寻江通道，此桥遂废。"①

按武阳故城在今彭山县东。

七、开二崤北道

《水经 · 河水注》:"河水又东，千崤之水注焉。水南导于千崤之山，其水北流，缠络二道。汉建安中，曹公西讨巴蜀(汉)，恶南路之险，故更开北道，自后行旅，率多从之。"②

《元和志》③:"二崤山在河南府永宁县北二十八里，自东崤至西崤三十五里。东崤长坂数里，峻阜绝涧，车不得方轨；西崤全是石坂十二里，险绝不异东崤。"

按二崤山在今河南洛宁县西北六十里，西接陕县境，东接渑池境。此道当在故道之北，里数未必甚长，以其

---

① 出自《水经注 · 卷三十三 · 江水》——编者注

② 出自《水经注 · 卷四 · 河水》——编者注

③ 当指唐李吉甫《元和郡县志》——编者注

为交通经涂，故录之。考魏武征张鲁在廿年，御刘先主在廿三年，郦注云征巴蜀，则开道容在廿三年也。[①]

八、成都白水关邮传

《蜀志·先主传》[②]："建安二十四年……拔魏延为都督，镇汉中。"裴注《典略》曰："备于是起馆舍，筑亭障，从成都至白水关，四百余区。"

《魏志·陈群传》[③]："昔刘备自成都至白水，多作传舍，兴费人役，太祖知其疲民也。"

按此所起者，当是阴平道邮传，所以经管氐羌也。姜维北伐，恒由此矣。若石牛道则自成都至汉中向为经涂，邮传自具，不当筑至四百余区也。[④]

---

① 《通鑑》卷四十一"建武三年"（当查原文）；《通典》："回溪在河南永宁县东北，俗名回坑，长四里，阔二丈，深二丈五尺，自汉以前，道皆由此。郦道元云曹公西讨，恶南路之险，更开此道。"——作者于此处页眉所作批注

② 当指《三国志·蜀书·先主传第二》——编者注

③ 当指《三国志·魏书·桓二陈徐卫卢传第二十二·陈群》——编者注

④ 此论误白水关在宁羌境——作者眉批

九、通贾侯渠

《魏志·贾逵传》[①]："文帝即王位……以逵为豫州刺史……逵……外休军旅，内治民事。又通运渠二百余里，所谓贾侯渠者也。"

《水经·渠水注》："沙水又东南迳东华城西，又东南，沙水枝渎，西南达洧，谓之甲庚沟，今无水。沙水又南与广漕渠合，上承庞官陂，云邓艾所开也。虽水流废兴，沟渎尚伙。昔贾逵为魏豫州刺史，通运渠二百里余，亦所谓贾侯渠也。而川渠迳复，交错畛陌，无以辨之。沙水又东迳长平县故城北，又东南迳陈城北。"[②]

《补三国疆域志》之《补注》曰："据《水经注》，贾侯渠当在今陈州府西北故道，久湮。"

按今河南淮阳县西北沙水，今蔡河也（又名西明河）。考《传》叙通漕事在破吴将吕范于洞浦前，据《文纪》[③] 及《吴志孙权吕范传》[④]，此役在黄初二年，故系凿渠事于元年矣。

---

① 当指《三国志·魏书·刘司马梁张温贾传第十五·贾逵》——编者注

② 出自《水经注·卷二十二·渠沙水》——编者注

③ 当指《三国志·魏书·文帝纪第二》——编者注

④ 当指《三国志·吴书·吴主传第二》《三国志·吴书·朱治朱然吕范朱桓传第十一·吕范》——编者注

十、通上庸道

《魏志·夏侯尚传》[①]："荆州残荒，外接蛮夷。而与吴阻汉水为境，旧民多居江南。尚自上庸通道，西行七百余里，山民蛮夷多服从者，五六年间，降附数千家。"

《补三国疆域志》"荆州"《补注》："案江南当作汉南，朱然诸葛瑾屡袭沮中，皆汉南旧民也。自上庸西行七百里已入蜀汉中三百余里。侈文不足信。"

按《传》叙通道事，在黄初三年江陵之役与五年昌陵之封之间。姑系此事于四年。

十一、通讨虏渠

《文纪》[②]："黄初六年……行幸召陵，通讨虏渠。"

《方舆纪要》："县东五十里，曹魏黄初六年幸召陵，通讨虏渠，谋伐吴也。"[③]

按此渠当是通颍水者，惟源委不详，观于讨虏之名，其通东鄙以征吴者乎。

---

① 当指《三国志·魏书·诸夏侯曹传第九·夏侯尚》——编者注

② 当指《三国志·魏书·文帝纪第二》——编者注

③ 出自《方舆纪要·卷四十七·河南二》——编者注

十二、自西阳开直道临江

《贾逵传》[①]："明帝即位……时孙权在东关，当豫州南去江四百余里。每出兵为寇，辄西从江夏，东从卢江。国家征伐，亦由淮、沔。是时州军在项，汝南、弋阳诸郡，守境而已。权无北方之虑(虞)，东西有急，并军相救，故常少败。逵以为宜开直道临江，若权自守，则二方无救；若二方无救，则东关可取。乃移屯潦口，陈攻取之计，帝善之。"

钟氏《补注》[②]"豫州"下曰："考西阳……据《水经注》在今黄冈县东北百六十里……既云开直道临江，则潦口当系滨江之地，与西阳相近。"又《三国疆域志疑》曰："项，今项城县；弋阳，今光州境。直道临江，自光州南逾穆陵关直抵黄州也。逵设此计欲断吴东西救援之道。潦口疑黄州府滨江之地。"

按《传》叙此事于太和二年，曹休石亭之败前，故系于明帝即阼之岁。

---

① 当指《三国志·魏书·刘司马梁张温贾传第十五·贾逵》——编者注

② 当指清谢钟英为洪亮吉《补三国疆域志》所作的《补三国疆域志补注》——编者注

十三、筑千金堨

《水经·榖水注》：“《河南十二县境簿》云：河南县城东十五里有千金堰。《洛阳记》曰：千金堨旧堰榖水，魏时更修此堰，谓之千金堨。积石为堨而开沟渠五所，谓之五龙渠。渠上立堨，堨之东首，立一石人，石人腹上刻铭(勒)云：太和五年二月八日庚戌造筑此堨，更成(开)沟渠，此水衡渠上其水，助其坚也，必经年历世，是故部立石人以记之云尔。盖魏明帝修张、王故绩也。”①

按晋泰始七年大水暴注，沟渎泄坏，更于其西开代龙渠。详见郦注。兹类序于此，不复重出。

十四、修治河滩

《水经·河水注》：“自砥柱以下，五户以(已)上，其间百二十里，河中竦石傑出，势连襄陆……激石云洄，澴波怒溢，合有十九滩，水流迅急，势同三峡，破害舟船，自古所患。汉鸿嘉四年，杨焉言，从河上下，患砥柱隘，可镌广之。上乃令焉镌之，裁没水中，不能复去，而令

① 出自《水经注·卷十六·榖水》——编者注

水益湍怒，害甚平日。魏景初二年二月，帝遣都督沙丘部、监运谏议大夫寇慈，帅工五千人，岁常修治，以平河阻。晋泰始三年正月，武帝遣监运大中大夫赵国、都匠中郎将河东乐世，帅众五千余人，修治河滩，事见《五户祠铭》。虽世代加功，水流湍济，涛波尚屯，及其商舟是次，鲜不踟蹰难济，故有众峡诸滩之言。"[①]

按鸿嘉成帝年号，事见《汉书·沟洫志》[②]。考砥柱在陕县东北河中。献帝之走陕也，议欲漂河东下。杨彪曰："臣，弘农人，从此以东，有三十六滩，非万乘所当从也。"乃止。（《魏志·董卓传》[③] 注引《献帝志(纪)》）则逆流而上，其难可想。武帝之凿渠河东通道褒斜，即欲辟底(砥)柱之限也。而杨焉之功不就，东京一代遂无经营，惟魏晋有所修治耳。

十五、引河入汴

《晋书·宣帝纪》[④]："正始三年三月……穿广漕渠，引河入汴，溉东南诸陂，始大佃于淮北。……四年……

---

① 出自《水经注·卷四·河水》——编者注

② 全称《汉书·沟洫志第九》——编者注

③ 当指《三国志·魏书·董二袁刘传第六·董卓》——编者注

④ 当指《晋书·宣帝纪第一》——编者注

广开淮阳、百尺二渠，又修诸陂于颍之南北，万余顷。自是淮北仓庾相望，寿阳至于京师，农官屯兵连属焉。”

十六、凿句容中道

《吴志·孙权传》[①]：赤乌八年，“遣校尉陈勋将屯田及作士三万人凿句容中道，自小其至云阳西城，通会市，作邸阁”。

《方舆纪要》：破冈渎，在句容县东南二十五里，至丹阳县西南，六朝时转输运道也。“吴赤乌八年凿句容中道至云阳西城以通吴会舡舰，上下凡一十四埭。”[②]

《补三国疆域志》“扬州丹阳郡句容”《补注》[③]：“案此凿茅山之麓，以通运道也，今亦名运河。”

又王鸣盛曰：“《太平御览》引《吴志》，岑昏凿丹徒（故城在今丹徒东十八里），至云阳、杜野、小辛间，皆斩绝陵袭，施力艰辛。”杜野属丹阳，小辛属曲阿。今水道自常州府城外经奔牛吕城以至镇江县城外，自此再西北行至府治丹徒县城外入江，大约即孙权所凿。至今此道舟行

---

① 当指《三国志·吴书·吴主传第二》——编者注

② 出自《方舆纪要·卷二十·南直二·句容县》——编者注

③ 当指清谢钟英为洪亮吉《补三国疆域志》所作的《补三国疆域志补注》——编者注

望两岸高于山，正所云斩绝陵袭者。

小其当作小辛，《传》写误也。钟氏《补注》辨之曰：“《传》明言自句容，至云阳，不云自云阳至丹徒。岑昏所凿丹徒至云阳或别一事，与陈勋所凿无涉。王氏因小其、小辛牵合为一，以丹阳至镇江运河当之，误甚。”[①] 按钟说是。惟岑昏所凿不详其年，姑类序于此。

十七、修复越嶲道

《蜀志·张嶷传》[②]：“郡有旧道，经旄牛中至成都，既平且近；自旄牛绝道（按谓旄牛夷绝道），已百余年，更由安上，既险且远。嶷遣左右赍货币赐(狼)路（按路，旄牛帅也）……路乃率兄弟妻子悉诣嶷，嶷与盟誓，开通旧道，千里肃清，复古亭驿。……在郡十五年……征诣成都……过旄牛邑……邑君襁负来迎……是岁延熙十七年也。”

按越嶲郡治邛都[③]，故城在今西昌县西北百卅里打冲河东岸。旄牛，在今汉源县南。《华阳国志》谓在邛崃山

① 按谓以陈勋所凿为今丹阳至镇江运河也——作者所作小注

② 全称《三国志·蜀书·黄李吕马王张传第十三·张嶷》——编者注

③ 见吴增仅《三国郡县表附考证》——作者所作小注

表者也。此盖司马相如所通道（详见第二节）。考《后主传》[①]："延熙三年春，使越巂太守张嶷平定越巂郡。"《传》云十七年征还，在郡正十五年也。惟《传》云到官三年，郡治始自安定，还于邛都，通道又在其后，则此事在延熙七年至十六年十年之间也。

十八、通褒斜阁道[②]

《两汉金石记》卷十三附"魏晋题刻"，依原式录之于次：

> 潘宗伯韩仲元以泰[始]六年十月造此石和囯
> 景元四年十二月十日荡寇将军浮
> 亭侯谯国李苞字孝章将
> 中军兵石木工二千人始通此阁道

按碑阴有宋人晏袤跋文谓："泰字下一字不显，汉魏两晋以泰纪年者七，惟魏明帝有泰和六年，晋武帝泰康十年，余皆不及六年。此碑乃泰和六年所立。是岁蜀建

---

① 当指《三国志·蜀书·后主传第三》——编者注

② 此部分为两张于右上标有①②序号的散页，文前有标题"（18）通褒斜阁道"——编者注

兴十年也。先是太和四年，司马懿伐蜀，五年诸葛亮□(围)祁山。魏诏懿拒之。明年亮休士作木牛流马。故魏人得入褒谷治桥阁矣。自泰和六年至景元四年，凡三十三年。是岁，即蜀炎兴元年。十一月，邓艾、钟会平蜀。十二月，分益州为梁州。褒余阁道于是乎通矣。”

翁方纲跋云：“愚按诸葛武侯，以建兴九年复出祁山，以木牛运粮，大破司马懿，射杀张郃。其时，武侯屡修斜谷之道，岂有魏人得大书年号于石门者。况魏明帝太和、晋武帝太康皆是太字，非泰字，今谛审此石本，隐隐尚有书痕可辨，确是始字非和字也。晋武帝泰始六年，则西路通辟已久，治此石道为理之可信者。王象之《舆地碑目》有太康元年兴元新路记，其时亦去此不远，皆可以补史传所未及也。盖崖上先有景元之题，而潘韩复题于其右耳。晏记以为皆魏刻，非也。”

按翁说是。褒斜之道，通在武帝元狩中，明帝永平六年复通之，顺帝延光四年又通之。魏晋间不过修理而已，非若前此之大工也，而晋氏南迁斯路复废。迄北魏宣武帝正始元年，褒斜复开，四年间开创旧路，越三年至永平二年毕功。“阁广四丈，路广六丈，皆填溪栈豁，碎嶮梁口，自廻车（凤县南有廻车戍梁，太清五年，魏遣达奚武等由此入褒斜谷关）至谷口二百余里，连辀骈辔而进。”（见《续古文苑·石门颂》）盖六百年来屯夷递作，此路通塞不恒如此。

附：通褒斜道[1]

《金石萃编·右扶风丞李君通阁道记》

右扶风丞犍为武阳李君讳禹

字季士以永寿元年中始解

大台政由其兴

处万民权喜行人蒙福君故授

益州从事再举孝廉尚书郎

巴郡朐忍令换汉中成因令迁宜

禾都尉

按诸跋云，此所刻在褒谷，味其语意，亦治阁道颂德碑也。

---

① 此为未作插入标记的散页，编者据其标题，姑列于此——编者注

第二章

交通干线

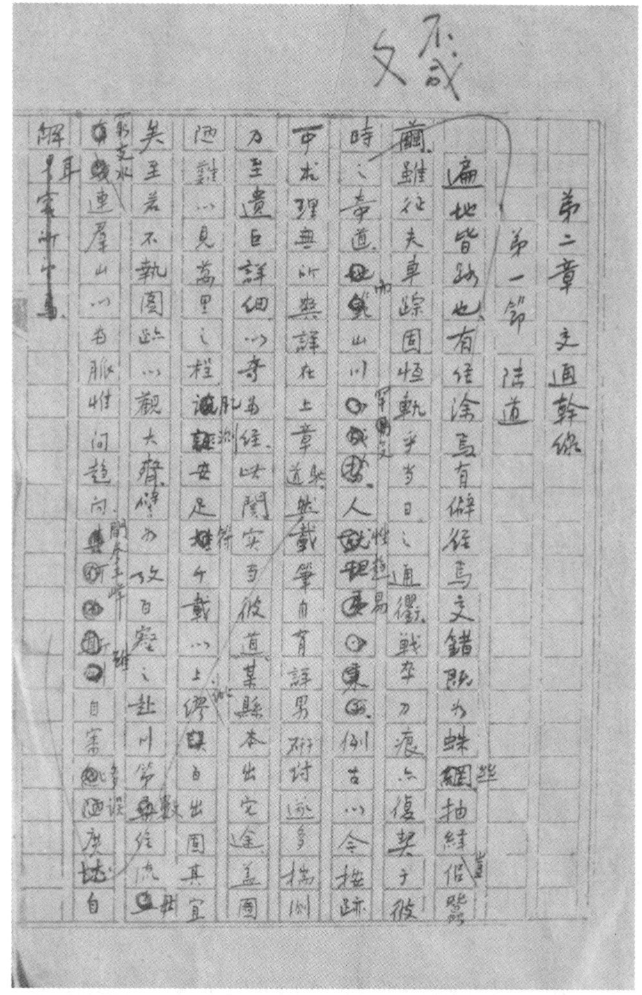

第二章 交通幹線

第一節 陸道

第一节　陆道

遍地皆路也，有经途焉，有僻径焉，交错既为蛛丝，抽绎岂似蚕茧。虽征夫车踪固恒轨乎？当日之通衢，战卒刀痕亦复契于彼时之奇道。而山川罕变，人性趋易。例古以今，按迹可求，理无所爽，详在上章（驰道①）。然载笔自有详略，研讨遂多揣测，乃至遗巨详细，以奇为经，此关实当彼道，某县本出它途。盖图陋难以见万里之程，臆测安足符千载以上。纰谬百出，固其宜矣，至若不执图迹以观大齐，譬如考百壑之赴川，节数经流，毋穷支水，连群山以为脉，惟问趋向，间参主峰，虽自审多误，庶此自解耳。②

兹区经涂为八干，先述其概，次列文征。其所经次，择史文详载者，列之于靑（前）。其单文片证，无关巨要，概从刊落；或史文简略，但明起讫，推测无由，亦复略诸。其非重要经涂，史仅见者，亦摒不录，以归省约。

---

① 或指“第一章 交通建设”之“第一节 秦之交通建设”之“一、治驰道”——编者注

② 作者于本段页眉以蓝笔批曰“不成文”，页面上亦有蓝笔勾画，应是不要此段之意——编者注

一、幽冀干线

(1)起孟津，约沿今道清铁路、平汉铁路北上，过雄县，东北向蓟县；(2)出遵化至热河，或自蓟向海，折西北赴热河，则建武以后道也。(3)其向辽东当沿海而北折，东渡辽向海城，因北至辽阳，其东南越鸭绿江则趋朝鲜之路，而旅大在当时为海运之口。(4)冀州干线西通幽并，亦有数道。盖居庸道、飞狐道、井陉道、壶口道、天井道最要。(5)其通青兖则有平原一道。

（1）更始遣光武镇抚河北，渡孟津（熊赐履等所辑《东观汉记·光武记》）。至怀（武陟西北）（《范书·岑彭传》①），至邺（临漳西）（《邓禹传》②），进至邯郸（邯郸西南十里），过柏人（尧山西）（《贾复传》③），至高邑（鄗柏乡北）（《张禹传》④），之真定（《光武纪》⑤），至卢奴（定县）（《耿弇传》⑥），而北徇蓟（大兴西南）（《光武纪》⑦）。

---

① 全称《后汉书·冯岑贾列传第七·岑彭》——编者注

② 当指《后汉书·邓寇列传第六·邓禹》——编者注

③ 当指《后汉书·冯岑贾列传第七·贾复》——编者注

④ 当指《后汉书·邓张徐张胡列传第三十四·张禹》——编者注

⑤ 当指《后汉书·光武帝纪第一》——编者注

⑥ 当指《后汉书·耿弇列传第九》——编者注

⑦ 当指《后汉书·光武帝纪第一》——编者注

光武自蓟南驰过饶阳渡滹沱，由博城至信都（《光武纪》[①]）。不循原道，盖王郎起于邯郸，遂由他途，明非经路，不复详究。《通鉴》[②]：“建武二年……帝遣吴汉率吴王梁等九将军击檀乡贼于邺东漳水上，大破之，十余万众皆降。又使梁与大将军杜茂将兵安辑魏郡、清河、东郡，悉平诸营保，三郡清静，边路流通。”（“边路”《范史杜茂传》[③]作“道路”，棠按当查《光武纪》[④]。）

“光武北击尤来、大抢、五幡于元氏，追至（右）北平（满城北），连破之。又战于顺水（徐河）北，乘胜轻进，反为所败。……归保范阳（定兴南四十里）。……复进至安次（安次西北卌里），与战，破之……贼入渔阳（密云西南卅里），乃遣……十二将军追之潞（通县东）东，及平谷（平谷东北），大破灭之。”（以上《光武纪》[⑤]）遂入渔阳（《东观汉记·光武记》[⑥]），引兵还蓟，过范阳（以上《光武纪》[⑦]）。中山（即卢

---

① 当指《后汉书·光武帝纪第一上》——编者注

② 当指《资治通鉴·汉纪三十二》——编者注

③ 当指《后汉书·朱景王杜马刘傅坚马列传第十二·杜茂》——编者注

④ 当指《后汉书·光武帝纪第一》——编者注

⑤ 当指《后汉书·光武帝纪第一上》——编者注

⑥ 见《东观汉记·卷一·纪一·世祖光武皇帝》：“上破贼，入渔阳，诸将上尊号，上不许。”本书《东观汉记》引文及观点用中华书局《东观汉记校注》（吴树平校注）本核，后同——编者注

⑦ 当指《后汉书·光武帝纪第一上》——编者注

奴，今定县）（《宋书·符瑞志》[①]）南平棘（赵县北）、鄗（柏乡北），即皇帝位。幸怀。遣耿弇军五社津（巩县北），备荥阳以东。进幸河阳（孟县西卅五里）。入洛阳（以上《光武纪》[②]）。

《耿弇传》[③]："追尤来、大枪、五幡于元氏……光武乘胜战慎水上"，败保范阳，"从追至容城、小广阳（良乡西北）、安次（东安西北卌里），连战破之。光武还蓟，复遣弇与……十三将军，追贼至潞东，及平谷……遂穷追于右北平无终（蓟县）、土垠（丰润东）之间，至俊靡而还（遵化西北）。贼散入辽西、辽东……"

建武四年，"幸怀。……进幸临平（晋县东南）。遣……吴汉击五校贼箕山（在东郡。按临平恐非经涂所经，殆以五校故次此耳）……进幸元氏（元氏县西北）。……进幸卢奴"。（《光武纪》）[④]

渔阳太守彭宠反，攻朱浮于蓟。光武使邓隆救蓟。隆军潞南，浮军雍奴（武清东）。宠破隆军，浮遂引去，蓟城因陷（《彭宠传》[⑤]）。后使祭遵屯良乡（涿北卌里）刘喜屯阳乡（固安西北）以拒宠（《耿弇传》[⑥]）。

---

① 当指《宋书·志第十七·符瑞上》——编者注

② 当指《后汉书·光武帝纪第一上》——编者注

③ 当指《后汉书·耿弇列传第九》——编者注

④ 当指《后汉书·光武帝纪第一上》——编者注

⑤ 当指《后汉书·王刘张李彭卢列传第二·彭宠》——编者注

⑥ 当指《后汉书·耿弇列传第九》——编者注

耿弇父况为上谷太守（治沮阳，今怀来南）。更始立，因遣弇奉奏诣更始（《传》言莽败则时更始在长安）。至宋子（赵北廿五里），会王郎起乱邯郸。弇闻光武在卢奴，遂北谒之。（《耿弇传》①）

卢植涿郡涿人（今涿县），以老病罢归。董卓使人追刺之，到怀，不及。（《本传》②）皇甫嵩讨张角路由邺。（《本传》③）元和三年，北巡，耕于怀，进幸中山，还幸元氏，进幸赵。（《章纪》④）

耿纯封东光侯（东光县东廿里），就国，至邺，赐谷万斛。（《本传》⑤）

杨伦，出补常山王傅，留河内朝歌。（《儒林传》）⑥

马成治障塞，自中山至邺。（《本传》⑦）

周勃击反燕王臧荼，破之易下（易：雄县西北十五里）。（《史记·绛侯世家》）⑧

高祖击韩王信，遂至平城（大同东），还过曲逆（完县

---

① 当指《后汉书·耿弇列传第九》——编者注

② 当指《后汉书·吴延史卢赵列传第五十四·卢植》——编者注

③ 当指《后汉书·皇甫嵩朱儁列传第六十一·皇甫嵩》——编者注

④ 当指《后汉书·肃宗孝章帝纪第三》——编者注

⑤ 当指《后汉书·任李万邳刘耿列传第十一·耿纯》——编者注

⑥ 当指《后汉书·儒林列传第六十九上·杨伦》——编者注

⑦ 当指《后汉书·朱景王杜马刘傅坚马列传第十二·马成》——编者注

⑧ 全称《史记·绛侯周勃世家第二十七》——编者注

东）。（《陈平世家》[①]）过赵不理赵王（按赵都邯郸）。（《灌婴传》[②]）后复击韩信余寇于东垣（正定南），还过赵柏人，恶其名，弗宿而去。后代相国陈豨反，高祖东至邯郸，曰："豨不南据邯郸而阻漳水，吾知其无能为矣（也）。"遂攻降东垣。（《高纪》[③]）

宣帝母翁须，广望（清苑西南）王迺始及王媪女，幼寄养广望节侯刘子卿家，为子卿卖与邯郸长儿，翁须乘长儿车马过告王媪：随逐至柳宿（望都东北），因至卢奴，欲随至邯郸不果。（《汉书·外戚传》[④]）。

《魏志·袁绍传》[⑤]注引《英雄记》："公孙瓒……屯广宗……绍自往攻之（瓒），合战于界桥（广宗东老漳水上）南二十里。……绍既破瓒，引军南到薄洛津（广宗县西）……闻魏郡兵反……聚会邺中。……贼陶升者……以车载绍家及诸衣冠在州内者，身自捍卫，送到斥邱（丘）（成安县东南）乃还。绍到，遂屯斥邱（丘）……乃引军入朝歌……"

魏武围邺，破袁尚。尚走滥口，奔中山，走故安，依辽西乌丸（《袁绍传》[⑥]）。其□（围）邺时，破邯郸，又攻易

---

① 当指《史记·陈丞相世家第二十六》——编者注

② 当指《史记·樊郦滕灌列传第三十五·灌婴》——编者注

③ 当指《史记·高祖本纪第八》——编者注

④ 全称《汉书·外戚传第六十七上·史皇孙王夫人》——编者注

⑤ 当指《三国志·魏书·董二袁刘传第六·袁绍》——编者注

⑥ 当指《三国志·魏书·董二袁刘传第六·袁绍》——编者注

阳（广平西卌里）（《徐晃传》[①]）。

魏武北征袁尚及三郡乌丸，行至易（《郭嘉传》[②]）。

曹彰征代郡、乌丸，军次易北（《田豫传》）[③]。入涿郡界，太祖在长安召之，彰自代过邺（《任城威王彰传》[④]）。

中山祝恬征诣洛阳，过邺至汲（《风俗通义·过誉篇》[⑤]）。

（2）魏武北征乌丸，军次无终，夏雨浸淫，“滨海洿下，泞滞不通……军不得进。……畴曰：‘此道，秋夏每常有水，浅不通车马，深不载舟船，为难久矣。旧北平郡治在平冈，道出卢龙，达于柳城；自建武以来，陷坏断绝，垂二百载，而尚有微径可从。今虏将以大军当由无终，不得进而退，懈驰无备。若嘿回军，从卢龙口越白檀之险，出空虚之地，路近而便，掩其不备，蹋顿之首可不战而禽也。’……乃引[大]军还……令畴将其众为乡导，上徐无山，出卢龙，历平冈，登白狼堆，去柳城二

---

① 当指《三国志·魏书·张乐于张徐传第十七·徐晃》——编者注

② 当指《三国志·魏书·程郭董刘蒋刘传第十四·郭嘉》——编者注

③ 当指《三国志·魏书·满田牵郭传第二十六·田豫》——编者注

④ 当指《三国志·魏书·任城陈萧王传第十四·任城威王彰》——编者注

⑤ 此出处作者标注有误。见《风俗通义·穷通第七》：“司徒中山祝恬字伯休，公车征，道得温病，过友人邺令谢著……至汲……”本书《风俗通义》引文及观点用中华书局《风俗通义校注》（王利器校注）本核，后同——编者注

百余里，虏乃惊觉。……追奔逐北，至柳城”。（《田畴传》①）

后汉辽西郡治阳乐。（《郡国志》②）灵帝时，东武城人赵苞为太守。迎家之官，“垂当到郡，道经柳城”，会鲜卑入塞寇钞，即为所虏。（《范书·独行传》③）

（3）明帝“遣幽州刺史毌邱(丘)俭等赍玺书征公孙渊。渊遂发兵，逆于辽隧（牛庄）”，俭战不利，引还。后帝遣司马懿征渊。渊遣“步骑数万屯辽隧，围堑二十余里”。懿击破之，“穿□(围)，引军东南向，而急东北，即趋襄平（辽阳北七十里）”。进至首山（辽阳西南十五里之首山堡），遂□(围)襄平（《公孙度传》④）。

孙权遣使，立公孙渊为燕王。船到沓津（金州南）。（事见《公孙度传》及裴注引《魏略》渊表文。）

高句骊(丽)于顺、桓之世，寇略辽东新安、居乡（地未详），攻西安平（盖平东南鸭绿江北近海处），于道上杀带方（在朝鲜丰德郡东南临津江北）令，略得乐浪太守妻子。（《魏志·东夷

---

① 当指《三国志·魏书·袁张凉国田王邴管传第十一·田畴》——编者注

② 当指《后汉书·志第二十三郡国五·辽西》——编者注

③ 当指《后汉书·独行列传第七十一·赵苞》——编者注

④ 当指《三国志·魏书·二公孙陶四张传第八·公孙度》——编者注

高句骊(丽)传》[①])

毌邱(丘)俭征高句骊，出玄菟（今开原、铁岭、新宾诸地）。句骊王宫进军沸流水（在朝鲜江东郡南，自汉江分流，西合大同江）上，大战梁口。“宫连破走。俭遂束马悬车，以登丸都，屠句骊所都”而还。(《毌邱(丘)俭传》[②])

孙权遣使者拜句骊王宫为单于。到安平口。(《孙权传》[③] 注引《吴书》)

(4) a. 耿弇随光武北至蓟，还檄与况（时为上谷太守），上陈功德。劝自来谒，况立发，至昌平。(《耿弇传》[④] 注引《续汉书》;《袁纪》[⑤] 亦谓况至昌平遣小子献马也。) 会蓟中乱，光武南驰，弇走昌平就况。(《弇传》[⑥])

寇恂仕为上谷郡功曹，更始立，遣使者徇郡国，恂从耿况迎使者于居庸关。(《本传》及惠注引《水经注》) 恂复到渔阳，结谋彭宠，还至昌平，袭杀邯郸使者。(《本传》[⑦])

卢芳入居高柳（阳高西北），降汉，朝正月，南及昌平，

---

① 当指《三国志·魏书·乌丸鲜卑东夷传第三十·东夷高句丽》——编者注

② 当指《三国志·魏书·王毌丘诸葛邓钟传第二十八·毌丘俭》——编者注

③ 当指《三国志·吴书·吴主传第二》——编者注

④ 当指《后汉书·耿弇列传第九》——编者注

⑤ 当指东晋袁宏《后汉纪》——编者注

⑥ 当指《后汉书·耿弇列传第九》——编者注

⑦ 当指《后汉书·邓寇列传第六·寇恂》——编者注

有诏罢还。(《卢芳传》[1])

b. 王霸治飞狐道，自代至平城。(《本传》[2]) 高祖征韩王信，匈奴□(围)诸白登，□(围)解，自赵还，路过曲逆。(《陈平传》[3]) 疑由飞狐道出常山关(倒马关)也。《郦食其传》[4] 所谓"距蜚狐之口"。《文纪》[5] 中大夫令免屯飞狐备匈奴，明为要道也。

马援出五院关(五院=《成纪》[6] 五阮=《地理志》[7] 代郡五原关，疑今紫荆关)掩击乌桓(《乌桓传》[8])，遂出高柳，行雁门、代郡、上谷障塞。(《马援传》[9])

c. 马成缮治障塞，自太原至井陉。(《马成传》[10])

韩信自井陉击赵，破陈馀鄗下。(《韩信传》[11])

冯衍遗田邑书曰：上党之地东带三关，西为国蔽。

---

① 当指《后汉书·王刘张李彭卢列传第二·卢芳》——编者注

② 当指《后汉书·铫期王霸祭遵列传第十·王霸》——编者注

③ 当指《汉书·张陈王周传第十·陈平》——编者注

④ 当指《史记·郦生陆贾列传第三十七·郦食其》——编者注

⑤ 当指《汉书·文帝纪第四》——编者注

⑥ 当指《汉书·成帝纪第十》——编者注

⑦ 当指《汉书·地理志第八下·代郡》——编者注

⑧ 当指《后汉书·乌桓鲜卑列传第八十》——编者注

⑨ 当指《后汉书·马援列传第十四》——编者补注

⑩ 当指《后汉书·朱景王杜马刘傅坚马列传第十二·马成》——编者注

⑪ 当指《汉书·韩彭英卢吴传第四·韩信》——编者注

(《冯衍传》[①]) 按《汉志》[②] 上党郡有壶口关(长治东南)、石研关(井陉关)、天井关(晋城南),即此。

d.《成纪》[③]:“阳朔三年[④],关东大水,流民欲入函谷、天井、壶口、五阮关者,勿苛留。”

王莽置五威四关将军,命王嘉曰:“羊头(长子东五十六里)之阸(隘),北当燕赵。女作五威后关将军,壶口捶陁,尉睦于后。”(《王莽传》[⑤])

并州刺史高幹反,执上党太守,拒守壶关口。(《魏武纪》[⑥])

e. 光武遣刘延攻天井党(关)。(《冯衍传》[⑦])

高祖破韩信于铜鞮,疑自天井党(关)入。

f. 邓禹自箕关(济源县北)入河东。(《邓禹传》[⑧])

献帝自安邑(夏县北)出箕关,下轵道(轵,济源县),入洛阳。(《三国志·董卓传》[⑨])

---

① 当指《后汉书·桓谭冯衍列传第十八上下·冯衍》——编者注

② 当指《汉书·地理志第八上·上党郡》——编者注

③ 当指《汉书·成帝纪第十》——编者注

④ 核《汉书·成帝纪第十》,“阳朔三年”当为“阳朔二年,秋”。——编者注

⑤ 当指《汉书·王莽传第六十九中》——编者注

⑥ 当指《三国志·魏书·武帝纪第一》——编者注

⑦ 当指《后汉书·桓谭冯衍列传第十八上下·冯衍》——编者注

⑧ 当指《后汉书·邓寇列传第六·邓禹》——编者注

⑨ 当指《三国志·魏书·董二袁刘传第六·董卓》——编者注

《刘放传》[1] 注引《世语》：宣王自辽东还，至汲，夏侯献等先诏令于轵关西还长安。此即《明纪》[2] 注引《魏略》所谓便道还关中也。

二、并州干线

或起临晋，或起蒲阪，沿涑汾而北出句注以通塞外。其通上党之道，当系自阳曲经太谷、沁县而出天井也。

“匈奴大攻□(围)马邑，韩王信降匈奴。匈奴得信，因引兵南踰(逾)句注，攻太原，至晋阳下。高帝自将兵往击之。”(《匈奴传》[3]) 破韩王信于铜鞮(沁县西南)，从晋阳连战，乘胜逐北，至楼烦(雁门关北)，遂至平城(大同东)。(《高纪》[4]) 其至晋阳，遣刘敬使匈奴，敬还，言匈奴不可击，时汉军已踰(逾)句注，高祖以为敬妄言沮军，系诸广武(代县西)。(《刘敬传》[5])

霍去病击匈奴，道由河东，至平阳(临汾西南)，还，复过焉。(《霍光传》[6])

---

① 当指《三国志·魏书·程郭董刘蒋刘传第十四·刘放》——编者注

② 当指《三国志·魏书·明帝纪第三》——编者注

③ 当指《汉书·匈奴传第六十四上》——编者注

④ 当指《汉书·高帝纪第一下》——编者注

⑤ 当指《史记·刘敬叔孙通列传第三十九·刘敬》——编者注

⑥ 当指《汉书·霍光金日磾传第三十八·霍光》——编者注

周勃击韩王信，降下葰人（原作霍人，从《索隐》改，在今繇(繁)峙县南)，以前至武泉（右玉西北)，破胡骑武泉北。(《周勃传》①)

武帝时用王恢计，设谋马邑（朔县)，诱匈奴单于，单于入武州塞（左云南)，未至百余里觉而引去。(《匈奴传》②)。

陈豨反。周勃道太原入定代地，攻残马邑，斩豨于当城（蔚县东)。(《高纪》③)

杜茂屯田晋阳、广武，击卢芳将尹由于繇(繁)峙，败保楼烦。(《杜茂传》④)

青龙元年，鲜卑谋反。并州刺史毕轨表，辄出军（并州治晋阳)，帝敕轨，慎勿越塞过句注。比诏书到，轨已进屯阴馆（朔县东南)，遣将追鲜卑，为比能子败没于楼烦。(《魏明纪》⑤)

魏王豹反汉，为楚绝河关（蒲津关)。汉王使韩信击之，魏盛兵蒲坂（永济东南)，塞临晋（大荔县西)。信为疑兵，陈船欲渡临晋，而伏兵从夏阳（韩城县南）以木罂渡军，袭安邑（夏县北)。虏豹。因北击赵、代，禽(擒)代相夏

---

① 当指《汉书·张陈王周传第十·周勃》——编者注

② 当指《汉书·匈奴传第六十四上》——编者注

③ 当指《汉书·高帝纪第一下》——编者注

④ 当指《后汉书·朱景王杜马刘傅坚马列传第十二·杜茂》——编者注

⑤ 当指《三国志·魏书·明帝纪第三》——编者注

说阏与（沁县西北），而陈馀拒诸井陉口。（《韩信传》① ）

郭解置其室家夏阳，身至临晋。因出关，转入太原。（《游侠传》② ）

更始二年，遣鲍永安集北方。永以冯衍为立汉将军，屯太原（阳曲东北）。与上党太守田邑等捍卫并土。光武遣宗正刘延攻天井关，为邑所拒。后邑闻更始败，乃降光武。衍遗书责之曰："夫上党之地，有四塞之固，东带三关，西为国蔽，奈何举之以资强敌……"邑报书曰："间者，上党黠贼，大众□(围)城，义兵两辈，入据井陉。邑亲溃敌□(围)，拒击宗正，自试智勇，非不能当。……今故主已亡，义其谁为；……君长（永字）据位两州，加以一郡，而河东畔国，兵不入彘（霍县。谓河东叛不能征之），上党见□(围)，不窥大谷（太谷县西。自太原趋上党之道。谓黠贼□(围)上党而衍不赴救也），宗正临境，莫之能援。兵威屈辱，国权日损……"永、衍讹闻更始在北，遂屯兵界休（界休东南）。（《冯衍传》③ ）

邓禹自箕关入河东，进□(围)安邑。更始将樊参率兵渡大阳（平陆东北）来攻，禹破之解南（解县）。遂定河东，

① 当指《汉书·韩彭英卢吴传第四·韩信》——编者补注

② 当指《汉书·游侠传第六十二·郭解》——编者注

③ 当指《后汉书·桓谭冯衍列传第十八上·冯衍》——编者注

渡汾阴河（汾阴，今荣河县），入夏阳（韩城南）。（《邓禹传》①）

马成修障塞，自河上至安邑。（《马成传》②）

三、雍凉干线

(1)起函谷，过霸桥，至长安。(2)过渭桥而北上，以通西河、朔方，或斜趋洛汭，以赴河东。(3)若沿泾水以出笄头，沿渭水以上陇阪，渡河而西过武威、张掖而出敦煌，此河西道也，以通西域。(4)至于出散关以趋汉中，出祁山以窥天水，出武都以向金城，则魏蜀交兵之道也。(5)若循湟水以向西海，汉征西羌率此之由矣。

(1)《文选》卷十“潘岳《西征赋》”：“潘子凭轼西征，自京徂秦。……澡孝水（河南城西）而濯缨，嘉美名之在兹。夭赤子于新安（渑池东），坎路侧而瘗之。……经渑池（渑池县西）而长想，停余车而不进。……登崤坂之威夷，仰崇岭之嵯峨。……我徂安阳（水名），言陟陕郛（陕县）。行乎漫渎之口（漫涧一名橐水，在陕县南也），憩乎曹阳之墟（陕县西南）。……升曲沃（桃林也）而惆怅……蹑函谷之重阻（在灵宝县西）……吊戾园于湖邑（阌乡县东）……纷吾

① 当指《后汉书·邓寇列传第六·邓禹》——编者注

② 当指《后汉书·朱景王杜马刘傅坚马列传第十二·马成》——编者补注

既迈此全节（阌乡县东）……发阌乡（今县）而警策，愬黄巷（阌乡西北，河由关北，东流水侧，坂名）以济潼（潼水，在潼关西）。……入郑都（华县北）而抵掌……”①

项羽西攻秦，坑秦卒新安，击破函谷，遂至戏西（戏水在临潼县东），军新丰鸿门（临潼东北），而沛公军霸上。（《项羽本纪》②）

文帝幸霸陵（长安东），“指视慎夫人新丰道，曰：‘此走邯郸道也。’”（《张释之传》③）

地皇三年，“霸桥灾，数千人以水沃救，不灭”。一日始尽。莽下诏以为，“戒此桥空东方之道”。（《王莽传》④）

高祖徙彭越蜀青衣，而吕后自长安之洛阳与遇于郑。（《彭越传》⑤）

光武遣使赐天水隗嚣，至郑被盗。（《隗嚣传》⑥）

献帝自长安东归，至新丰、霸陵间。郭汜胁之。帝露次曹阳，走陕，北渡河，至大阳，乃都安邑。（《董卓

---

① 以上引文用中华书局影印本《全上古三代秦汉三国六朝文·全晋文卷九十·潘岳·西征赋》核——编者注

② 当指《史记·项羽本纪第七》——编者注

③ 当指《汉书·张冯汲郑传第二十·张释之》——编者注

④ 当指《汉书·王莽传第六十九下》——编者注

⑤ 当指《汉书·韩彭英卢吴传第四·彭越》——编者注

⑥ 当指《后汉书·隗嚣公孙述列传第三·隗嚣》——编者补注

传》①)

(2)代王都中都(平遥西北),汉大臣遣人迎之,至高陵(高陵西),而使宋昌入长安观变。昌至渭桥(长安北),丞相以下皆迎。(《文纪》②)

邓禹渡汾阴河(荣河县),入夏阳(韩城南)。更始遣将拒之于衙(白水东北六十里)。(《邓禹传》③)

马成筑障塞,自西河至渭桥。(《马成传》④)按今陕北之道,在西汉为通西河、朔方之经涂。武帝北狩,单于南朝,往往由此。论其所经,惟灌婴之屯,备高奴(肤施东)。(《文纪》⑤)

世宗之还,祀桥山。(《武纪》⑥"元丰元年"北巡朔方,还祭桥山而归甘泉)二地可考,亦适与今驿道合耳。

(3)《文选》卷九"班彪《北征赋》":"朝发轫于长都兮(长安),夕宿瓠谷之玄宫(瓠中,汉扶风池阳县地。按池阳今泾阳县西北)。历云门(即云阳,在今淳化县西北)而反顾兮,望通天之崇崇。乘陵冈以登降兮,息郇邠之邑乡(邠通豳,

---

① 当指《三国志·魏书·董二袁刘传第六·董卓》——编者注

② 当指《汉书·文帝纪第四》——编者注

③ 当指《后汉书·邓寇列传第六·邓禹》——编者注

④ 当指《后汉书·朱景王杜马刘傅坚马列传第十二·马成》——编者注

⑤ 当指《汉书·文帝纪第四》——编者注

⑥ 当指《汉书·武帝纪第六》——编者注

郇通栒。《汉志》①：栒县有豳乡。按栒邑在今栒邑东北）。……登赤须之长坂（赤须坂在北地郡），入义渠之旧城（今甘肃宁县西北）。……遂舒节以远逝兮，指安定以为期。……过泥阳（宁县东南五十里）而太息兮，悲祖庙之不修。释余马于彭阳兮（镇原东八十里），且弭节而自思。……越安定以容与兮，遵长城之漫漫。……闵獯鬻之猾夏兮，吊尉卬于朝那（平凉西北）。……陟高平（固原）而周览兮，望山谷之嵯峨。”按《后书·班彪传》②，更始败，三辅大乱，彪往依天水隗嚣，赋盖为此作。

邓禹西击赤眉，屯云阳，裨将冯愔叛于栒邑（《隗嚣》《邓禹》二传③），西向天水，隗嚣迎击，破诸高平。及赤眉西上陇（陇山在陕西陇县甘肃天水县之间，又名陇坂），嚣遣将迎击，追北至乌氏（平凉西北）、泾阳（平凉西南卌里）间（《隗嚣传》），嚣终持两端，不欲统一。光武使来歙至汧（陇县南），赐之以书。（《来歙传》④）而嚣遂反。时河西窦融遣弟友诣阙，到高平，会嚣已叛，道绝不通，遂驰还，遣人间行通书。（《窦融传》⑤）于是嚣自将步骑侵安定及阴槃（长

① 当指《汉书·地理志第八上·上党郡》——编者注

② 当指《后汉书·班彪列传第三十上·班彪》——编者注

③ 当指《后汉书·隗嚣公孙述列传第三·隗嚣》与《后汉书·邓寇列传第六·邓禹》——编者注

④ 当指《后汉书·李王邓来列传第五·来歙》——编者注

⑤ 当指《后汉书·窦融列传第十三》——编者注

武西北)，为冯异所拒。嚣又别遣将下陇，攻祭遵于汧，并无利，引还。(《嚣传》①) 遵且追至新关(陇关即大震关，在陇县西，陇山之下)(《祭遵传》②)，而嚣将高峻据高平第一城，为马援所招，由是河西道开，拜峻通路将军(《马援传》③)。是时帝将亲征，与窦融(按融为张掖属国都尉)约期，会嚣兵已退，"融至姑臧(武威)，被诏罢归"。(《融传》④) 而来歙从番须(陇山是也)、回中(在陇县西北)，伐山开道，袭得略阳(秦安西北九十里)。"嚣出不意，惧更有大兵，乃使王元拒陇坻(清水县北)，行巡守番须口，王孟塞鸡头道(平凉西)，牛邯军瓦亭(隆德西北卌里)，嚣自悉其大众□(围)来歙"于略阳，数月不下。(《嚣传》⑤) 帝诏曰："桃花水出，船槃皆至，郁夷(陇县西)、陈仓(宝鸡东)，分部而进。"(《东观汉记·来歙传》⑥) 遂西至漆(邠县)(《马援传》⑦)，进军高平第一，与窦融会(《光武纪》⑧)。帝令诸将数道上陇，嚣奔西城(天水西南百廿里)，而田弇、李育保上邽(天水东南)，汉兵皆□(围)

① 当指《后汉书·隗嚣公孙述列传第三·隗嚣》——编者注
② 当指《后汉书·铫期王霸祭遵列传第十·祭遵》——编者注
③ 当指《后汉书·马援列传第十四》——编者注
④ 当指《后汉书·窦融列传第十三》——编者注
⑤ 当指《后汉书·隗嚣公孙述列传第三·隗嚣》——编者注
⑥ 出自《东观汉记·卷九·传四·来歙》——编者注
⑦ 当指《后汉书·马援列传第十四》——编者注
⑧ 当指《后汉书·光武帝纪第一下》——编者注

之。(《嚣传》①)车驾进幸上邽，东返。(《光武纪》②)嚣归于冀(甘谷县南)，汉兵以食尽下陇。(《嚣传》③)诏祭遵军汧，耿弇军漆，冯异军栒邑。(《祭遵传》④)而高峻后叛为(隗)嚣。嚣死，子纯立，盖延攻破落门(甘谷西南卌里)，纯降。(《嚣传》⑤)帝西征峻，次汧，峻降。(《光武纪》⑥)

王莽命王福曰："汧陇之阻，西当戎狄。女作五威右关将军，成固据守，怀羌于右。"(《王莽传》⑦)

文帝徙淮南厉王处蜀至雍(凤翔南)，淮南王不食而死。(《淮南厉王传》⑧)

上行幸雍，过虢(宝鸡东)，王尊供给如法而办。(《汉书·王尊传》⑨)

金城贼反，张温屯美阳(扶风北)以卫园陵，贼败还榆中(榆中西北)。(《董卓传》⑩)

贾诩，武威姑臧人。察孝廉为郎，疾病去官，西还

---

① 当指《后汉书·隗嚣公孙述列传第三·隗嚣》——编者注

② 当指《后汉书·光武帝纪第一下》——编者注

③ 当指《后汉书·隗嚣公孙述列传第三·隗嚣》——编者注

④ 当指《后汉书·铫期王霸祭遵列传第十·祭遵》——编者注

⑤ 当指《后汉书·隗嚣公孙述列传第三·隗嚣》——编者注

⑥ 当指《后汉书·光武帝纪第一下》——编者注

⑦ 当指《汉书·王莽传第六十九中》——编者注

⑧ 当指《汉书·淮南衡山济北王传第十四·淮南厉王刘长》——编者注

⑨ 当指《汉书·赵尹韩张两王传第四十六·王尊》——编者注

⑩ 当指《后汉书·董卓列传第六十二》——编者注

至汧，道遇叛氐。（《魏志·贾诩传》①）

张温西征关中，请补赵岐长史，别屯安定。而何进举岐为敦煌太守，行至襄武（陇西县东），为贼所执，诡辞得免，展(辗)转还长安。（《赵岐传》②）“其(岐)还至陈仓，复遇乱兵。”（《赵岐传》章怀注引《三辅决录》）

凉州刺史治陇（清水县北）。（《郡国志》③）中平四年，刺史耿鄙率六郡兵讨金城贼。汉阳太守傅燮知鄙失众，必败，谏曰：“今率不习之人，越大陇之阻，将十举十危……”鄙不从，行至狄道（临洮西南），果有反者害鄙，贼遂进□(围)汉阳（汉阳郡治冀）。（《傅燮传》④）

凉部叛羌摇荡西州，朝廷诏邓骘西屯汉阳（汉阳治冀）。（《邓骘传》⑤）

讨金城、陇西羌反，马防往击之，军至冀（甘谷南）。（《马防传》⑥）

马超□(围)冀州，遣阎温告急于夏侯渊（按渊屯长安），

---

① 当指《三国志·魏书·荀彧荀攸贾诩传第十·贾诩》——编者注

② 当指《后汉书·吴延史卢赵列传第五十四·赵岐》——编者注

③ 当指《后汉书·志第二十三郡国五·辽西》——编者注

④ 当指《后汉书·虞傅盖藏列传·傅燮》——编者注

⑤ 当指《后汉书·邓寇列传第六·邓骘》——编者注

⑥ 当指《后汉书·马援列传第十四·马防》——编者注

贼遮之显亲界（奉安西北）。（《阎温传》① ）

凉州卢水胡反，河西大扰，遣张既平之。既至金城，欲渡，贼逆诸鹯阴口（靖远县南，黄河东岸）。既扬声军从鹯阴，乃潜由且次（即揟次，在今古浪北，厄鲁特旗界）出至武威。胡以为神，引还显美（永昌县东）。既已据武威（武威治姑臧，今武威县），因前军显美。（《魏志·张既传》② ）

庞参迁护羌校尉，叛羌怀服，始复得还都（当作治）令居（永登西北，西大通北），通河西路。（《范书·庞参传》③ ）

梁慬自西域还至敦煌，会众羌反叛，诏慬为诸军援。慬至张掖日勒（山丹东南），击破畔羌，追北至昭武（张掖西北），虏遂散走，还屯金城。（《梁慬传》④ ）

河右扰乱，隔绝不通，敦煌太守马艾卒官，郡推功曹张恭行长史事。恭遣子就东诣魏武，道出酒泉，为黄华所拘。恭即攻略沙头（玉门北少西百十里，苏赖河之南岸）、乾齐（玉门西南）二县。别遣铁骑，东缘酒泉北塞，径出张掖北河，逢迎太守。（《魏志·阎温传》⑤ ）

---

① 当指《三国志·魏书·二李臧文吕许典二庞阎传第十八·阎温》——编者注

② 当指《三国志·魏书·刘司马梁张温贾传第十五·张既》——编者注

③ 全称《后汉书·李陈庞陈桥列传第四十一·庞参》——编者注

④ 当指《后汉书·班梁列传第三十七·梁慬》——编者注

⑤ 当指《三国志·魏书·二李臧文吕许典二庞阎传第十八·阎温》——编者注

（4）魏武西征张鲁，自陈仓出散关，由河池（徽县西）至阳平关（沔县西卌里）。（《魏志·武纪》① ）

刘备遣张飞、马超等从沮道（略阳东百十里，沮水之侧）趋下辨（辩）（成县西卅里），魏武遣曹洪等拒之。（《杨阜传》② ）

马超□（围）祁山，夏侯渊使张郃从陈仓狭道入，救之。（《夏侯渊传》③ ）

虞诩迁武都太守，羌遮之陈仓、崤谷，诩俟其散走，疾趋到郡（郡治武都，今成县西）。《范书·虞诩传》④ ）

来歙已拔落门，进攻公孙述军于河池、下辨（辩），蜀人大震。（《来歙传》⑤ ）

更始以刘嘉为汉中王，公孙述遣将取南郑，嘉从武都击之，不利，还军河池、下辨（辩）。（《宗室四王三侯传》⑥ ）

建兴七年，诸葛亮自出至建威（成县西北），拔武都、阴平二郡。（《蜀志·诸葛亮传》⑦ ）

诸葛亮□（围）祁山。司马懿留兵守上邽，余悉救祁山。

---

① 当指《三国志·魏书·武帝纪第一》——编者注

② 当指《三国志·魏书·辛毗杨阜高堂隆传第二十五·杨阜》——编者注

③ 当指《三国志·魏书·诸夏侯曹传第九·夏侯渊》——编者注

④ 当指《后汉书·虞傅盖臧列传第三十七·虞诩》——编者注

⑤ 当指《后汉书·李王邓来列传第五·来歙》——编者注

⑥ 当指《后汉书·宗室四王三侯列传第四·顺阳怀侯刘嘉》——编者注

⑦ 当指《三国志·蜀书·诸葛亮传第五》——编者注

张郃欲分兵守雍、郿（郿县东北渭水北岸），懿不从。亮自逆懿于上邽，懿壁不战，亮遂引还，懿追至卤城（甘谷、天水二县之间），为亮所破。（《诸葛亮传》① 注引《汉晋春秋》）

延熙十六年，姜维出石营（西和西北），经董亭（武山县西南），□(围)南安（郡治豲道，今陇西县东南），魏雍州刺史陈泰解□(围)至洛门（落门），维粮尽引退。（《姜维传》②）

姜维向祁山，闻邓艾有备，乃回从董亭趋南安，艾据武城山以相持（武山县西南）。维遂渡渭东行，缘山趋上邽，为艾破于段谷（天水东南）。（《邓艾传》③）

雍州刺史王经白陈泰，云姜维欲三道向祁山、石营、金城，求进兵为翅（临洮南），使凉州军至枹罕（导河县），讨蜀都护向祁山。泰料维势终不能三道，时维率众至枹罕，趣狄道。经进屯狄道，而泰向陈仓会经军，与蜀战于故关（在今临洮洮水西岸），不利。经辄渡洮，为维所破，还保狄道，维乘胜□(围)之。泰进军上邽，晨夜进前，度高城岭（渭源县西廿五里），潜至狄道。（《陈泰传》④）维遂退保钟提(题)（临洮洮水西岸）。（《蜀志·姜维传》⑤）时凉州军从金城

---

① 当指《三国志·蜀书·诸葛亮传第五》——编者注

② 当指《三国志·蜀书·蒋琬费祎姜维传第十四·姜维》——编者注

③ 当指《三国志·魏书·王毌丘诸葛邓钟传第二十八·邓艾》——编者注

④ 当指《三国志·魏书·桓二陈徐卫卢传第二十二·陈泰》——编者注

⑤ 当指《三国志·蜀书·蒋琬费祎姜维传第十四·姜维》——编者注

（皋兰西南卌里）至沃干坂（皋兰西南），泰、经密期，向维还路，维即遁去。（《陈泰传》① ）

姜维攻洮阳（旧洮州治西南洮水北岸），邓艾破之侯和（洮州旧治南，洮水南）（《三少主纪》② “景元二年”③ ），维还住沓中（地在洮州旧治西南，西倾为南）（《蜀志·姜维传》④ ）。魏遣艾督军，趋甘松（松潘西北三百里，洮州旧治西南），以罗取维。雍州刺史诸葛绪趋武街（成县治）、桥头（文县东南，原文作武都楼头。钟氏《补注》谓武都即武街楼桥之伪），以断维归路（《少主纪》⑤ ）。绪出（向）建威（《维传》⑥ ），屯桥头，维遂从孔函谷（文西北）入北道，出其后，绪略却，维遂从桥头过（《邓艾传》⑦ ）。

（5）西羌叛，赵充国至金城，渡河。遣候骑（骑候）四望陿中（西宁东南），亡虏。夜引兵上至落都（碾伯县治），诏（召）诸校司马曰："使虏发数千人守杜四望陿中，吾岂得入哉！"遂西至西部都尉府（即龙支，西宁东南）。充国子卬将

---

① 当指《三国志·魏书·桓二陈徐卫卢传第二十二·陈泰》——编者注

② 当指《三国志·魏书·三少帝纪第四》——编者注

③ 当是“景元三年”——编者注

④ 当指《三国志·蜀书·蒋琬费祎姜维传第十四·姜维》——编者注

⑤ 此处所标《少主纪》当是指《三国志·魏书·三少帝纪第四》，但所标有误，“诸葛绪趋武街、桥头以断维路”事系出自《三国志·魏书·王毌丘诸葛邓钟传第二十八·邓艾》——编者注

⑥ 当指《三国志·蜀书·蒋琬费祎姜维传第十四·姜维》——编者注

⑦ 当指《三国志·魏书·王毌丘诸葛邓钟传第二十八·邓艾》——编者注

兵为支兵，至令居。虏并出绝转道。诏令疏捕山间虏，通转道津渡。(《汉书·赵充国传》[①])

充国请屯田谓："计度临羌（西宁西）东至浩亹（碾伯东近西大通）"，田"可二千顷以上，其间邮亭多坏败者"，可遣吏士"分屯要害"，"冰解漕下，缮乡亭，浚沟渠，治湟陿（西宁东南四望陿西）以西道桥七十所，令可至鲜水（青海）左右"，"以制西域"；"循河湟漕谷至临羌，以示羌虏"。(《赵充国传》[②]"屯田奏")

西羌寇陇右，马武击之，到金城浩亹，多所斩获。又战于洛都谷（碾伯东），为羌所败。羌乃率众出塞，武追击，破之东、西邯（西宁东南）。(《马武传》[③])

马援为陇西太守，击破先零羌于临洮。诸种寇钞，拒浩亹隘，援击之。羌因将其妻子辎重移阻于允吾谷（皋兰西北二百里），复远徙唐翼谷中（允吾谷西，近西宁）。《马援传》[④])

邓训发湟中兵，掩击烧当羌于临羌西。羌乃去大小榆谷（导河县西，青海东境），居颇岩谷，众悉破散。(《邓训传》[⑤])

---

① 全称《汉书·赵充国辛庆忌传第三十九·赵充国》——编者注

② 当指《汉书·赵充国辛庆忌传第三十九·赵充国》——编者注

③ 当指《后汉书·朱景王杜马刘傅坚马列传第十二·马武》——编者注

④ 当指《后汉书·马援列传第十四》——编者注

⑤ 当指《后汉书·邓寇列传第六·邓训》——编者注

四、中原干线

[1]出函谷关至荥泽，或东趋青兖，或东南向梁沛，又别自定陶，趋无盐，亦赴青兖道也。[2]其自荥泽趋许下，南向叶宛，则赴荆州之通衢，自宛而西入武关则入关中之奇径。[3]而轩辕大谷径通巩洛，东汉一代自为通涂。[4]其渡白马而北亦通河内之要道。至于沿睢循颍代为通径，虽有陆道不复见重，此亦从略，详于次节。

(1)《文选》卷九“曹大家《东征赋》”：“惟永初之有七兮，余随子乎东征。……乃举趾而升舆兮，夕余宿乎偃师（今偃师县治）。……遵通衢之大路(道)兮，求捷径欲从谁。……历七邑而览观兮（周比亡时凡七县，河南、洛阳、穀城、平阴、偃师、巩、缑氏），遭巩县（今巩县西南卅里）之多艰。望河洛之交流兮，看成皋（汜水县西北）之旋门。既免脱于峻崄兮，历荥阳（荥泽县西南）而过卷（原武西北七里）。食原武（今阳武县治）以息足，宿阳武（今阳武县东南）之桑间。涉封丘（今封丘县治）而践路兮，慕京师而窃叹。……遂进道而少前兮，得平丘（封丘东卌里，长垣西南五十里）之北边。……到长垣（今长垣县东十余里）之境界……睹蒲城（今长垣县治）之丘墟……”①

按李善注《东征赋》述发洛至陈留（今陈留县治）所经历也。

光武东幸鲁，及东海、楚、沛国（《光武纪》② 建武廿年），路过小黄（陈留东北）。（《虞延传》③ ）

沛公从砀（砀山县南）北攻昌邑（金乡西北），未下。乃西过高阳（杞县西。史下有袭陈留之事）。攻开封（开封县南五十里），未拔。西与秦将杨熊战于白马（滑县廿里），又战曲遇东（中牟县东），大破之。杨熊走荥阳，乃南攻颍阳（许昌西南。颍阳原作颍川，从史改），遂定韩地。时赵别将司马印方欲渡河入关，沛公乃北攻平阴（孟津东），绝河津。南，战洛阳东，军不利。（《高帝纪》④ ）

（2）从轩辕至阳城（登封东南卅五里），与南阳守战犨东（鲁山县东南五十里），大破之。南阳守走保宛（南阳），沛而□（围），而降之。引兵西，无不下者。至丹水（淅川县西），还攻胡阳（泚阳县南八十里），攻析（内乡西北）、郦（内乡东北），皆降。遂由武关入秦，秦遣兵拒峣关（蓝田东南九十里）。沛

① 以上引文用中华书局《全上古三代秦汉三国六朝文·全后汉文卷九十六·班昭·东征赋》核——编者注

② 当指《后汉书·光武帝纪第一下》——编者注

③ 当指《后汉书·朱冯虞郑同列传第二十三·虞延》——编者注

④ 当指《汉书·高帝纪第一上》——编者补注

公引兵绕峣关，踰(逾)蒉山（蓝田东南廿五里），击秦军，大破之蓝田南。遂至蓝田，至霸上（长安东卅里），子婴降枳道旁（长安东十三里）。（《汉书·高纪》① ）

三年，项羽□(围)汉荥阳。汉王出荥阳，至成皋。自成皋入关，收兵出武关宛叶间（叶今叶县南八十里）。羽闻汉王在宛，引兵而南，汉坚壁不与战。（《高纪》② ）

（3）荀爽，颍川颍阳(阴)人。征拜平原相，行至宛陵（新郑东北），追拜光禄勋。（《范书·荀叔(淑)传》③ ）

毛玠，陈留平邱(丘)人。避难荆州，闻刘表政乱，遂止鲁阳。（《本传》④ ）

刘表使刘备北侵，至叶。（《李典传》⑤ ）

长沙太守孙坚，讨董卓至南阳。前到鲁阳，移屯阳人聚（临汝县西八十五里），复进军大谷（洛阳县南水泉石），乃前至雒，复还住鲁阳。（《吴志·孙坚传》⑥ ）

张玄隐鲁阳山中。董卓秉政，辟以为掾属。玄强起，

---

① 当指《汉书·高帝纪第一上》——编者补注

② 当指《汉书·高帝纪第一上》——编者注

③ 全称《后汉书·荀韩钟陈列传第五十二·荀淑》——编者注

④ 当指《三国志·魏书·崔毛徐何邢鲍司马传第十二·毛玠》——编者注

⑤ 当指《三国志·魏书·二李臧文吕许典二庞阎传第十八·李典》——编者注

⑥ 当指《三国志·吴书·孙破虏讨逆传第一·孙坚》——编者注

至轮氏（登封西）而卒。（《范书·张霸传》[①]）

周燮，汝南安城人（安城，今汝阳东南）。安帝征之，因自载到颍川阳城（登封东南），辞疾而归。（《周燮传》[②]）

黄琼，江夏安陆人。公车征至纶氏，称疾不进。（《黄琼传》[③]）

安帝南幸宛，还崩于叶。（《安纪》[④]）

司马芝，河内温人。避难荆州，于鲁阳山遇贼。（《魏志本传》[⑤]）

（4）袁绍将攻许。魏武进军黎阳（濬县东北），分军官渡（中牟东北）。绍引兵至黎阳，遣将攻东郡太守刘延于白马（滑东廿里）。魏武救延，北到延津（延津东北），轻兵袭白马，大破绍众而还。绍于是渡河，追至延津。魏武还军官渡，绍进保阳武，进临官渡。

天下兵起讨董卓。勃海太守袁绍屯河内，陈留太守张邈、东郡太守桥瑁、山阳太守袁遗、兖州刺史刘岱屯酸枣，袁术屯南阳，豫州刺史孔伷屯颍川，冀州牧韩馥在邺，莫敢先进。魏武到酸枣，进议欲使袁绍临孟津，

---

① 全称《后汉书·郑范陈贾张列传第二十六·张霸》——编者注

② 当指《后汉书·周黄徐姜申屠列传第四十三·周燮》——编者注

③ 当指《后汉书·左周黄列传第四十三·黄琼》——编者注

④ 当指《后汉书·孝安帝纪第五》——编者注

⑤ 当指《三国志·魏书·崔毛徐何邢鲍司马传第十二·司马芝》——编者注

酸枣诸军守成皋，据敖仓，塞轘辕、大(太)谷，全制其险；袁术率南阳之军军丹、析，入武关，以震三辅。（《魏武纪》① ）

五、青兖干线

(1)自邯郸东趋平原，过临淄，逾潍水，折西南以趋下邳、彭城。(2)又西出东阿趋濮阳，以接中原干线。② 自东平过向义，或自历下过鲁趋薛，则通徐州之涂也。

(1)③ 齐闻韩信且东击齐，乃军历下以距汉。会汉使郦食其说齐，遂罢历下守备。(《田儋传》④)

韩信发修武，未度平原，闻郦生已说下齐，遂渡河，袭历下军，因入临淄(甾)。追齐王，走高密（高密西南)，破龙且军潍水东，追齐王至城阳（莒县)，虏之（《韩信传》⑤)，遂定齐。而田横走博（泰安东南卅里)，自立，为灌婴破于嬴

---

① 当指《三国志·魏书·武帝纪第一》——编者注

② 此处原稿标有序号（3)，但参下文（2）与（3）未加区分且难以区分，因删此处之（3）——编者注

③ 此序号“（1）”及其后的序号“（2）”上有删除标记。鉴于作为本小节内容总括的首段文字中的序号未删，此处作保留处理——编者注

④ 当指《汉书·魏豹田儋韩〔王〕信传第三·田儋》——编者注

⑤ 当指《汉书·韩彭英卢吴传第四·韩信》——编者注

下（莱芜西北卌里）。（《田儋传》① ）韩信使婴击破楚将鲁北，转南，破薛郡长，入博(傅)阳（即偪阳，在峄县南五十里）。（《灌婴传》② ）

耿弇自平原进讨张步，东从朝阳（章邱(丘)西北）桥济水以度。步使其大将军费邑军历下，又分兵屯祝邱(阿)（长清东北卅里）、钟城（禹城东南内县里）。弇先渡河，攻拔祝阿、钟城，军遂空壁亡去。费邑遣弟敢守巨里（历城东七十里），弇先胁之邑来救，敢大为弇破，遂定济南。时张步都剧（昌乐县），使其弟蓝将精兵守西安（临淄西北），诸郡太守守临淄，相去卌里。弇进军画中（临淄西北廿里），居二城之间，先攻拔临淄，蓝遂亡归剧。步将兵攻临淄，为弇所破，追击至钜昧水上。步还剧，遂奔平寿（潍县）。弇勒兵入，据其城后，引兵至城阳，齐地悉平。（《范书·耿弇传》）③

项羽击齐，破之城阳，田荣走平原，为平原民所杀（《田儋传》④ ）。按时陈馀已定赵地，荣当走依馀也。

齐中御府长信使楚（治彭城），至莒县，堕阳周水中。（《史记·扁仓列传》⑤ ）

---

① 当指《汉书·魏豹田儋韩〔王〕信传第三·田儋》——编者注

② 当指《汉书·樊郦滕灌傅靳周传第十一·灌婴》——编者注

③ 全称《后汉书·耿弇列传第九》——编者注

④ 当指《汉书·魏豹田儋韩〔王〕信传第三·田儋》——编者注

⑤ 全称《史记·扁鹊仓公列传第四十五·仓公》——编者注

袁术欲自淮南北赴青州，刘备要之下邳。（《魏武纪》①）

（2）齐王田儋救魏王咎临济（属平丘县今长垣西南），为章邯所破，田荣退保东阿（阳谷东北）（《田儋传》②）。而项梁已西渡淮，军下邳（邳东三里），击破秦嘉，追北至胡陵（鱼台东南六十里），引兵入薛（滕东南卌里），立楚怀王，都盱台。攻亢父（济宁南五十里），救东阿，大破秦军。田荣即引兵东归，而梁使项羽、沛公别攻城阳（濮县东南），破秦军濮阳东。（《项籍传》③）

魏武征徐州，使程昱、荀彧守鄄城（濮县东廿里），而张邈叛迎吕布，惟鄄城、范（范县东南廿五里）、东阿不动，昱乃过范，以守东阿（《魏志·程昱传》④）。布攻鄄城不下，西屯濮阳。魏武引兵还曰布："一旦得一州，不能据东平，断亢父、泰山之道，乘险要我，而乃屯濮阳，吾知其无能为也。"（《武纪》⑤）

建武二十年，东幸鲁，还经封丘。（《范书·虞延传》⑥）

冯衍送妻子还淄县（疑山阳郡甾乡县），还到阳武闻诏捕

① 当指《三国志·魏书·武帝纪第一》——编者注

② 当指《汉书·魏豹田儋韩〔王〕信传第三·田儋》——编者注

③ 当指《汉书·陈胜项籍传第一·项籍》——编者补注

④ 当指《三国志·魏书·程郭董刘蒋刘传第十四·程昱》——编者注

⑤ 当指《三国志·魏书·武帝纪第一》——编者注

⑥ 全称《后汉书·朱冯虞郑同列传第二十三·虞延》——编者注

诸王宾客（《冯衍传》① 注引衍与阴就书）。《水经·汳水注》：章帝建初八年东巡过菑县，改菑为考城。

欧阳歙下狱，平原礼震，闻狱当断，驰之洛阳，到河内获嘉，上书求代。（《儒林传》②）

天下兵起，莽遣廉丹讨伐山东，进至定陶，及睢阳，复至无盐（东平东廿里），与赤眉战氿（死）。（《冯衍传》③）

明帝东幸偃师，过睢阳，幸彭城，耕于下邳，至良成（邳县北），幸鲁，进幸东平（治无盐），过定陶，幸大梁（开封）。（《明纪》④ 永平十五年）

楚怀王都彭城，遣宋义北救赵，义屯安阳（曹县东），身送其子相齐至无盐。（《项羽本纪》⑤）

昌邑王贺被征，自昌邑（金城东北）过定陶、济阳（曹县西南六十里）而向弘农。（《汉书·武五子传》⑥）

六、徐扬干线

(1) 起彭城，至广陵，渡江趋吴。(2) 起睢阳，向兰蕲，

---

① 当指《后汉书·桓谭冯衍列传第十八上·冯衍》——编者注

② 当指《后汉书·儒林列传第六十九上·欧阳歙》——编者注

③ 当指《后汉书·桓谭冯衍列传第十八上·冯衍》——编者注

④ 当指《后汉书·显宗孝明帝纪第二》——编者注

⑤ 当指《史记·项羽本纪第七》——编者注

⑥ 全称《汉书·武五子传第三十三·昌邑哀王刘髆》——编者注

下龙亢、阴陵、东城而至乌江。(3)渡江至牛渚，由丹阳向丹徒，过吴钱塘，渡浙江而趋会稽。(4)a. 三国之际，江淮之间，废而不居者数百里，而东关、合肥缩交通之口，或西北趋寿春，向谯、雍邱(丘)、中牟。b. 或南出夹石，挂车以向皖口。c. 又自寿春向项城、许昌，亦大道也。(5)①至于自扬州，向交广多从海道，论陆路交通当逆赣江而南也。

(1) 灌婴由博阳(即偪阳故城，今峄县西卅五里)前至下相(宿迁西南)以东南(僮)(泗北百廿里)、取虑(睢宁西)、徐(盱眙东北)。(《灌婴传》②)吴王濞之败，从丹徒(丹徒东南)渡江。(《吴王濞传》③)第五伦为会稽太守，其母从广陵渡江。(《谢承书》④)刘备为徐州牧，袁术自淮南攻之，备拒之于淮阴、盱眙(《先主传》⑤)。袁术之北走青州渡淮处，后人曰“公路浦(《水经·淮水注》)”⑥，今淮阴西北卌二里。

(2) 居巢人范增自荥阳乞归，行未至彭城，疽发背

---

① 此序号原稿为(4)，当是笔误，此改为(5)——编者注

② 当指《汉书·樊郦滕灌傅靳周传第十一·灌婴》——编者注

③ 当指《汉书·荆燕吴传第五·吴王濞》——编者注

④ 当指三国吴谢承所著一百四十三卷《后汉书》(已佚)——编者注

⑤ 当指《三国志·蜀书·先主传第二》——编者注

⑥ 见《水经注·卷十三·淮水》：“(淮阴县)城西二里有公路浦，昔袁术向九江，将东奔袁谭，路出斯浦，因以为名。”——编者注

死。（《项羽传》[①]）

项羽闻彭越入梁地，自东击下陈留、外黄，至睢阳，梁地皆下。（同上[②]）

韩演伯南为丹阳太守，坐法征，过萧（萧县西北），过杼秋（砀山东六十里）。（《风俗通义·穷通篇》[③]）

魏武诣酸枣，讨董卓。兵少，乃赴扬州募兵。还到龙亢（怀远西七十五里），士卒多叛。至铚（宿县西南卅六里）、建平（永城西南），复收兵得千余人。（《魏武纪》[④]）

项羽自垓下（灵壁东南）溃□(围)南出，渡淮至阴陵（定远西北六十里），复引兵至东城（定远东南），遂至乌江（和县东北），欲渡江而东。（《项羽传》[⑤]）

淮南王黥布反，击杀荆王刘贾，渡淮击走楚王。高祖自将破布军会缶（宿县西南），布走。（《高祖纪》[⑥]）

（3）刘繇为扬州刺史，州治寿春，而袁术据之。繇遂渡江治曲阿（丹阳），迫逐吴景，景退舍历阳（和县）。繇遣将屯(横)江津（和县江边?）、当利口（和县东南），以距袁术。策乃说术，乞助景等平定江东，遂至历阳，渡江击牛渚

---

① 当指《汉书·陈胜项籍传第一·项籍》——编者注

② 当指《汉书·陈胜项籍传第一·项籍》——编者注

③ 见《风俗通义·穷通第七》——编者注

④ 当指《三国志·魏书·武帝纪第一》——编者注

⑤ 当指《汉书·陈胜项籍传第一·项籍》——编者注

⑥ 当指《汉书·高帝纪第一上》——编者注

（当涂北卅里），转下秣陵（南京南）、湖孰（南京东六十里）、江乘（句容北六十里），进入曲阿（丹阳），遂进攻会稽，到钱唐，而王朗拒策固陵（萧山西十二里）。策夜投查渎，袭高迁屯（俱在萧山西南），因定会稽。（《孙策周瑜孙静传》① ）

朱治欲从钱唐进到吴，许贡拒之于由拳（嘉兴西五里）。（《吴志・朱治传》② ）

孙亮既废，孙琳（綝）遣使迎孙休于会稽。休行至曲阿，进及布塞亭（当在曲阿西），百僚以乘舆法驾迎于永昌亭（江宁东）。（《孙休传》③ ）

（4）a. 魏武自洛阳还谯（亳），过中牟（《武纪》④ ）。文帝黄初六年东征，幸谯，循涡入淮（《文纪》⑤ ），还幸雍丘（杞）（《曹植传》⑥ ）。建安十四年，魏武东征至谯，自涡入淮，出肥水，军合肥。二十一年东征，亦由谯进军居巢，屯郝谿（濡须西）。孙权筑濡须口（无为东北五十里）自守。（《武纪》⑦ ）而青龙二年，孙权之由巢湖攻合肥，满宠

---

① 当指《三国志・吴书・孙破虏讨逆传第一》《三国志・吴书・宗室传第六・孙静》《三国志・吴书・周瑜鲁肃吕蒙传第九・周瑜》——编者注

② 当指《三国志・吴书・朱治朱然吕范朱桓传第十一・朱治》——编者注

③ 当指《三国志・吴书・三嗣主传第三・孙休》——编者注

④ 当指《三国志・魏书・武帝纪第一》——编者注

⑤ 当指《三国志・魏书・文帝纪第二》——编者注

⑥ 当指《三国志・魏书・任城孙萧王传第十九・陈思王植》——编者注

⑦ 当指《三国志・魏书・武帝纪第一》——编者注

欲攻之寿春。明帝不听，曰：“先帝东置合肥，南守襄阳，西固祁山，贼来辄破于三城之下者，地有所必争也。”（《明纪》①）其后毌邱(丘)俭、文钦反于寿春，吴军及东兴（含山西南），闻钦等败，进及橐皋（拓皋），钦诣军(峻)降。后诸葛诞反，孙綝率兵应之，次于镬里（拓皋东南）。（《孙亮传》②）而孙皓遣徐绍还晋，行到濡须，召还杀之。（《孙皓传》③）按濡须北即东关也（含山西南廿里），又自寿春至谯，中间慎县，《寰宇记》谓吴魏之际，设关防莫谨于此，故城在今颍上县西北卌里江口镇。

b. 青龙二年，明帝东征，幸寿春（《明纪》④），过项（项县东北）（《贾逵传》⑤）。王凌(凌)反于寿春，司马懿率军掩至百尺（项东），遂到邱(丘)头（阳邱(丘)东南颍水北），凌(凌)降，送还京师。凌至项，仰药而卒，懿遂至寿春。（《王陵(凌)传》⑥）毌邱(丘)俭、文钦反，于寿春渡淮，西至项。俭坚守，钦在外为游兵。司马师统中外诸军讨之，使诸葛诞督豫州诸军从安风津拟寿春，青州诸军出谯、宋（太和北七

① 当指《三国志·魏书·明帝纪第三》——编者注

② 当指《三国志·吴书·三嗣主传第三·孙亮》——编者注

③ 当指《三国志·吴书·三嗣主传第三·孙晧》——编者注

④ 当指《三国志·魏书·明帝纪第三》——编者注

⑤ 当指《三国志·魏书·刘司马梁张温贾传第十五·贾逵》——编者注

⑥ 当指《三国志·魏书·王毌丘诸葛邓钟传第二十八·王淩》——编者注

十里）之间，绝其归路。师屯汝阳（商水西北），使王基统许昌军据南顿（项北五十里），俭等从项争之不得。而邓艾先趋乐嘉（商水东南四十里），示弱以诱之，师自洙至。钦遂遁走，艾追破之邱（丘）头，钦遂奔吴。俭闻钦败，恐惧夜走，比至慎县，人众稍散，死于安风津。吴军救钦，诸葛诞遣艾据肥阳（寿东南），艾以与贼势相远，乃屯附亭（近黎浆），逐吴军于黎浆（寿南）。（《毌邱（丘）俭邓艾王基传》①）

c. 张辽镇守合肥，讨陈兰，别遣臧霸至皖（怀宁），讨吴将韩当，使不当救兰。当逆战于逢龙（近夹石），邀霸于夹石（桐城北卌七里北夹关）。霸与战，破之，还屯舒（舒城）。时孙权屯舒口（巴洋河注巢湖之口），闻之遁走。（《臧霸传》②）吴鄱阳太守周鲂诈降，曹休率军至皖迎之。朱桓曰：休战必败，败必由夹石、挂车（桐城西三十里），此两道皆险阸，若塞此道，休可生虏。于是休败于石亭（怀宁、桐城间）。（《朱桓传》③）

（5）④ 步骘领鄱阳太守，徙交州刺史，便道南行。后孙权遣吕岱代骘，骘将交州义士出长沙。（《步传》⑤）

---

① 当指《三国志·魏书·王毌丘诸葛邓钟传第二十八·毌丘俭·邓艾》《三国志·魏书·徐胡二王传第二十七·王基》——编者注

② 当指《三国志·魏书·二李臧文吕许典二庞阎传第十八·臧霸》——编者注

③ 当指《三国志·吴书·朱治朱然吕范朱桓传第十一·朱桓》——编者注

④ 此序号原稿为（4），当是笔误，此改为（5）——编者注

⑤ 当指《三国志·吴书·张顾诸葛步传第七·步骘》——编者注

七、荆交干线

(1)起南阳，向襄樊，趋江陵，而津乡当荆州要会，自是趋益阳、长沙。(2)而赴岭南峤道有二：一出桂阳，一出零陵。(3)至于赴日南、交趾，多发自九真，盖循海而南也。(4)又自西陵向巴东，陆行亦有道。

(1)光武使岑彭击荆州，下犨（鲁山东南五十里）、叶（叶县南卅五里）等十余城，是时南方尤乱，吴汉击之，所过侵暴新野（新野县南），邓奉击破汉军，屯据淯阳（南阳南六十里）。帝南征至叶，遂至堵阳（方城东六里），追击破邓奉于小长安（南阳南卅七里）。时秦丰据黎丘（宜城东北），岑彭南击之，拔黄邮（在新野境），丰拒之于邓（襄阳北）。彭扬声西击山都（襄阳西北八十里），而潜渡沔，袭得阿头山（襄阳西九里），直趋黎丘。因□(围)之宜城，遂降。时田戎拥众夷陵（宜昌东），率众沿江泝(溯)沔上黎丘，欲诣彭降，其部将辛臣守夷陵间道，遣使诣先降于彭，以书招戎。戎自疑惧，遂与秦丰合势，亡归夷陵，为彭击破，追至秭关，戎亡入蜀。彭遂留冯骏军江关（原作江州，从沈钦韩说改江关，在长阳县西七十里），田鸿军夷陵（宜都西北），自引兵还屯津乡（枝江西三里），当荆州要会（《东观汉记》作津乡，当荆、扬之咽喉），移檄江南，班行诏命。江夏、武陵、长沙、桂阳、零陵、

苍梧、交趾诸郡国，相率遣使贡献，于是江南之珍始流通焉。（《岑彭传》①）

李善迁日南太守，从京师之官，道经淯阳。（《独行传》②）

光武幸章陵（枣阳东），邓晨从至新野。（《邓晨传》③）

孙坚为长沙太守，起兵讨董卓。荆州刺史王叡素遇坚无礼，坚过杀之（《续志》④：荆州、武陵郡，汉寿县刺史治。按故城今武陵东北六十里），遂至南阳杀其太守。后袁术使坚征荆州，击刘表。表遣黄祖逆于樊、邓之间。坚击破之，遂渡汉水，□（围）襄阳，为祖军射杀。（《吴志·孙坚传》⑤）

刘表初为荆州，单马入宜城。（《魏志·刘表传》⑥注引司马彪《战略》）

刘表卒，子琮代，屯襄阳，时刘备屯樊。魏武征荆州，到新野，琮遂降，军遂至江陵。（《魏武纪》⑦）备闻曹公至宛，遂去，南过襄阳，以向江陵，为曹兵追，及于

---

① 当指《后汉书·冯岑贾列传第七·岑彭》——编者注

② 当指《后汉书·独行列传第七十一·李善》——编者注

③ 当指《后汉书·李王邓来列传第五·邓晨》——编者注

④ 当指《后汉书·志第十九·郡国四·武陵郡、荆州》——编者注

⑤ 当指《三国志·吴书·孙破虏讨逆传第一·孙坚》——编者注

⑥ 当指《三国志·魏书·董二袁刘传第六·刘表》——编者注

⑦ 当指《三国志·魏书·武帝纪第一》——编者注

当阳之长坂（荆门县西北）。（《先主传》[1]）

关羽攻曹仁于樊，而孙权已据江陵，遣将逆击，斩羽于临沮（当阳西北）。（《关羽传》[2]）

《水经·沔水注》：秦颉“以江夏都尉出为南阳太守，迳宜城中”，后卒官，返葬于鄀（宜城东南），道亦经宜城。[3]

《水经·江水注》：江陵“洲上有奉城，故江津长所治。旧主度州郡，贡于洛阳，因谓之奉城，亦曰江津戍也”。[4]

《水经·江水注》：汉和帝征荆州刺史王子香，子香道卒枝江亭中（枝江在今枝江县东）。[5]

刘备既定益州，孙权遣吕蒙取长沙、零、桂。备遂还屯公安（公安东北油江口），遣羽攻益阳（益阳西），与鲁肃相拒（《先主鲁肃传》[6]），卒与权和，分江夏、长沙、桂阳东属，南郡、零陵、武陵西属（《先主传》）。其后吕蒙遂袭公安，以据江陵。陆逊取宜都，获秭归、枝江、夷道（宜都

① 当指《三国志·蜀书·先主传第二》——编者注

② 当指《三国志·蜀书·关张马黄赵传第六·关羽》——编者注

③ 出自《水经注·卷二十八·沔水》——编者注

④ 出自《水经注·卷三十四·江水》——编者注

⑤ 出自《水经注·卷三十四·江水》——编者注

⑥ 当指《三国志·蜀书·先主传第二》《三国志·吴书·周瑜鲁肃吕蒙传第九·鲁肃》——编者注

西)，还屯夷陵(宜昌东)，以备蜀。(《孙权传》[1])

吕蒙既定长沙，当之零陵，过酃(衡阳东)。(《吕蒙传》[2])

(2) 桂阳峤道。见“前章”[3] 步骘亦由此赴长沙。(《本传》[4])

零陵峤道。亦见“前章”[5] 郑弘所修。

(3) 马援征交阯，至合浦，缘海而进，随山刊道千余里。军至浪泊，破贼，追徵侧至禁谿，遂平交阯。又自无功至居风，以击九真贼，峤南悉平。(《马援传》[6])

孙权分合浦以北为广州，吕岱为刺史；交趾(阯)以南为交州，载(戴)良为刺史。遣陈时代士燮为交趾(阯)太守。岱留南海，良与时俱前行到合浦，而燮子徽自署交趾太守，发兵拒良。良留合浦。而岱被诏诛徽，自广州引兵过合浦。(《士燮传》[7])

吴交趾郡既降晋，晋以杨稷为太守，郁林九真皆附焉。稷遣将攻合浦，战于古城，大破吴军。数攻交州诸

---

① 当指《三国志·吴书·吴主传第二》——编者注

② 当指《三国志·吴书·周瑜鲁肃吕蒙传第九·吕蒙》——编者注

③ 当指本章本节“六、徐杨干线”之“(5)”——编者注

④ 当指《三国志·吴书·张顾诸葛步传第七·步骘》——编者注

⑤ 当指第一章第三节“九、通零陵、桂阳峤道”——编者注

⑥ 当指《后汉书·马援列传第十四》——编者注

⑦ 当指《三国志·吴书·刘繇太史慈士燮传第四·士燮》——编者注

郡，孙晧遣大都督薛珝、交州刺史陶璜帅二十万军，兴扶严恶夷合十万，伐交趾。稷遣将御之封谿，军败，还守交趾。吴军□(围)之，生得稷。晧诏传诣秣陵，稷至合浦，呕血而死。（《华阳国志·南中志》）

（4）吴既袭得荆州，先主帅诸军伐之。吴将陆逊(议)、李异、刘阿等屯巫（巫山东）、秭归。蜀破异等，军次秭归，遣水军屯夷陵，遂自将进军，驻营夷道、猇亭（宜都西），自佷山（长阳西）通武陵，而黄权督江兵(北)诸军与吴军相拒于夷陵。陆逊(议)大破先主军于猇亭。先主遂还秭归，散(收)合离散，由步道还鱼复（奉节东北）。（《先主传》①）盖路由石门也（地在奉节东六里接巫山县界）。（《江水注》②）而吴追先主军，屯南山，旋收兵还巫。（《先主传》③）

公孙述遣田戎、任满下江关，拔巫、夷陵、夷道，因据荆门（荆门山），为岑彭所破。田戎走保江州。（《公孙述传》④）

---

① 当指《三国志·蜀书·先主传第二》——编者注

② 见《水经注·卷三十四·江水》：“江水又东迳石门滩，滩北岸有山，山上合下开，洞达东西，缘江步路所由。刘备为陆逊所破，走迳此门……”——编者注

③ 当指《三国志·蜀书·先主传第二》——编者注

④ 当指《后汉书·隗嚣公孙述列传第三·公孙述》——编者补注

刘璋使赵韪进攻荆州，屯朐䏰（云阳西四十里）。（《二牧传》① 注引《英雄记》）

夷陵东道，当由车御，至赤岸乃得渡沮，西道当出箭谿口，乃趋平土，皆山险狭，竹木丛蔚，卒有要害，驽马不陈。（《魏志·王基传》② 注引司马彪《战略》）

八、益州干线

(1)益州北通雍、凉阁道，凡五。自东至西数之，曰子午道，曰骆谷道，曰褒斜道，曰北栈道，曰阴平道。而子午、骆谷、褒斜及北栈道，皆会于汉中接石牛道以入蜀。汉中通巴有米仓道，阴平道则自武都向成都者也。(2)至若蜀中之道，乃有内江、外江二线。自江州沿涪水以向成都，此内江也；循江逆岷，此外江也。(3)通南中之道则 a. 一出越巂向益州，b. 一出僰道向牂牁，c. 一出符关向夜郎。

(1)《石门颂》："高祖受命，兴于汉中。道由子午，出散入秦。建定帝位，以汉诋（翁释③“氐”）焉。后以子午，蓤(荼)(途)路歮(澁)(涩)难。更随围谷，复通堂光。凡此四道，

---

① 当指《三国志·蜀书·刘二牧传第一》——编者注

② 当指《三国志·魏书·徐胡二王传第二十七·王基》——编者注

③ 当指清人翁方纲《两汉金石记》——编者注

垓鬲尤艰。”

据此，则通汉中阁道，凡四：子午一也，围谷二也，堂三也，光四也。或出散入秦为一道，而堂、光为一道，亦未可必。下接叙通褒斜事，故弗计焉。按子午一道，前章已具言之。围谷者，围，韦之叚(假)，亦作沣，非今自凤翔东流至武功注渭之沣水也。《汉书·沟洫志》[①]：关中有沣渠。如淳曰：“沣音韦，水出韦谷。”宋敏求《长安志》卷十八“盩厔县”曰：“韦谷在县西南三十里。”又曰：“韦谷渠在县西南三十五里，自南山流下至清化店入渭。”《盩厔县志》：韦水源出韦谷，其正流西经郿县境，支流东引为渠，散没县界，则韦谷一道，容近骆谷之别途矣。堂光者，其地不详。汉碑用字既多叚(假)借，地名沿称亦易讹传，颂文协韵或有减省，遂难稽考矣。盖越岭之道多沿川谷，堂光当是一二川谷之号。按理可必。考《水经·漾水注》：“浊水即白水之异名也（今白水江）。……浊水又东南，两当水注之，水出陈仓县之大散岭，西南流入故道川，谓之故道水。西南迳故道城东（凤县西北）……西南流，北川水注之。水出北洛櫝山南，南流迳唐仓城下（城在凤县北），南……入故道水。故道水又西南历广香交，合广香川水（水在两当县东）……”[②] 疑堂即

① 全称《汉书·沟洫志第九》——编者注

② 出自《水经注·卷二十·漾水》——编者注

唐仓，光即广香之省叚(假)，二者殆北栈道之别径与。

就诸道之见于史册先后言之，则子午道、北栈道最先，褒斜道次之，阴平道又次之，而骆谷道最后。高祖之入汉中由杜南经蚀中，所谓道由子午者也。盖霸上十万之众已为项羽所夺，从者不过三万人（《高纪》①）。汉中卌一县又不尽予之（《张良传》② 之服虔注），故匆匆由子午道就国。用张良计烧绝栈道，示无复东出之意，亦欲绝诸侯（实即三秦）盗兵也。而良之还也，汉王送至褒中，是良由北栈道矣（此据《高纪》③。《良传》④ 谓良送汉王之褒中误也）。其后汉王之袭章邯，从故道，盖即出散入秦之谓也。⑤ 淮南厉王长之徙蜀，至雍而死。武帝时有人上书通褒斜，言抵蜀从故道，多阪，回远，则知武、高通褒斜以前，通汉中之经涂，惟北栈道。武帝而后，惟褒斜矣。故李熊说公孙述以杜褒斜之险（《公孙述传》⑥），而秦宓乃谓："天

---

① 当指《汉书·高帝纪第一上》——编者注

② 当指《汉书·张陈王周传第十·张良》（服虔曰："本不尽与汉中，故请求之。"）——编者注

③ 当指《汉书·高帝纪第一上》——编者注

④ 当指《汉书·张陈王周传第十·张良》——编者注

⑤ 汉王所烧者子午道而已。《水经·沔水注》：汉水又东经合直水，水北出子午谷岩岭下，又南枝分东注旬水，又南经莜阁下……张子房烧绝栈道，示无还也。——作者注于页眉

⑥ 当指《后汉书·隗嚣公孙述列传第三·公孙述》——编者注

帝布治房心，决政参伐，参伐则益州分野，三皇乘祇车出谷口，今之斜谷是也。”（《秦宓传》① ）说固不经，然其重要可见矣。

阴平道者，自南郑趋白水关，由武都接江油左担道而向成都。此线所经惟《邓艾传》② 言之綦详。艾征蜀时，维在沓中（故洮州城南），使艾与维相缀连。雍州刺史诸葛绪塞阴平桥头（文县东西）以要维。维闻钟会军入汉中，遂从孔函谷（文县西北固城之南）入北道，欲出绪后。绪遂却还卅里，而维便还从桥头过。绪追截不及。维还守剑阁，与钟会相拒。艾上言：“从阴平由邪径经汉德阳亭趋(趣)涪（绵阳东北），出剑阁西百里，去成都三百余里……掩其空虚，破之必矣。”遂自阴平道行无人之地七百余里，凿山通道七百余里，遂至江油（江油东）。诸葛赡(瞻)从涪还绵竹（德阳北卅五里），为艾所杀。艾进军到雒（广汉北），刘禅遂降。按艾所由者，《姜维传》③ 谓之景谷道也（景谷在昭化县西北百余里）。左担道者，胡三省④曰：“由青唐岭（文县东南）入龙州（平武）为左儋道，凡一百五十里，谓之左

---

① 当指《三国志·蜀书·许麋孙简伊秦宓传第八·秦宓》——编者注

② 当指《三国志·魏书·王毌丘诸葛邓钟传第二十八·邓艾》——编者注

③ 当指《三国志·蜀书·蒋琬费祎姜维传第十四·姜维》——编者注

④ 当指南宋胡三省《资治通鉴音注》——编者注

儋者。”任豫《益州记》曰：“江油左担道，按图在阴平县（梓潼西北百六十里）北，于成都为西。其道至险，自北来者，担在左肩不得度右肩也。”（《说郛》卷六十一）。此道至迟在东汉初已有，光武令隗嚣从天水伐蜀，嚣上言：“白水险阻，栈阁绝败。”又多设支阂。汉白水在昭化西北百余里近景谷也。（《隗嚣传》[①]）蜀郡守将史歆之反于成都也。光武遣吴汉讨之。汉入武都（治下辨，今成县西），发广汉、巴、蜀三郡兵以□(围)成都。（《吴汉传》[②]）既云入武都则必由阴平道入蜀矣，如由金牛道则但至汉中可也，而夏侯霸之奔蜀，《魏略》谓其阴平。（《夏侯渊传》[③]）艾既由此而又凿山架阁者，以出奇制胜不由常道故也，《诸葛赡(瞻)传》[④]所谓由景谷道旁入也。而维之请分护阳安关口（阳平关）、阴平桥头，固注意及此矣。

骆谷道者，即后世之傥骆道南口。曰傥在今洋县北三十里，北口曰骆，在盩厔县西南百廿里，谷长四百二十里。曹爽伐蜀，姜维入秦，盖由此焉。钟会之征，亦

① 当指《后汉书·隗嚣公孙述列传第三·隗嚣》——编者注

② 当指《后汉书·吴盖陈臧列传第八·吴汉》——编者注

③ 当指《三国志·魏书·诸夏侯曹传第九·夏侯渊》——编者注

④ 当指《三国志·蜀书·诸葛亮传第五·诸葛瞻》——编者注

分从骆谷、斜谷入也。(俱见本传①)

凡兹五道，阴平僻在西陲，故道多阪回远，骆谷行军事属晚见，可勿具论。当日自长安趋汉中，惟以子午、褒斜为主。《石门颂》论子午之陡险有曰：“上则县峻，屈曲沵(流)颠。下则入寘(寘)(冥)，庼写输渊。平阿源泥，常荫(阴)鲜晏。木石相距，利磨确磐。临危枪砀，履尾心寒。空舆轻骑，遰[滞]寻[碍]弗前。恶虫蔽[毙]狩[兽]，蛇蛭毒蟃。未秌(秋)截霜，稼苗夭[夭]残。终年不登，匮餧(馁)之患。卑者楚恶，尊者弗安。愁苦之难，焉可具言。”而谓褒斜道“敞而晏平，清凉调和，烝烝艾宁”。故诸葛亮之北伐也，魏延欲以精兵五千，负粮五千，直从褒中出，循秦岭而东，当子午而北，② 不过十日便至长安，而亮由斜谷东西会师，便可一举而下咸阳以西。亮以为县危，不如安从坦途十全无失，遂不用延计（《魏延传》③ 注引《魏略》）。然魏武之拔出汉中诸军，数言“南郑直为天狱中，斜谷道为五百里石穴”（《刘放传》④ 注引《孙资别传》），则其险阻亦

---

① 当指《三国志·蜀书·蒋琬费祎姜维传第十四·姜维》《三国志·魏书·诸夏侯曹传第九·曹爽》《三志·魏书·王毌丘诸葛邓钟传第二十八·钟会》——编者补注

② 按此谓先出褒城，若向雍、郿者而东折以循秦岭，截子午而北出，延盖声东击西之法也。——作者所作小注

③ 当指《三国志·蜀书·刘彭廖李刘魏杨传第十·魏延》——编者注

④ 当指《三国志·魏书·程郭董刘蒋刘传第十四·刘放》——编者注

可想见，不过较子午道略为夷坦耳。

石牛道者，或曰南栈道，自南郑向白水关，过剑阁，西南以趋成都。

李固出为雒令，至白水关（临羌境），解印绶，还汉中。（《范书·李固传》①）

廉范迎父丧于蜀，太守张穆重资送范，范一无所受，归及葭萌（广元东南五十里），船触水没，仅而得免。（《廉范传》②）

段翳广汉新都人（今新都县东），明风角。尝有一生来学，积年，自谓略究要术，辞归乡里，至葭萌与吏争渡。（《方术传》③）

更始遣将徇蜀，公孙述使其弟恢击之于绵竹（绵阳西南七十里）。（《公孙述传》④）

刘备绝马鸣阁道（昭化西北百里，此当是向武都道?），徐晃破之。魏武闻之，甚喜，假晃节，令曰："此阁道，汉中之险要咽喉也。刘备欲断绝外内，以取汉中。将军一举，克夺贼计，善之善者也。"遂自至阳平（沔县西四十里），引

① 全称《后汉书·李杜列传第五十三·李固》——编者注

② 当指《后汉书·郭杜孔张廉王苏羊贾陆列传第二十一·廉范》——编者注

③ 当指《后汉书·方术列传第七十二上·段翳》——编者注

④ 当指《后汉书·隗嚣公孙述列传第三·公孙述》——编者注

出汉中诸军。(《徐晃传》①)

先主入益州。至涪(绵阳东北)与刘璋会。遂北到葭萌，召璋白水军督杨怀，斩之。勒兵向璋，进据涪城。下绵竹(德阳北卅五里)，□(围)雒(广汉北)，进迫成都。(《先主传》②)

张飞由垫江(合川县)入，刘璋使张裔拒之德阳陌下(梓潼北。《华阳国志》曰有剑阁道三十里至险)，为飞所破，裔还成都。(《张裔传》③)

钟会入汉中，□(围)汉、乐二城(汉城，沔县东南；乐城，成固)，西出阳安。而姜维退趋白水，扼守剑阁，闻会遣将从剑阁西径出江由(油)，而邓艾亦从阴平道入至绵竹，斩诸葛赡(瞻)。维闻赡(瞻)破，东退入巴，会遂进军至涪。(《钟会传》④)

米仓道者，自南郑向巴中，凡五百余里。米仓山在南江县北八十里，山阳有巴峪关。按张鲁由汉中奔南山以入巴，胡三省谓即循米仓道也。

公孙述遣任满从阆中(阆中西北)下江州。(《公孙述

---

① 当指《三国志·魏书·张乐于张徐传第十七·徐晃》——编者注

② 当指《三国志·蜀书·先主传第二》——编者注

③ 当指《三国志·蜀书·霍王向张杨费传第十一·张裔》——编者注

④ 当指《三国志·魏书·王毌丘诸葛邓钟传第二十八·钟会》——编者注

传》①）霍峻守葭萌，刘璋将从阆水上攻之。（《霍峻传》②）

（2）岑彭到江州，自引兵直指垫江（合川），攻破平曲（遂宁、三台之间）。公孙述遣其将延岑、王元及弟恢拒守广汉（遂宁东北）与资中（资阳北），又遣侯丹率兵拒黄石（涪陵西大江中）。彭遂令臧宫拒岑等，自分兵浮江还江州，泝（溯）都江（岷江）而上，袭破侯丹，径拔武阳（彭山东十里），使精骑驰广都（成都东南），而彭为述刺客刺杀于彭亡聚。（《岑彭传》③）而臧宫从彭由涪水上平曲一军乃破延岑于沈水（原作沅水，从钱大昕说改沈水，在中江县注涪）。岑遂奔成都，自是乘胜追北，至平阳乡（三台西北），降王元，进拔绵竹，破涪城，攻拔緐（繁）（新繁北廿里）、郫（郫北五里），以迫成都。（《臧宫传》④）岑彭既死，吴汉并将其众，破述军鱼涪津（夹江西三里），遂□（围）武阳，攻拔广都，与臧宫会师成师。（《吴汉传》⑤）

先主至江州，北由垫江诣涪（《二牧传》⑥）。及还，攻刘璋，诸葛亮、张飞亦由垫江北上（《张裔传》⑦），而赵云

---

① 当指《后汉书·隗嚣公孙述列传第三·公孙述》——编者注

② 当指《三国志·蜀书·霍王向张杨费传第十一·霍峻》——编者注

③ 当指《后汉书·冯岑贾列传第七·岑彭》——编者注

④ 当指《后汉书·吴盖陈臧列传第八·臧宫》——编者注

⑤ 当指《后汉书·吴盖陈臧列传第八·吴汉》——编者注

⑥ 当指《三国志·蜀书·刘二牧传第一》——编者注

⑦ 当指《三国志·蜀书·霍王向张杨费传第十一·张裔》——编者注

别从外江上江阳（泸州）（《赵云传》[①]），故法正遗刘璋书曰："今张益阳(德)数万之众，已定巴东，入犍为界，分平资中、德阳，三道并进，将何以御之？"（《法正传》[②]）

按《水经·江水注》："江州县对二水口，右则涪内水，左则蜀外水。"[③]《方舆纪要》谓"都江、外水岷江之通称"。[④] 而资江（沱江）又名中江。《通鉴》晋安帝义熙四年，刘敬宣伐蜀谯，纵分从外水垫江（即内水）入。[⑤] 八年朱龄石攻讨焉，扬言分外水、中水、内水三军（以上见沈钦韩《后汉书疏证》）。可见由巴向蜀自有三道。惟此时但见垫江、外江二涂。若赵云之从外江向江阳则似由中江道也。

（3）a. 越嶲、益州、永昌、牂柯四郡反，诸葛亮南征之。由安上（峨边、越嶲之间）水路入越嶲，别遣马忠伐牂柯（《华阳国志》），而李恢为庲降（在曲靖境）都督，案道向建宁（《本传》[⑥]）。越嶲叟帅高定元自旄头（疑旄牛，今汉源县南）、定笮（盐源南）、卑水（会理东北，会通河西），多为垒守。

---

① 当指《三国志·蜀书·关张马黄赵传第六·赵云》——编者注

② 当指《三国志·蜀书·庞统法正传第七·法正》——编者注

③ 出自《水经注·卷三十三·江水》——编者注

④ 出自《方舆纪要·卷六十六·四川一·山川险要》——编者注

⑤ 出自《资治通鉴·卷第一百一十四·安皇帝己·义熙四年》——编者注

⑥ 当指《三国志·蜀书·黄李吕马王张传第十三·李恢》——编者注

亮俟定元军集军卑水，定元为其部曲所杀，而马忠破牂柯，李恢败于南中。亮遂五月渡泸南征益州，七擒孟获。（《华阳国志·南中志》）至于滇池（《亮传》[1] 注引《汉晋春秋》），战于漏江之东（通海县境），而李恢战于昆明，追奔南至盘江，东接牂柯，与亮声势相连。亮又战于盘东（谢钟英谓在阿迷东南，阿迷今开远县也）（以上《水经·叶榆河注》），亮之还也，途经汉阳（庆符县南）。（《费诗传》[2] ）

《通典·州郡六·古梁州下》：巂州会川有泸水。诸葛亮五月渡泸即此。按会川今会理县。

杨慎《铅丹录》：泸水乃今之金沙江。《沈黎古志》：孔明南征由今黎州路（黎州治汉源，故城在今汉源县南）。黎州四百余里至两林蛮（汉源县），自两林、南丰、邑部三程至巂州（西昌），十程至泸水，四程至弄栋，即姚州也（姚安）。今之金沙江在滇蜀之交。一在武定府之江驿，一在姚安之左郤。据《沈黎志》，孔明所渡当是今之左郤也。

按《水经·若水注》谓泸津东去堂琅县八十里，盖以为武侯渡处（《注》又下拦入兰苍水、禁水之泸津，因及武侯五月渡泸事，非以禁水之泸津为武侯渡处也）。堂琅盖在今会泽县境，而谢钟英[3]以为即今县北之以扯汛，准以里望，杜、杨之说

---

① 当指《三国志·蜀书·诸葛亮传第五》——编者注

② 当指《三国志·蜀书·霍王向张杨费传第十一·费诗》——编者注

③ 当指清末谢钟英所著《三国疆域志补注》——编者注

为近之。

又考越嶲一道，“前章”[①] 已具言之（开西夷）。刘尚、诸葛亮之征益州，盖由此焉。《范书·西南夷传》[②]：刘尚击益州，路由越嶲，进据邛都，掩击长贵。《华阳国志·蜀志》：会无县路通宁州，三缝县通道宁州。会无今会理，三缝在其东南。准今地自越嶲赴益州，盖经此矣。至于自越嶲、益州向永昌，盖亦有大道。如《西南夷传》[③] 谓以卷夷大牛种封离等畔，杀遂久令（遂久故城在今盐源西），益州及蜀郡夷叛应之。益州刺史遣兵之楪榆（大理）击之，哀牢夷反攻嶲唐（原文嶲上衍越字），永昌太守王寻奔楪榆，肃之。募发越嶲、益州、永昌三郡汉夷击破诸博南是也。由是知越澜沧而西，大理实当孔道。然后再越博南渡兰仓也。（详上章[④]）

b.《华阳国志·南中志》：“自僰道至朱提，有水、步道。水道有黑水及羊官水，至险难行；步道渡三津，亦艰阻。故行人为语曰：‘犹豁、赤木，盘蛇七曲；盘羊、乌栊，气与天通。看都濩泚，住柱呼伊，庲降贾子，左儋七里。’又有牛叩头、马搏颊坂，其险如此。”

---

① 当指第一章第二节“三、通西夷”——编者注

② 全称《后汉书·南蛮西南夷列传第七十六·西南夷》——编者注

③ 当指《后汉书·南蛮西南夷列传第七十六·西南夷》——编者注

④ 当指第一章第三节“六、通博南山”——编者注

自僰道指(诣)牂柯当经益州，“前章”[1] 已别有考。刘巴自交趾由牂柯道入蜀，为益州郡所拘。(《刘巴传》[2] 及注引《零陵先贤传》) 武侯南征，返经汉阳[3] (《费诗传》[4])，盖由此途也。

c. 出符关向夜郎，秦有五尺道，唐蒙由之矣 (详前章[5])。而《常志·南中志》[6] 朱提郡自僰道 (宜宾西南)、南广 (洪县西南)，有八亭道通平夷 (仁怀西南)，盖符县故城在今合江西，与僰道相壤。《水经·江水注》谓符县南通宁州，亦犹是也。

---

① 当指第一章第一节“四、五尺道”；第一章第二节“二、南夷道”与“三、通西夷”——编者注

② 当指《三国志·蜀书·董刘马陈董吕传第九·刘巴》——编者注

③ 《一统志》：“汉阳山在符县北八十里，诸葛亮南征驻军于此。今山壁上犹镌‘武侯征蛮故道’六字。”——作者所作小注

④ 当指《三国志·蜀书·霍王向张杨费传第十一·费诗》——编者注

⑤ 当指第一章第一节“四、五尺道”——编者注

⑥ 《常志》即晋人常璩《华阳国志》——编者补注

附录

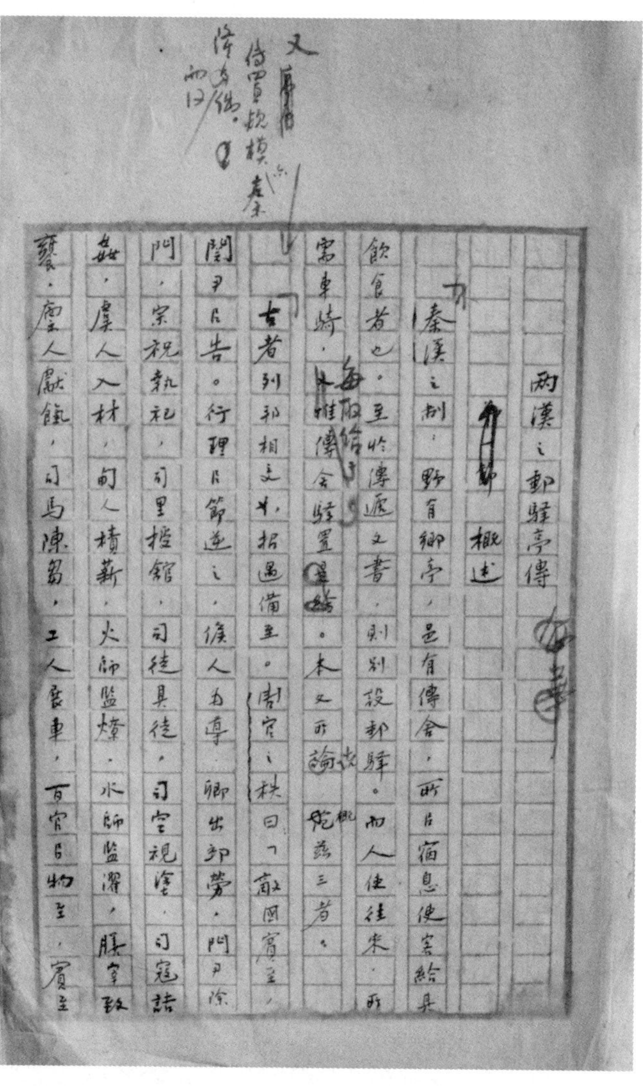

兩漢之郵驛亭傳

第一節 概述

秦漢之制，野有鄉亭，邑有傳舍，所以宿息使客給具飲食者也。至於傳遞文書，則別設郵驛。而人使往來，所需車騎，亦惟傳舍驛置是給。本文所論述，茲三者。

古者列邦相交，招過備至。周官之秩曰「敵國賓至，關尹以告。行理以節逆之，候人為導，卿出郊勞，門尹除門，宗祝執祀，司里授館，司徒具徒，司空視塗，司寇詰姦，虞人入材，甸人積薪，火師監燎，水師監濯，膳宰致饔，廩人獻餼，司馬陳芻，工人展車，百官以物至，賓至

两汉之邮驿亭传

概述

秦汉之制：野有乡亭，邑有传舍，所以宿息使客给具饮食者也。至于传递文书，则别设邮驿。而人使往来，所需车骑，每取给于传舍、驿置。本文所说，概兹三者。

又传置规模，亦秦隆而汉绌。古者列邦相交，招遇备至。“《周官之秩》[①]有之曰：‘敌国宾至，关尹以告，行理以节逆之，候人为导，卿出郊劳，门尹除门，宗祝执祀，司里授馆，司徒具徒，司空视涂，司寇诘奸，虞人入材，甸人积薪，火师监燎，水师监濯，膳宰致饔，廪人献饩，司马陈刍，工人展车，百官以物至。宾至(入)如归……’”（《国语·周语中》[②]）而子产谓晋文之为盟主也。“宫室卑庳，无观台榭。以崇大诸侯之馆。馆如公寝，库厩缮修。司空以时平易道路，圬人以时塓馆宫室。诸侯宾至，甸设庭燎，仆人巡宫，车马有所，宾从有代，巾车脂辖，隶人牧圉各赡(瞻)其事，百官之属各展其物。……宾至如归。”

---

① 当是“周之《秩官》”——编者注

② 当指《国语·周语中第二·8定王使单襄公聘于宋》。本书《国语》引文及观点用中华书局《国语集解》（徐元诰撰；王树民、沈长云点校）本核，后同——编者注

（襄三十一年《左传》[1]）盖非夸言也。

沿至嬴秦，以守令代封君（详后），而去古未远，遗规犹在。食有厨，车有副，厩有马，出行则乘传，税驾则舍置。盖较后世恢宏矣。汉初因之，后颇省改。车乘衍为单骑，逆旅渐代传舍。虽云列邦之隆典渐衰，亦由后代之国力日绌也。

夫人使往还，其招遇之周犹如此，而文书转递，其制度亦可想见矣。夫邮亭、乡亭、驿置、传舍，四者虽别，时或共体。虽史乏明征，而按理可必。略以今事为喻，邮亭者，若今邮政分处；乡亭者，若今乡团哨站；传舍者，若今贵宾招待馆；而驿置则今之车站也。或为交通机关，或操治安职守，四者殊用，时或共体。夫交通与治安，既息息以相关，而点线之布列，亦同条而共贯。古代事质政简，职务相近，便可因假，又往往名实淆同，不若后世之政繁而事析也。

且就初制言之，乡亭厩置之设，虽给客传书为事，而防范逐捕实为尤亟焉。亭本候望之所，吏原捕盗之卒，固无待论。其见于汉律者，则《厩律》。虽邮传之俗，而有告反逮騐（验）之科，上变告急之目。是以贲赫告黥王，乘传而诣长安（《英布传》[2]），梅福干成帝，假轺以条急政（《梅福传》[3]）。至若“乏军之兴”，亦附是篇。盖结事为章，语无伦次。而曹魏改律，别

---

① 当指《春秋左传·卷十四·襄公三·三十一年》。本书《左传》引文及观点用中华书局《春秋左传诂》（［清］洪亮吉撰；李解民点校）本核，后同——编者注

② 当指《史记·黥布列传第三十一》《汉书·韩彭英卢吴传第四·黥布》——编者注

③ 当指《汉书·杨胡朱梅云传第三十七·梅福》——编者注

为《邮驿令》《告劾律》《惊事律》三篇（详《晋书·刑法志》[①]）。然以亭置为监司，因传驿以网捕，事有甚于供给使客者矣。斯则后世事析而制衍也。

本文结构，远在去夏。史征虽罗，未暇著笔。而严君耕望《乡亭》一文已先成，虽所重在地方政制，而征述殆云详备。

近复得读吕诚之(思勉)先生《汉世亭传之制》，所述亦十得四五矣。（严文未刊，吕作载《学林》[②]第四辑）本文《亭传》一节，原拟删辍。惟事既共体，无由割裂。兹但补吕所未备，略严之已详，不复广为征引。取材间有借镜之处，亦不及一一标出。本文史征，每举一以概余，凭笔裁取，但撷大意，都非原迹，读者幸察焉。

第一节　亭传

传舍者，以转传受名，亦作转舍。或曰传置之舍也。虽事与遽庐同，实义异，而名称可别。

《释名·释宫室》："传，传也，人所止息而去，后人复来，转转相传，无常主也。"[③] 此则以转释传。"传，传也。"犹《孟子》所谓"彻者，彻也。"皆以动词释名词，必有长言短言之

① 当指《晋书·志第二十·刑法》——编者注

② 考吕思勉《汉代亭传之制》发表于《学林》第4辑（1941年2月）——编者注

③ 当指《释名·卷第五·释宫室第十七》。本书《释名》引文及观点用中华书局《释名疏证补》（［汉］刘熙撰；［清］王先谦补）本核，后同——编者注

别。此盖读若传递之传。《郦食其传》[1] 高阳传舍，颜注本即本《释名》为释。又云："一音张恋反，谓传置之舍也，其义两通。"则又读同经传之传矣？叶德炯曰："程敦《秦汉瓦当文字》有'樱桃转舍'，是古转舍字直作传舍。"[2]（王先谦《释名疏证补》引）考按汉隶多叚（假）借，盖或叚（假）作转耳。《盖宽饶传》[3]："平恩侯许伯入第，丞相、御史、将军、中二千石皆贺…… 宽饶不说，卬视屋而叹曰：'美哉！然富贵无常，忽则易人，此如传舍，所阅多矣。唯谨慎为得久，君侯可不戒哉！'"此语皆可为《释名》之说的最好注脚。然鄙意仍以颜或说为是，盖传车以传次得名，传舍为置传车马之所，因得宿息使客，给具饮食，与置驿邮之得名同一来源也。

先秦已有此名，简称曰传，亦曰解传。

如《魏相传》[4]：相为茂陵令，"御史大夫桑弘羊客诈称侍御史止传"，师古曰："传谓县之传舍。"其他传置、厨传、亭传连文者尚多，散见文中，不具拈出。解传见后引《风俗通》，按解即廨之叚（假）。

如《国策·魏策四》：管鼻自谓"鼻之入秦之传舍，舍不足

① 当指《汉书·郦陆朱刘叔孙传第十三·郦食其》——编者注

② 出自《释名·卷第五·释宫室第十七》，但后句作"是古传舍字直作转舍"——编者注

③ 当指《汉书·盖诸葛刘郑孙毋将何传第四十七·盖宽饶》——编者注

④ 全称《汉书·魏相丙吉传第四十四·魏相》——编者注

以舍之”。[①]《史记·平原君列传》[②]：有传舍吏赵馈(李同)是也。考《孟尝君列传》[③]：孟尝君置冯驩传舍中，问传舍长云云，而迁诸幸舍，食有鱼；问传舍长云云，又迁之代舍，出入乘舆车；问传舍长云云 。是孟尝传舍且列等第；本公家之驿站，假为养家之私馆矣。其宿息被以吏舍，亦有此名。虽《论衡·诘术》："今府廷之内，吏舍连属，门向有南北，长吏舍传，闾居有东西。"[④]《五行大义》廿二“诸官篇”："户曹以传舍为府，主名籍，传舍主宾客。”若田蚡麾骑缚灌夫置传舍中。[⑤]

公家设此以宿息使人，给其饮食，其因公事者。而官吏家属宾客，及诏所征招，亦得止传。盖犹后世之驿馆矣。[⑥]

使者止传，如《汉书·韩信传》[⑦]：高祖从张耳、韩信军修武，“至，宿传舍。晨自称汉使，驰入赵壁”。《后书·光武纪》[⑧]：光武北徇燕赵，王郎兵起，遂自蓟南驰；至饶阳乏食，“乃自称邯郸使者，入传舍。传吏方进食，从者饥，争夺之”。

---

① 出自《战国策·卷二十五·魏策四·十四 管鼻之令翟强与秦事章》。本书《战国策》引文及观点用中华书局《战国策注释》（何建章注释）本核，后同——编者注

② 全称《史记·平原君虞卿列传第十六·平原君》——编者注

③ 全称《史记·孟尝君列传第十五》——编者注

④ 出自《论衡·诘术篇第七十四》。本书《论衡》引文及观点用中华书局《论衡校释》（黄晖撰）本核，后同——编者注

⑤ 出自《史记·魏其武安侯列传第十六·武安侯（田蚡）》——编者补注

⑥ 此则养客私馆，亦有传名，则赵误之传舍。疑亦此类。现于此说，平原君云：盖居之近而能之，真也。吕诚之谓古者交通未繁，初由官营说是也。若孟尝平原家家养士，事自殊科。——作者批注于页眉

⑦ 全称《汉书·韩彭英卢吴传第四·韩信》——编者注

⑧ 全称《后汉书·光武帝纪第一上》——编者注

是也。

因公得止传者，如《前书·外戚传》[①]：窦后“以良家子选入宫”，“家在清河”，与弟广国“决传舍中”，匄(丐)沐沐之，已，饭之，乃去。是也。

官吏亲属宾客止传者，如《司马相如传》[②]：相如善临邛令王吉，吉舍之都亭；《三国·魏志·杜畿传》[③] 注引《魏略》[④]：孟康为弘农，行郡不止亭传，“郡带道路，其诸过宾客，自非公法无所出给”；《酷吏·严延年传》[⑤]：延年为河南太守，迎母度岁，到洛阳，便止都亭；《后书·桓荣传》[⑥]：晔姑为司空杨赐夫人，归宁服丧，止龙亢传舍。是也。（都亭亦传舍之类。）按《前书·龚胜传》[⑦] 颜注：“于传舍止宿，若今官人行得过驿也。”《王莽传》[⑧] 中颜注：“传，置驿之舍也。”是犹后世之驿站，今日县邑之外宾招待所矣。

即帝王巡狩，亦或舍焉。

按汉制，当驰道处有行宫，而《汉书·食货志》[⑨]：武帝议

---

① 全称《汉书·外戚传第六十七上·孝文窦皇后》——编者注

② 当指《史记·司马相如列传第五十七》《汉书·司马相如传第二十七上》——编者注

③ 全称《三国志·魏书·任苏杜郑仓传第十六·杜畿》——编者注

④ 核《三国志·魏书·任苏杜郑仓传第十六·杜畿》，此注所引为《魏书》——编者补注

⑤ 当指《汉书·酷吏传第六十·严延年》——编者注

⑥ 全称《后汉书·桓荣丁鸿列传第二十七·桓荣》——编者注

⑦ 全称《汉书·王贡两龚鲍传第四十二·龚胜》——编者注

⑧ 当指《汉书·王莽传第六十九中》——编者注

⑨ 全称《汉书·食货志第四下》——编者注

封禅，而郡国皆缮故宫，治宫储。是也。而《光武纪》[1] 惠栋《补注》[2] 引《东观记》：“光武北征彭宠，阴后从行，生孝明帝于元氏传舍。”则帝王亦止传也。

传舍多在县治或通邑之中，僻野则无之。

按传在县治中者，史证极伙，不具引。其在通邑中者，如高祖所止高阳传舍，高阳乃乡聚之名；《文三王传》[3]：梁地“西至高阳”，苏林曰“陈留北县”；彼时虽未必是，然必大邑可知。若郊野之地，非交通要津，自无传舍。如《鲍宣传》[4]：宣为豫州牧，乘传，去法驾，驾一马，舍乡亭，为众所非，坐免。此即《风俗通·过誉篇》所谓“鲍宣州牧行部，多宿下亭，司直举劾，以为轻威损命”者也。则乡亭非传舍可知。《后书·郭伋传》[5]：伋为并州牧，行部，先期一日还，便止野亭，须期乃入。则野无传舍可知。亭传所以连文者，举邑野而言之耳。

在野有亭，亦可宿息，不拘吏民。惟民须给宿直。

《百官表》[6]：“大率十里一亭”，“十亭一乡”，县方百里，“其民稠则减，稀则旷”。《续志》[7] 注引《风俗通》所云乡亭之

---

① 当指《后汉书·光武帝纪第一上》——编者注

② 当指清人惠栋《后汉书补注》二十四卷——编者补注

③ 全称《汉书·文三王传第十七·梁孝王刘武》——编者注

④ 全称《汉书·王贡两龚鲍传第四十二·鲍宣》——编者注

⑤ 全称《后汉书·郭杜孔张廉王苏羊贾陆列传第二十一·郭伋》——编者注

⑥ 全称《汉书·百官公卿表第七上》——编者注

⑦ 当指《后汉书·志第二十八·百官五·县乡》——编者注

制亦同。《地理志》[①]：汉地“提封田一万万四千五百一十三万六千四百五顷”，下复云其中若干万顷，“邑居道路，山川林泽，群不可垦”；则所谓田者指面积而言。按《百官表》[②]，谓凡“乡六千六百二十二，亭二万九千六百三十五”。以是平均，则两乡不及有九亭，而地约四千九百顷始得一亭矣。若以定垦田八百二十七万五百三十六顷平均之，则定垦田约二百八十顷，即方六十里，始率得一亭。（姑以一方里九百亩，二百亩为顷计之）。盖亭多在交通线上，非处处按率而置也。而《续郡国志》[③] 注引《东观书》：和帝“永兴元年，乡三千六百八十一，亭万二千四百四十三”。虽幅员无大增损，而亭之废省逾半矣。

《续百官志》[④] 注引《风俗通》曰：“汉家因秦，大率十里一亭……盖行旅宿息之所馆”；《周礼·遗人》：“三十里有宿。”郑玄曰：“宿，可止宿，若今亭有室矣。”[⑤] 按官吏止亭，史征已揭。若《赵孝传》[⑥]：孝父为莽朝“田禾将军，任孝为郎。每告归，常白衣步担。尝从长安还，欲止邮亭。亭长先时闻孝当过……扫洒待之。孝既至，不自名，长不肯纳”，孝遂迳去。《东观汉记·孝传》谓：孝称书生，求寄亭塾。亭长告有贵客，久乃听止。《循吏·刘宠传》[⑦] 事亦相类。《郭躬传》[⑧]：“汝南有

---

① 全称《汉书·地理志第八下》——编者注

② 全称《汉书·百官公卿表第七上》——编者注

③ 当指《后汉书·志第二十三·郡国五·右交州（后）》——编者注

④ 当指《后汉书·志第二十八·百官五·亭里》——编者注

⑤ 出自《周礼·地官司徒第二·下·遗人》——编者注

⑥ 当指《后汉书·刘赵淳于江刘周赵列传第二十九·赵孝》——编者注

⑦ 当指《后汉书·循吏列传第六十六·刘宠》——编者注

⑧ 当指《后汉书·郭陈列传第三十六·郭躬》——编者注

郑(陈)伯敬者，行路闻凶，便解驾留止，还触归忌，则寄宿乡亭。”此皆平民止亭者也。若《章纪》[①]：建初元年诏：衮、豫、徐三州“流人欲归本者……听过止官亭，无雇舍宿”。吕[②]谓亭不宿民，须雇舍宿。严[③]谓亭可宿民，此谓但免宿直。按亭本官设，不给私用。或法外施便，自须给予宿直。然遇官吏宿止，小民即难栖留，则本意犹存也。盖民之宿亭，吏必留难需索，是以此谓特允流民舍亭，义则吏无留难，免其宿直，则吏绝需索。合两说则得而下之矣。

有乡亭、野亭、下亭诸称，亦有称邮亭者。

如《鲍宣传》[④] 之乡亭，《风俗通》谓之下亭，即郭伋所舍之野亭，是也。此皆对在县治者曰都亭而言。其称邮亭者，详下“邮驿”节。

其在县治则曰都亭，盖即传舍也。

案都亭之文屡见，兹但举其与传舍有关者：如司马相如舍临邛都亭；严延年母舍洛阳都亭；及《后书·应奉传》[⑤] 注引《谢承书》：奉与许训上计京师，食颍川纶氏都亭，亭长以饮浆来；《风俗通·过誉篇》：“河内赵仲让，举司隶茂材，为高唐令，密乘举车，径至高唐，变易名姓，止都亭中十余日，默入

---

① 当指《后汉书·肃宗孝章帝纪第三》——编者注

② 当指前述之吕思勉吕诚之《汉世亭传之制》一文——编者注

③ 当指前述之严耕望《乡亭》一文——编者注

④ 全称《汉书·王贡两龚鲍传第四十二·鲍宣》——编者注

⑤ 全称《后汉书·杨李翟应霍爰徐列传第三十八·应奉》——编者注

市里，观省风俗。”[①] 是也。考《吴汉传》[②]：汉在渔阳，为安乐令，说太守彭宠归光武；“而官属皆欲附王郎，宠不能夺。汉乃辞出，止外亭，念所以谲众……望见道中有一人似儒生者，汉使人召之，为具食，问以所闻。生因言刘公所过，为郡县所归；邯郸举尊号者，实非刘氏”。注引《续汉书》曰：“时道路多饥人，来求食者似儒生，汉召之，故先为具食。”按汉为县令，不舍传而止亭，亭又能具食，则亦都亭而即传舍与？凡乘传出发者必先诣传，如《龚胜传》[③]：胜居彭城廉里，王莽征胜，胜称疾笃。使者言：“虽疾病，宜动移至传舍，示有行意。”若《朱买臣传》[④]，买臣拜为会稽太守，步至郡邸；而厩吏驾驷车来迎。此殊例也。[⑤]《后书·张纲传》[⑥]：纲为御使，遣徇行风俗；余人皆受命之部，纲独埋轮都亭。此都亭盖传舍与？《前后书》[⑦] 未见有洛阳传舍之文。虽曰郡国在京师各有邸舍，何以长安有传，若田蚡使骑缚灌夫置传舍中？[⑧]《何皇后纪》[⑨] 注：“凡言都亭者，并城内亭也。”疑因亭而为传，故传舍有但称都亭者矣。

---

① 出自《风俗通义·过誉第四》——编者注

② 当指《后汉书·吴盖陈臧列传第八·吴汉》——编者注

③ 当指《汉书·王贡两龚鲍传第四十二·龚胜》——编者注

④ 当指《汉书·严朱吾丘主父徐严终王贾传第三十四上·朱买臣》——编者注

⑤ 此句之页眉处有“当改”二字。——作者自批

⑥ 当指《后汉书·张王种陈列传第四十六·张晧子纲》——编者注

⑦ 当指《汉书》《后汉书》——编者注

⑧ “虽曰……”句，作者似欲删除——编者注

⑨ 当指《后汉书·皇后纪第十下·灵思何皇后》——编者注

亭亦有称传舍者。

《三国·吴志·刘繇传》[①] 注引《续汉书》：刘宠四登三事，家不藏贿，弊车羸马，往来京师。尝欲止亭，亭吏止之曰："整顿传舍，以待刘公，不可得止。"按"传舍"二字，《范书·循吏传》[②] 改作"洒扫"。盖亭传固自有别，殆作者行文偶误与？抑此亭在通邑之中，因亭以置传乎？以理测之，僻县之传，其宏备有不如通邑之亭者。亭传淆称，有自来矣。

津济要道，往往置亭。

如《项羽传》[③]：羽至乌江欲渡，乌江亭长檥舟以待。

《后书·岑彭传》[④]：朱鲔自洛阳诣河阳降，注引《东观记》"诣行在所河津亭"是也。

而亭吏亦司理交通。

如《后书·逸民传》[⑤]：韩康伯遁入霸陵山中，桓帝使使征之。亭长以韩征君当过，发人牛修道桥。是也。

亭之构置：则有塾，有堂，有室，有楼。而楼为上舍。

《东观记·赵孝传》：孝尝过邮亭，但称书生，寄止亭门塾。

---

① 当指《三国志·吴书·刘繇太史慈士燮传第四·刘繇》——编者注

② 当指《后汉书·循吏列传第六十六·刘宠》——编者注

③ 当指《汉书·陈胜项籍传第一·项籍》——编者注

④ 全称《后汉书·冯岑贾列传第七·岑彭》——编者注

⑤ 全称《后汉书·逸民列传第七十三·韩康》——编者注

《范书·四王三侯传》[①]：王莽令“天下乡亭皆画伯升像于塾，旦起射之”。注引《萧该音义》引《字林》：“塾，门侧堂也。”《酷吏·樊晔传》[②]：晔为天水太守，惠注引张璠《汉纪》：晔之官，与故太守丧会于陇亭，堂吏移丧避晔，晔让于正堂。《周礼》郑注：宿，若今亭有室矣。《说文·高部》：亭有楼。《独行·王忳传》[③]：除郿令，过宿斄亭。夜闻女子呼冤曰：妾夫为涪令，之官过宿此亭，亭长杀妾家十余口，埋在楼下，悉盗取财物。

综上各证，以古代宫室之制测之，盖亭外有垣，辟门置塾，入门有廷，过廷为楼，其下辟堂，堂后及侧则房室也。而以楼为上舍，可宿息十余人。如《华阳国志·广汉士女志》谓王忳至斄亭，登楼舍息；《风俗通·怪神篇》：汝南汝阳西门亭有怪，郡吏郑奇登楼栖宿，到伯夷后亦宿此楼。是也。如《王忳传》：女子冤魂称亭长杀其家十余口，而忳即为收系游徼及同谋十余人。则宿息者盗劫者数亦当矣。《华阳国志·广汉士女志》作二十余口。

亭传，皆筑土为基，特设华表，标记衢路。

《前书·酷吏·尹赏传》[④] 注，如淳曰：“旧亭传于四角面百步筑土四方，上有屋，屋上有柱出，高丈余，有大板贯柱四出，名曰桓表。……陈宋之俗言桓声如和，今犹谓之和表。”师古

---

① 全称《后汉书·宗室四王三侯列传第四·齐武王縯》——编者注

② 当指《后汉书·酷吏列传第六十七·樊晔》——编者注

③ 当指《后汉书·独行列传第七十一·王忳》——编者注

④ 全称《汉书·酷吏传第六十·尹赏》——编者注

曰："即华表也。"崔豹《古今注》卷下《问答释义》："尧设诽谤之木，今之华表木也。以横木交柱头若花也。形似桔槔，大路交衢悉施焉。或谓之表木，以表王者纳谏也。亦以表识衢路也。秦乃除之，汉始复修焉。今西京谓之交午木。"

传之规模，自较乡亭为宏大，特设厨厩。

按传非平民所得止，史亦未见有平民舍传之事。故建初元年诏书但准流民止亭而不及传也。鲍宣为州牧，当止传，止亭则为失仪；传又在县治大邑之中，则其规模大于乡亭，可必也。

厨者，据《魏律叙(序)略》[①]：秦设食厨，汉初因之，后颇省减。(详"传车"[②] 节)《宣纪》[③]：元康三年[④]诏曰：吏"或擅兴繇役，饰厨传，称过使客，越职踰(逾)法，以取名誉"。(注)"韦昭曰：'厨谓饮食。'"《王莽传中》[⑤]：莽以钱币不行，令"吏民出入，持布钱以副符传，不持者，厨传勿舍，关津苛留"。师古曰："厨，行道饮食处。"按厨惟京师有之。《百官表》[⑥]：京兆尹，属官有厨令丞；右扶风，有雍厨长丞。后者以给祭祀，前者据《王嘉传》[⑦] 殆给赏赉及祭祀者，俱非所谓行道饮食处甚明。郡国之厨，既从省节，惟传舍中有之。绝未见厨单独存在

---

① 出自《晋书·志第二十·刑法》——编者注

② 当指本篇"第三节 传车"——编者注

③ 当指《汉书·宣帝纪第八》——编者注

④ 当为元康二年之误——编者注

⑤ 当指《汉书·王莽传第六十九中》——编者注

⑥ 全称《汉书·百官公卿表第七上》——编者注

⑦ 当指《汉书·何武王嘉师丹传第五十六·王嘉》——编者注

之史实也。[①] 若《后书·赵典传》[②]："父戒，为太尉，桓帝立，以定策功封厨亭侯。" 其地未详。殆其地故因厨而设亭者与？至如《魏志·管宁传》[③]：诏征宁诣行在，道上厨食。其时厨废已久，非附传何以存也？盖传本有厨，如光武至饶阳，传吏进食。无厨何克办此？《龚胜传》[④]：昭帝时，涿郡韩福以德行征，诏遣归，"行道舍传舍，县次具酒肉，食从者及马……于是王莽依故事白遣胜。" 盖所谓道上厨食者也。酒肉非县传莫办。《循吏传》[⑤]：黄霸为颍川太守，令乡亭(邮亭乡官)蓄鸡豚。则乡亭本无此可知。吏出不敢舍邮亭，食于树下，鸟啄其肉。则自赍粮可知。厩者，秦亦单置之，说详"驿"[⑥] 节。传既为置传驿之所，则必有厩，以秣马给传车。[⑦] 若《酷吏·田广明传》[⑧]："故城父令公孙勇与客胡倩等谋反，倩诈称光禄大夫……止陈留传舍"，为广明所捕斩。而勇"乘驷马车至圉，圉使小史侍之"，亦知其诈，与守尉、尉史、厩啬夫三人共收捕之，皆封侯。夫勇必止传，小史侍而觉之，尉及尉史捕之，宜也。彼厩啬夫，仆吏耳，而得与焉，殆传中有厩，此啬夫遂得成其功乎？又传中疑有仓。《王莽传》[⑨]："乘传使者经历郡国，日且十辈，仓无见谷以给，

---

① 自"按厨惟京师有之"始至此，作者似欲删除——编者注

② 全称《后汉书·宣张二王杜郭吴承郑赵列传第十七·赵典》——编者注

③ 当指《三国志·魏书·袁张凉国田王邴管传第十一·管宁》——编者注

④ 当指《汉书·王贡两龚鲍传第四十二·龚胜》——编者注

⑤ 当指《汉书·循吏传第五十九·黄霸》——编者注

⑥ 当指本篇第二节之"二、驿"——编者注

⑦ 此句作者似欲删除——编者注

⑧ 当指《汉书·酷吏传第六十·田广明》——编者注

⑨ 当指《汉书·王莽传第六十九下》——编者注

传车马……”此仓疑在传中。劳榦《汉简中所见之边郡制度》(载中研院《史言所集刊》① 第八期第二本）引居延残简：“乙亥出麦一石，又驿小史一石十六，丙子出麦八斗、茭十九……”谓此简盖即传舍所记。麦以食人，茭以秣马。虽乏碻(确)证，然《日知录》卷十“驿条”谓国初凡驿皆有仓也。

可容车骑至数十百。

如胡倩诈称光禄大夫，止传从车骑数十，言使督盗贼。《后书·耿纯传》②：光武遣纯“行赦令于幽、冀”，“纯从吏士百余骑与陈副、邓隆会元氏，俱至真定，止传舍”，收斩刘扬兄弟，勒兵而出。是也。

客至则击鼓。

如《光武纪》③：光武诈称邯郸使者，就食饶阳传舍；传舍吏疑之，“椎鼓数十通，绐言：‘邯郸将军至！’官属皆失色。光武升车欲驰”。是也。而亭亦有鼓，为《风俗通·神怪篇》谓汝阳西亭见死妇，亭长击鼓令诸庐吏共集诊之。是也。想大宾临门，亦当击鼓。

---

① 当指《中央研究院历史语言研究所集刊》——编者注

② 当指《后汉书·任李万邳刘耿列传第十一·耿纯》——编者注

③ 当指《后汉书·光武帝纪第一上》——编者注

亭传皆有长及仆吏。

按传舍长、传吏见《平原君传》[①] 及《光武纪》[②]；有门者司门，曰门长，见《光武纪》[③]；有啬夫，见劳干《汉简中所见之边郡制度》引居延残简。又简文有驿小史，劳谓盖传舍之吏。亭吏有长，见《百官表志》[④]，而《汉书·高纪》[⑤] 注引应劭曰：亭有两卒……亭父，掌开闭扫除；求盗，掌逐捕盗贼。《风俗通·神怪篇》谓汝南汝阳西门亭有怪，郡吏郑奇与妇人共载，宿止楼上。未明发去。亭卒上楼扫除，见死妇。则亭父犹今旅舍中之侍者矣。

止传者须持传信，然诈伪者往往混入。

《文选》注引《风俗通》：诸侯及使者有传信乃得舍于传。《意林》所引无“诸侯及”三字。其程式如劳文卷一所载居延简（170.3）：“本始六年六月辛亥居延城司马以道次行都尉（中缺）当舍传舍，从者如律令。”“元延二年十月乙酉，居延令尚丞忠移过所县，道河津关，遣亭长王丰以诏书买骑马酒泉、敦煌、张掖郡中，当舍传舍，从者如律令。居延令印十月乙亥出。”若诈伪者止传，证已前揭。

---

① 全称《史记·平原君虞卿列传第十六·平原君》——编者注

② 当指《后汉书·光武帝纪第一上》——编者注

③ 当指《后汉书·光武帝纪第一上》——编者注

④ 当指《汉书·百官公卿表第七上》——编者注

⑤ 当指《汉书·高帝纪第一上》——编者注

汉官重威仪，止则专馆，民间客舍，盖其所鄙。

《风俗通·过誉篇》："汝南陈茂君因，为荆州刺史，时南阳太守灌恂，本名清能，茂不入宛城，引车到城东，为友人卫修母拜……谨按：《春烁(秋)》：王人之微，处于诸侯之上。坐则专席，止则专馆，朱轩驾驷，威烈赫奕。就恂素为官速谤，当便入传，引见诘问……何有忘百姓塗炭之急，便迺光昭旧交之门(问)乎？鲍宣州牧行部，多宿下亭，司直举劾，以为轻威损命，坐之刑黜。"[①] 又《穷通篇》：中山祝恬，"公车征，道得温病"，"至汲，积六七日，止客舍中"。时令应融闻之，"即严便出，径诣床蓐"，对之垂涕，曰："……人何有生相知者，默止客舍中，不为人所知，邂逅不自贞哉？家上有尊老，下有弱小，愿相随俱入解传。"[②] 遂躬自御出，止传中数十日。《续百官志》[③] 注引《汉官》："永光十年，大匠应顺上言：'百郡计吏，观国之光，而舍逆旅，崎岖私馆，直装衣物，敝朽暴露。'"《续五行志》[④] 谓：灵帝游戏西园，"令后宫采女为客舍主人，身为商贾服。行至舍，采女下酒食，因共饮食以为戏乐"。此盖当日客舍之实情。

是以亭传为观瞻之所系；而吏亦刻意饰之，至于病民。

《薛宣传》[⑤]：宣子惠为彭城令，宣过其境，桥梁邮亭不修。

---

① 出自《风俗通义·过誉第四》——编者注

② 出自《风俗通义·穷通第七》——编者注

③ 当指《后汉书·志第二十五·百官二·大鸿胪》——编者注

④ 当指《后汉书·志第十三·五行一》——编者注

⑤ 当指《汉书·薛宣朱博传第五十三·薛宣》——编者注

宣心知惠不能。《宣纪》[①]：吏或擅兴徭役，饰厨传，称过使客。《后书·左雄传》[②]：“监司项背相望，与同疾疢，见非不举，闻恶不察，观政于亭传。”《陈宠传》[③]：“帝数遣黄门常侍及中使伯荣往来甘陵……忠上疏曰：……‘臣窃闻使者所过，威权翕赫，震动郡国(县)……长吏惶怖谴责，或邪谄自媚，发人修道，缮理亭传，多设储跱，征役无度，老弱相随，动以(有)万计。’”是以矫枉者不止亭传，如《循吏传》[④]：黄霸属吏，不敢舍邮亭；召信臣以止舍离乡亭，及《魏志·杜畿传》[⑤] 注孟康为宏(弘)农，不止亭传，以免烦扰吏民。是也。

而传舍之废，实由民间客舍之兴起。

吕(思勉)谓亭传废堕之故，由于民间往来日多；而公家之所守犹是三代以前之成规，未能随时扩充，与行旅之殷繁相副。且当时亭传，似徒供士大夫之用，而平民之能蒙惠者甚鲜。事非众之所需，而特以虚文应故事，其不能持久而日即于陵夷也固宜。按客舍之兴起，亦详吕(思勉)文。考传舍废堕之故，吕(思勉)说近之。盖公物人罕爱惜，观于孙樵题褒城驿之文可证；而官办之事，每受政治上之影响，不若民营者之专心持久也。是以其名渐晦，若后世客栈之称，殆即传之所转也。

---

① 当指《汉书·宣帝纪第八》——编者注

② 全称《后汉书·左周黄列传第五十一·左雄》——编者注

③ 当指《后汉书·郭陈列传第三十六·陈宠子忠》——编者注

④ 当指《汉书·循吏传第五十九·黄霸》——编者注

⑤ 当指《三国志·魏书·任苏杜郑仓传第十六·杜畿》——编者注

第二节　邮驿

一、邮

“邮，从垂邑。垂，边也。”见《说文·邑部》。按垂即俗埵字。是会意。邮初设于边境，所以监司动静，传递消息；而后凡传书之舍，传书之事，皆谓之邮，不论其在国中或边鄙，所传为官府文书抑军情也。

初盖用车骑，后乃用步。

《孟子》所谓速于置邮而传命，曰速，殆用车骑传递者。故《广雅》以驿释邮。《京房传》[①] 因邮上封事；《平纪》[②] 元始五年诏：“其为宗室自太上皇以来族亲，各以世氏，郡国置宗师以纠之……不从教令有冤失职者，宗师得因邮亭书言宗师(伯)，请以闻。”《续百官志》[③] 注引《汉官仪》：后汉设十里一亭，五里一邮，邮间相去二里半。故《增韵》有“马传曰置，步传曰邮”之说矣。

---

① 当指《汉书·眭两夏侯京翼李传第四十五·京房》——编者注

② 全称《汉书·平帝纪第十二》——编者注

③ 当指《后汉书·志第二十八·百官五·亭里》——编者注

传邮之所曰邮，有因以名地者。

如《史记·白起传》[①] 之“杜邮”，《汉书·张良传》[②] 之“良之曲邮”，《淮南传》[③] 之“有司奏徙淮南王，邛邮”，《五行志》[④] 之“河南有街邮”，《王莽传》[⑤] 之“黄邮聚”。是也。

或与乡亭为一，所谓邮亭者也。

《黄霸传》[⑥]：为颍川太守，“使邮亭乡官皆蓄鸡豚，以给(赡)鳏寡贫穷者。……鳏寡孤独有死无以葬者……霸具为区处，某所大木可以为棺，某亭猪子可以祭”。《赵充国传》[⑦] 载其上屯田奏谓“计度临羌东至浩亹……其间邮亭多坏败者”，臣愿留步兵及吏士和装(私)从者，分屯要害处。冰解漕下，缮修乡亭。又云：“臣谨条不出兵留田便宜十二事。……以闲暇时下所伐材，缮治邮亭，充入金城，六也。”一则前言邮亭，后言亭；一则前言邮亭，后言乡亭，复言邮亭，不加区别。《黄霸传》[⑧] 又言：吏出不敢舍邮亭；《召信臣传》[⑨]：为南阳太守，躬劝农桑，止舍离乡亭。其事相类。赵孝求止邮亭门塾，亭长难之[⑩]；刘宠止

---

① 全称《史记·白起王翦列传第十三·白起》——编者注

② 全称《汉书·张陈王周传第十·张良》——编者注

③ 当指《汉书·淮南衡山济北王传第十四·淮南厉王长》——编者注

④ 当指《汉书·五行志第七中之下》——编者注

⑤ 当指《汉书·王莽传第六十九上》——编者注

⑥ 当指《汉书·循吏传第五十九·黄霸》——编者注

⑦ 当指《汉书·赵充国辛庆忌传第三十九·赵充国》——编者注

⑧ 当指《汉书·循吏传第五十九·黄霸》——编者注

⑨ 当指《汉书·循吏传第五十九·召信臣》——编者注

⑩ 出自《后汉书·刘赵淳于江刘周赵列传第二十九·赵孝》——编者注

亭，亭长不许[1]。事亦相类。盖乡亭可息，驿置可息，则邮亭何独不然？或就亭而置邮，或即邮以设亭，因事制宜，原无定轨；故析言有别，混言不分也。

汉制：大率十里一亭，五里一邮，邮间相去二里半。

见前引《汉官仪》[2]。此则通衢如此，它处必不然。十里之道，两端设亭，去亭二里半置邮，则邮间相去皆五里矣。按此本严(耕望)说。[3]

传邮有卒。

《新语》：君子为治，"邮无夜行之卒"。[4] 按《后书·郭太传》[5]：知范特祖邮置之役，殆即此类。

又《杨震传》[6]：谪震诸子代邮行书。

三国时有所谓健步者，乃专遣之仆吏，非传递之走卒也。

《魏志·田豫传》[7] 注引《魏略》："豫罢官归，居魏县。会汝南遣健步诣征北，感豫宿恩，过拜之。……愍具贫羸，流涕

---

① 出自《后汉书·循吏列传第六十六·刘宠》——编者注

② 引自《后汉书·志第二十八·百官五·亭里》——编者注

③ 考汉边郡邮驿之制即寓于亭燧之中，则内郡亦有，盖亭燧犹乡亭也。——作者自批于该页页眉

④ 出自《新语·至德第八》。本书《新语》引文及观点用中华书局《新语校注》（［西汉］陆贾注；王利器校注）本核，后同——编者注

⑤ 全称《后汉书·郭符许列传第五十八·郭太》——编者注

⑥ 当指《后汉书·杨震列传第四十四》——编者注

⑦ 当指《三国志·魏书·满田牵郭传第二十六·田豫》——编者注

而去。”《诸葛诞传》① 注引《世语》：司马文王既秉朝政，以诞为司空。书至寿春，诞曰：“我作公当在王文舒后，今便为司空！不遣使者，健步赍书，使以兵付乐琳(綝)，此必琳(綝)所为。”《邓艾传》②：艾为汝南太守，毌丘俭作乱，遣健步赍书，欲疑惑大众，艾即收捕之。

邮驿之事，郡县各有专司。

《续舆服志》③ 刘昭注：“东晋犹有邮驿共置，承受傍郡县文书。有邮有驿，行传以相付。县置屋二区。有承驿吏，皆条所受书，每月言上州郡。”《风俗通》曰：“今吏邮书掾、府督邮，职掌此。”按应劭所说，盖县有邮书掾，郡有督邮掾，以主其事。沈钦韩《〈汉书·朱博传〉疏证》：“韦昭《辨释名》：‘督邮书掾者；邮，过也。此官不自造书，主督上官所下所过之书也。’”盖本以督邮为职，所以得纠劾属吏耳。

且制定科程以统理之。置骑之所曰置，犹后世所谓驿也。又事与逐捕相连，引申为驿马传书传车之称。

《周礼·地官·掌节》郑注：“如今邮行有程矣。”④《续百官志》⑤：太尉属官有法曹，主邮驿科程事。《隶释·巴郡太守张纳碑》：有法曹掾吏各一人，所掌盖同。殆所以代督邮之初职，

---

① 当指《三国志·魏书·王毌丘诸葛邓钟传第二十八·诸葛诞》——编者注

② 当指《三国志·魏书·王毌丘诸葛邓钟传第二十八·邓艾》——编者注

③ 当指《后汉书·志第二十九·舆服上·导从卒》——编者注

④ 出自《周记·地官司徒第二·下·掌节》——编者注

⑤ 当指《后汉书·志第二十四·百官一·太尉》——编者注

而使其专司监察属县乎？亦有仍旧置而不革者，如应劭所说是也。月言条[①]所受书上州郡，晋殆因汉制，所以便省覈(核)者也。

《居延简》（157.14）：北书三封合檄板檄各一；其三封板檄张掖太守章诣府；合檄牛骏印诣张掖太守府牛掾在所；九月庚午下餔十(七)分临木卒副受卅井卒弘鸡鸣时当口；卒昌付收降卒福。界中九十五里定行八时三分实行七时二分。

二、驿

以马传书曰驿，驿之为言络绎相接也。

置传车马之所曰置，即后世所谓驿。

《文纪》[②] 二年冬十一月诏曰："太仆见马遗财足，余皆以给传置。"颜师古注："置者，谓置传驿之所，因名置也。"《后书·郭太传》[③] 注引《风俗通》："汉改邮为置。置者，度其远近之间而置之也。"按改邮为置之说未详，殆邮已用为步递之专称，故以马递之置代之与？

置间相去，盖以三十里为率。

《日知录》卷十"驿传"条："《续汉舆服志》[④] 曰'驿马三十里一置'，《史记》[⑤] 田横'乘传诣洛阳。未至三十里，至尸乡厩置'。是也。唐制亦然。白居易诗'从陕至东京，山低路渐

① 出自《后汉书·志第二十九·舆服上·导从卒》——编者注

② 当指《汉书·文帝纪第四》——编者注

③ 当指《后汉书·郭符许列传第五十八·郭太》——编者注

④ 当指《后汉书·志第二十九·舆服上·导从卒》——编者注

⑤ 当指《史记·田儋列传第三十四》——编者注

平；风光四百里，车马十三程’。是也。……古人以三十里为一舍。《左传》‘楚子入郑，退三十里而许之平’。注以为‘退一舍’。而《诗》言‘我服既成，于三十里’。《周礼·遗人》‘三十里有宿，宿有路室’。然则汉人之驿马三十里一置，有自来矣。”按竭马之力，一时可得三十许里之程。说详次节[①]。若《酷吏·王温舒传》[②]：自河内至京师置驿马五十匹。考《续志》[③]：河内距洛阳百廿里，长安距洛阳九百五十里。是长计千七十里。若两马一置，则相距四十里矣。盖由怀道上党入临晋关，里程当略减也。至若《后书·和纪》[④]：南海驿马传运龙眼荔枝，乃十里一置，五里一候，虽取其生鲜，不顾人马，非常例也，然恐失之夸矣。

有因驿置而为传舍者。

按传舍之得名，与驿置同源。考《张耳传》[⑤]：高祖从东垣过赵，贯高等乃壁人柏人，要之置厕。上过欲宿，心动，以县名柏人，不宿而去。《田儋传》[⑥]：田横乘传诣洛阳，至尸乡厩置，谢使者曰："人臣见天子，当洗沐。"止留。则置非止，为置车马之所，可知也。

---

① 此篇当亦为未完成稿，因无次节可详。但本书所附“邮驿·传车·亭传”篇之“二、传车”中有相类内容——编者注

② 当指《汉书·酷吏传第六十·王温舒》——编者注

③ 当指《后汉书·志第十九·郡国一·河内郡、京兆尹》——编者注

④ 全称《后汉书·孝和孝殇帝纪第四·和帝》——编者注

⑤ 当指《汉书·张耳陈馀传第二·张耳》——编者注

⑥ 当指《汉书·魏豹田儋韩〔王〕信传第三·田儋》——编者注

置亦有名厩者。而地以之得名。

《田儋传》[①]：横乘传至尸乡厩置。臣瓒曰："案厩置谓置马以传驿者。"此以厩置连文者也。考《魏律序略》[②]："秦世旧有厩置、乘传、副车、食厨，汉初因而(承秦)不改。"按《夏侯婴传》[③]："为沛厩司御，每送使客，还过泗上亭，与高祖语，未尝不移日也。"此即秦所特置之厩也。若《外戚传》[④]：孝成许后葬延陵交道厩西；《谷永传》[⑤]"成帝使侍御史收永，敕过交道厩勿收"；《王莽传》[⑥]：遣严尤廉丹击匈奴，出车(军?)城西横厩；《曹参传》[⑦]：取善置。此置皆驿也。盖就其为养马之所言之，则曰厩；就其站站分置而相绎言之，则曰置，其实一也。《朱买臣传》[⑧]：拜会稽太守，步归郡邸。厩吏以驷马车来迎，买臣因乘传去。亦可让厩即驿，而传车马之供给。惟厩置是赖也。

驿马或曰传马。

《昭纪》[⑨]：元凤二年夏六月诏："颇省乘舆马及苑马以补边郡三辅传马。"张晏曰："驿马也。"按传骑一词，《韩非子》已有。

---

① 当指《汉书·魏豹田儋韩〔王〕信传第三·田儋》——编者注

② 出自《晋书·志第二十·刑法》——编者注

③ 当指《汉书·樊郦滕灌傅靳周传第十一·夏侯婴》——编者注

④ 当指《汉书·外戚传第六十七下·孝成许皇后》——编者注

⑤ 当指《汉书·谷永杜邺传第五十五·谷永》——编者注

⑥ 当指《汉书·王莽传第六十九下》——编者注

⑦ 当指《汉书·萧何曹参传第九·曹参》——编者注

⑧ 当指《汉书·严朱吾丘主父徐严终王贾传第三十四上·朱买臣》——编者注

⑨ 当指《汉书·昭帝纪第七》——编者注

两汉内郡诸置，多供传车马匹，而边郡多驿马。奔命文书则别有标帜。

按《班书》[①] 屡见乘传驰传之文，则郡县皆有传置可知。而骑置驿马之文多见于边郡，内郡可谓绝无而仅有，不似《后书》[②] 驿马一词屡见，且不限于内郡边鄙也。盖前汉人使往来，多用车，不单骑也。若王温舒为河内太守，令郡具私马五十匹，置驿自河内至长安，故奏行不过二日，至于河内怪其神速。[③] 夫三河股肱之郡犹尔，则内郡行文但用步邮可知。步邮经见，史不著明，遂致湮晦。考《续礼仪志》“大丧”节[④]，皇帝升遐，“吊臣请驿马露布，奏可”。是普通文书用驿者，不及封札，且须奏请而后得准，则文书不得随便驿递可知。故王温舒令郡具私马为驿，则不干功令矣。至如《王嘉传》[⑤]：“廷尉梁相与丞相长史、御史中丞及五二千石杂治东平王云狱，时冬月未尽二旬，而相心疑云冤，狱有饰辞，奏欲传之长安。”此即王嘉每谓置驿马传囚，势不得踰(逾)冬月者也。按此驿马乃驾车之马，非车骑之证，囚须拘持，安得乘马？说并参下节[⑥]。《前书》驿马骑置之见于边郡者，如《李陵传》[⑦]：“诏陵：‘以九月发，出遮虏塞(鄣)，至东浚稽山南龙勒水上，徘徊观虏，即亡所见，从浞野

① 指《汉书》——编者注

② 指《后汉书》——编者注

③ 出自《汉书·酷吏传第六十·王温舒》——编者注

④ 当指《后汉书·志第六·礼仪下·大丧》——编者注

⑤ 当指《汉书·何武王嘉师丹传第五十六·王嘉》——编者注

⑥ 当指本篇“第三节 传车”——编者注

⑦ 当指《汉书·李广苏建传第二十四·李广孙陵》——编者注

侯赵破奴故道抵受降城休士，因骑置以闻。’”《西域传》[①] 桑弘羊奏：“遣屯田卒诣故轮台以东，置校尉三人分护……事有便宜，因骑置以闻。”《陈汤传》[②]：“西域都护段会宗为乌孙兵所围，驿骑上书，愿发城郭敦煌兵以自救。”《冯奉世传》[③]：“永光二年秋，陇西羌彡姐旁种反。”诏曰：“羌虏桀黠，贼害吏民……燔烧亭置……”皆是也。若《丙吉传》[④]：吉“驭吏边郡人，习知边塞发犇(奔)命警备事，尝出，适见驿骑持赤白囊，边郡发奔(犇)命书驰来至。驭吏因随驿骑至公车刺取，知虏入云中、代郡，遽归府见吉白状……”则边郡奔命文书有别帜矣。

达官贵人及民间亦可置驿，递书驾车。

如《昭纪》[⑤] 及《外戚传》[⑥]：上官桀与燕王旦置驿传书，往来约结，此递书者也。如《郑当时传》[⑦]：为太守舍人，“每五日洗沐，常置驿马长安诸郊，请谢宾客，夜以继日，至明旦，常恐不遍”。此传驾者也。汉人重车贱骑，请谢宾客，不得单以骑也。又《五行志》[⑧]：“哀帝建平四年正月，民惊走，持藁(稿)或揶一枚，传相付与，曰行诏筹。道中相过逢多至千数……或乘车骑奔驰，以置驿传行，经历郡国二十六，至京师。”按此“置”字不知是动词抑名词，或小民亦可置驿也。

---

① 当指《汉书·西域传第六十六下·渠犁》——编者注

② 当指《汉书·傅常郑甘陈段传第四十·陈汤》——编者注

③ 当指《汉书·冯奉世传第四十九》——编者注

④ 当指《汉书·魏相丙吉传第四十四·丙吉》——编者注

⑤ 当指《汉书·昭帝纪第七》——编者注

⑥ 全称《汉书·外戚传第六十七下·孝成许皇后》——编者注

⑦ 当指《汉书·张冯汲郑传第二十·郑当时》——编者注

⑧ 当指《汉书·五行志第七下之上》——编者注

后汉则人使往来，多用驿骑。

此详下节[①]。

传书则有邮有驿。

《袁安传》[②]：安为汝阳县功曹，“奉檄诣从事，从事因安致书于令。安曰：‘公事自有邮驿，私请则非功曹所持。’辞不肯受”。《寇荣传》[③]：“驰使邮驿，布告远近。”又前揭《舆服志》刘注[④]亦可为证。

而驿遂与音信同义。

《马援传》[⑤]：援与杨广书曰：“春卿无恙！前别冀南，寂无音驿。”此驿犹今言邮矣。

驿马之文亦屡见不尠(鲜)。

如《郅恽传》[⑥]：子寿迁冀州刺史，“使部从事专住王国，又徙督邮舍王宫外，动静得失，即时骑驿言上奏王罪及劾傅相”。《四王三侯传》[⑦]：北海敬王睦善史书，“及寝病，帝驿马令作草

① 当指本篇“第三节 传车”——编者注

② 当指《后汉书·袁张韩周列传第三十五·袁安》——编者注

③ 当指《后汉书·邓寇列传第六·寇恂曾孙荣》——编者注

④ 当指《后汉书·志第二十九·舆服上·导从卒》之刘昭注——编者注

⑤ 当指《后汉书·马援列传第十四》——编者注

⑥ 当指《后汉书·申屠刚鲍永郅恽列传第十九·郅恽》——编者注

⑦ 当指《后汉书·宗室四王三侯列传第四·齐武五縯子北海靖王兴子敬王睦》——编者注

书尺牍十首”。《光武十王传》[1]：东平王苍疾病，帝置驿马千里，传问起居。《张禹传》[2]：禹留守京师，闻车驾将近幸江陵，驿马上谏。《张衡传》[3]：衡造地动仪，尝一龙机发而地不觉动，后数日驿至，果地震陇西。《周举传》[4]：诏遣八使巡省风俗，分行天下。其刺史、二千石有臧罪显明者，驿马上之。《刘陶传》[5]：“臣前驿马上便宜，急绝诸郡赋调。”《钟离意传》[6] 惠注引《意别传》：会稽太守黄君驿马召意。《三国·吴志·严畯传》[7]：刘疑(颖)付(赴)零陵，权急驿收录。《魏志·董昭传》[8]：曹休将渡洞浦口，文帝驿马诏止。《王基传》[9]：基为征南将军，都督荆州诸军事，吴将邓由等诈降，基驰驿陈状。《陈泰传》[10]：泰希白上事，驿书不过六百里。《诸葛诞传》[11] 注引《世语》[12]：函乐琳(綝)首，驿马传送。此皆单骑也。连次节所引乘驿之文计之，当不下数十条。《范书》所载驿多于传，恰与《前书》成一对照。足见前汉之常用传，而后汉之常用驿矣。

---

① 当指《后汉书·光武十王列传第三十二·东平宪王苍》——编者注

② 当指《后汉书·邓张徐张胡列传第三十四·张禹》——编者注

③ 当指《后汉书·张衡列传第四十九》——编者注

④ 当指《后汉书·左周典列传第五十一·周举》——编者注

⑤ 当指《后汉书·杜栾刘李刘谢列传第四十七·刘陶》——编者注

⑥ 当指《后汉书·第五钟离宋寒列传第三十一·钟离意》——编者注

⑦ 全称《三国志·吴书·张严程阚薛传第八·严畯》——编者注

⑧ 当指《三国志·魏书·程郭董刘蒋刘传第十四·董昭》——编者注

⑨ 当指《三国志·魏书·徐胡二王传第二十七·王基》——编者注

⑩ 当指《三国志·魏书·桓二陈徐卫卢传第二十二·陈群子泰》——编者注

⑪ 当指《三国志·魏书·王毌丘诸葛邓钟传第二十八·诸葛诞》——编者注

⑫ 此处的注引《世语》当是注引《魏末传》之误——编者注

驿马或有临时添置者。

《光武十王传·东平王苍传》[①]：朝廷有疑政，辄驿使谘问，苍悉心以对。是京师东平间有驿也。下又云：苍疾病，帝置驿马千里，传问起居。盖多添驿置马匹，欲其速达耳；此为《王嘉传》[②] 置驿马传囚，使不踰(逾)冬之比。而《续礼仪志·集解》[③] 引黄山说以为本无特置之证，非也。

传驿之卒三国时谓之马吏。

《魏志·刘表传》[④] 注引《搜神志》：华容有女子“忽于狱中哭曰：‘刘荆州今日死。’华容去州数百里，即遣马吏验视，而刘表果死”。《管辂传》[⑤]：“辂至列人典农王宏(弘)直许……辂曰：‘东方当有马吏至，恐父哭子，如何?’明日胶东吏到，直子果亡。”按此即《和洽传》[⑥] 注引《汝南先贤传》所谓许劭擢郭子瑜鞍马之吏者也。

驿马传书，日夜以千里为程，马之速率，普通每时不过三四十里。

《初学记》二十引《汉旧仪》：其驿骑也，三骑行，昼夜(行)千里为程。则一马八小时行三百三十余里，一小时当行四十余里。

---

① 当指《后汉书·光武十王列传第三十二·东平宪王苍》——编者注

② 当指《汉书·何武王嘉师丹传第五十六·王嘉》——编者注

③ 当指清人王先谦《后汉书集解》（黄山系王之弟子，曾对王之是书进行校勘）——编者注

④ 当指《三国志·魏书·董二袁刘传第六·刘表》——编者注

⑤ 当指《三国志·魏书·方技传第二十九·管辂》——编者注

⑥ 当指《三国志·魏书·和常杨杜赵裴传第二十三·和洽》——编者注

此非良马不办。考《刘敬传》[①]，匈奴轻骑一日一夜行七百余里，则一小时行三十余里。若但假驰八小时，则每小时可至四五十里也。惟《武五子传》[②]：昌邑王贺就征时，日中起行，晡时过定陶，行百三十五里，而侍从者马死相望于道。今以五小时计，则每小时速率尚不及三十里，彼凡马三骑安能日驰千里乎？长安至怀凡千余里，奏行不过二日，而王温舒置驿马至五十匹。若以一日为批览之期，则一日可驰千里，其非限三马为之，可断言也。三十里一置，盖量马力而为之。

汉驿马之速，除王温舒事外，《赵充国传》[③] 亦可证。充国至金城西部都尉府，六月戊申上奏，七月甲寅玺书报。《容斋续笔》卷二“汉唐置邮”条：案金城至长安一千四百五十里，往返倍之。中间更下公卿议臣，而自上书至得报，首尾才七日。按《续郡国志》[④]：金城距洛阳二千八百里，治允吾，故城在今皋兰西北。洛阳去长安九百五十里，则允吾去长安千八百五十里矣。洪迈以宋时道里计之耳。然充国时在金城西部都尉府，其地据沈钦韩《疏证》所考，乃龙支城，在今青海西宁县东南，距皋兰又五六百里，其距长安，以汉度计，当二千四五百里，往返盖五千里矣。行程以六日计，则日行八百许里，与河内驿奏之速率，相差无几也。

---

① 当指《史记·刘敬叔孙通列传第三十九·刘敬》——编者注

② 当指《汉书·武五子传第三十三·昌邑哀王刘髆子贺》——编者注

③ 当指《汉书·赵充国辛庆忌传第三十九·赵充国》——编者注

④ 当指《后汉书·志第二十三·郡国五·金城》——编者注

第三节　传车

汉世贵车而贱骑。

如张敞为京兆尹，走马章台街，以便面拊马，《传》[①] 谓其无威仪。《韦玄成传》[②]：以列侯侍祀孝惠庙，“天雨淖，不驾驷马车而骑至庙下。有司劾奏，等辈数人皆削爵为关内侯”。是也。

汉世建节出使，拜命之官，右战之官，始得乘传，其应召诣京，必特诏为驾。及奉公事者，皆乘传车。

如《陈平传》[③]：樊哙将兵击卢绾，人有谮哙者。高帝怒，用平计，召周勃受诏床下曰：“平乘驰传载勃，代哙将……”平、勃受诏，驰传至军，擒哙。平归，道闻高帝崩，即驰传先返。《贾谊传》[④] 载《治安策》：“矫伪者出几十万石粟，赋六百余万钱，乘传而行郡国。”此盖诈为使客者也。《吴濞传》[⑤]：吴楚反，条侯乘六乘传，会兵荥阳。《武纪》[⑥]：元封五年，初置刺史部十三州。颜注引《汉旧仪》：“初分十三州，假刺史印绶，有常治所。常以秋分行部，御史为驾四封乘传。”《食货志》[⑦]：

① 当指《汉书·赵尹韩张两王传第四十六·张敞》——编者注

② 当指《汉书·韦贤传第四十三·子玄成》——编者注

③ 当指《汉书·张陈王周传第十·陈平》——编者注

④ 当指《汉书·贾谊传第十八·陈平》——编者注

⑤ 当指《汉书·荆燕吴传第五·吴王刘濞》——编者注

⑥ 当指《汉书·武帝纪第六》——编者注

⑦ 当指《汉书·食货专第四下》——编者注

使孔仅、东郭咸阳乘传行天下盐铁。《司马相如传》[①]：上拜为中郎将，建节使巴蜀，“副使者王然于、壶充国、吕越人，驷四乘之传”。《何武传》[②]：“元始三年，吕宽等事起。时大司空甄丰承莽风指，遣使者乘传案治党与……” 《王子侯表序》[③]：王莽“据南面之尊，分遣五威之吏，驰传天下，班行符命”。《王莽传中》[④]：“牺和置酒士，郡一人，乘传督酒利。”《传下》[⑤]：“公府士驰传天下，考覈(核)贪饕……” 又云：“乘传使者经历郡国，日且十辈……” 又云：“盗发不辄得，至成群党，遮略乘传宰士。” 又云：田况上言“宜尽征还乘传诸使者，以休息郡县”。此皆盐铁论所谓“建节驰传，巡省郡国”者也。

如《田儋传》[⑥]：田横居海岛中，高帝召横，横与其客二人乘传诣洛阳。《文纪》[⑦]：代王十七年，高后崩。大臣诛诸吕，使人迎代王。代王乃令宋昌骖乘，与张武等乘六乘传诣长安。《武五子传》[⑧]：“昭帝崩，无嗣，大将军霍光征王贺典丧。玺书曰：‘制诏昌邑王：使行大鸿胪事少府乐成、宗正德、光禄大夫吉、中郎将利汉征王。乘七乘传诣长安邸。”《霍去病传》[⑨]：浑邪王

---

① 当指《汉书·司马相如传第二十七下》——编者注

② 当指《汉书·何武王嘉师丹传第五十六·何武》——编者注

③ 作者此处所标有误，非《王子侯表序》，而是《汉书·诸侯王表第二·序》——编者注

④ 当指《汉书·王莽传第六十九中》——编者注

⑤ 当指《汉书·王莽传第六十九下》——编者注

⑥ 当指《汉书·魏豹田儋韩〔王〕信传第三·田儋》——编者注

⑦ 当指《汉书·文帝纪第四》——编者注

⑧ 当指《汉书·武五子传第三十三·昌邑哀王刘髆子贺》——编者注

⑨ 当指《汉书·卫青霍去病传第二十五·霍去病》——编者注

降，去病遣王驰(乘)传诣行在。《儒林传》[①]：上以安车蒲轮征申公，弟子二人乘轺传从。《龚胜传》[②]：哀帝征胜为谏大夫。引见，胜荐龚舍及甯寿、侯嘉，有诏皆征。“胜曰：‘窃见国家征医巫，常为驾，征贤者宜驾。’上曰：‘大夫乘私车来邪?’胜曰：‘唯唯!’有诏为驾。”按为驾即为驾传车也。《平纪》[③]：元始五年，“征天下通知逸经、古记、天文、历算、钟律、小学、《史篇》、方术、《本草》及以《五经》、《论语》、《孝经》、《尔雅》教授者，在所为驾一封轺传，遣诣京师。”此皆应征而乘传者也。

如《朱买臣传》[④]：拜会稽太守，乘传而去。《龚遂传》[⑤]：上以遂为勃海太守，赠遣乘传，至勃海界。《王莽传下》[⑥]：莽遣孔仁、严尤、陈茂击荆州，“各从吏士百余人，乘船从渭入河，至华阴乃出，乘传(……乃出乘传,)到部募士”。又云：“世祖与王常等别攻颍川，下昆阳、郾、定陵。”莽愈恐，“遣大司空王邑驰传之洛阳”。此皆之官者也。

如《英布传》[⑦]：布中大夫贲赫上变告布，乘传诣长安。

---

① 当指《汉书·儒林传第五十八·申公》——编者注

② 当指《汉书·王贡两龚鲍传第四十二·龚胜》——编者注

③ 全称《汉书·平帝纪第十二》——编者注

④ 当指《汉书·严朱吾丘主父徐严终王贾传第三十四上·朱买臣》——编者注

⑤ 当指《汉书·循吏传第五十九·龚遂》——编者注

⑥ 当指《汉书·王莽传第六十九下》——编者注

⑦ 当指《汉书·韩彭英卢吴传第四·黥布》——编者注

《梅福传》[①]："求假轺传，诣行在所条对急政，辄报罢。"《郊祀志》[②]：武帝东巡海上，"齐人之上疏言神怪奇方者以万数"，上"与方士传车及间使求神仙人以千数"。《京房传》[③]：为魏郡太守，自请岁竟得乘传奏事。此皆奉公乘传者也。

如《叙传》[④]："河平中，单于来朝，上使班伯持节迎于塞下。"复遣"王舜驰传代伯护单于"。《西域传》[⑤]：大将军霍光白遣平乐监傅介子往刺兰楼(楼兰)王，遂斩王尝归首，驰传诣阙。《食货志》[⑥]：莽兴师三十万，欲十道并出，一举灭匈奴；募发天下囚徒丁男甲卒，转委输兵器，自负海江淮而至北边，使者驰传督趣。《王莽传下》[⑦]：莽以军师外破，大臣内畔，欲呼王邑与计议。崔发曰："邑素小心，今失大众而征，恐其执节引决，宜有以大慰其意。"于是莽遣发驰传谕邑。及前揭诸驰传之文是也。按《史记·孟尝君传》[⑧]：孟尝君自秦逃归，秦使人驰传逐之。亦用车不用骑，汉盖袭秦者。

传车者，义取传递，因驿置而转次换易车马，又名驿车。简称曰传。

---

① 当指《汉书·杨胡朱梅云传第三十七·梅福》——编者注

② 当指《汉书·郊祀志第五上》——编者注

③ 当指《汉书·眭两夏侯京翼李传第四十五·京房》——编者注

④ 当指《汉书·叙传第七十上》——编者注

⑤ 当指《汉书·西域传第六十六上·鄯善国》——编者注

⑥ 当指《汉书·食货专第四上》——编者注

⑦ 当指《汉书·王莽传第六十九下》——编者注

⑧ 全称《史记·孟尝君列传第十五》——编者注

按师古于乘传字皆音张恋反，是读去声也。《史记·文纪》[①]二年《索隐》："言乘传者以传次受名，乘置者以马取匹。"虽文有伪夺，所说不尽可查，其释传则甚是。考《魏豹传》[②]：韩信虏魏王豹，传诣荥阳。《淮南传》[③]：遣长载以辎车，令县次传。此传义与彼同。若《王莽传》[④]：流刘棻于幽州，放甄寻于三危，殛丁隆于羽山，皆驿车载其尸传致云。其义尤明。驿车即传车，盖置置转递，或易车马，或但易马，以诣所遣处耳。《续百官志》[⑤]：诸州常以八月巡行所部郡国。胡广注曰："巡谓驿马也。县次传驾之，以走疾，犹古言附遂。"此盖以驿马驾车，故又名驿车矣。王嘉所谓置驿马传囚，即此法也。

传之为名，先秦已有之，或谓之驲，又名曰遽。

"定十二年"《左传》："传必数日而后及绛。"[⑥] "成五年"《传》："晋侯以传召伯宗。伯宗辟重，曰：'辟传。'"[⑦] 杜注："传，驿。"然注"辟重"曰"辟传"云："重载之车。"则混传驿为一，失之笼统矣。说详后。"僖十二年"《传》："且使遽告

---

① 全称《史记·孝文帝本纪第十》——编者注

② 当指《汉书·魏豹田儋韩〔王〕信传第三·魏豹》——编者注

③ 当指《汉书·淮南衡山济北王传第十四·淮南厉王长》——编者注

④ 当指《汉书·王莽传第六十九中》——编者注

⑤ 当指《后汉书·志第二十八·百官五·州郡》——编者注

⑥ 出自《春秋左传·卷十九·传·定公·十三年》，作者所书"十二年"当是笔误——编者注

⑦ 出自《春秋左传·卷十一·传·成公·五年》——编者注

于郑。”[①]“昭二年”《传》：“乘遽而至。”[②] 注皆云：遽，传车。《国语·吴语》：“边遽乃至。”[③] 注云：遽，传也。若“哀二十一年”《左传》：“群臣将传遽以失寡君。”[④]《韩非子·喻老》：“传遽不用。”[⑤] 此则传遽连文者也。《说文》传遽转注，而驲下则曰传也。段注：各本传上有驿字，浅人所增，今删正。《左传》“文十六年”、“襄二十一年”、“昭五年”，《国语·晋语》韦、杜注皆曰：“驲，传也。”《尔雅》“舍人注”曰：“驲，尊者之传也。”《吕览》注曰：“驲，传车也。”按驲为尊者之传，用车，则遽为卑者之传，用骑，可知。驿下段注[⑥]曰：“《周礼》传遽注曰：‘传遽若今时乘传，传驿而使者也。’盖乘传谓车，骑驿谓马。《玉藻》注云：‘传遽，以车马给使者也。’车谓传，马谓遽，浑言则传遽无二，析言则传遽分车马。亦可证单骑从古而有，非经典所无。”按段分车马为二，则是；以遽为单骑，则非。说详后。遽之得名，义取疾剧，驲之语原或其本音未详。

秦有厩置，乘传，副车；汉初因而不改。

按此详《魏律序略》[⑦]。厩置详“邮驿”节[⑧]。乘传犹言传

---

① 出自《春秋左传·卷八·传·僖公二·三十三年》，作者所说“十二年”当为笔误——编者注

② 出自《春秋左传·卷十五·传·昭公·二年》——编者注

③ 出自《国语·吴语第十九·6吴王夫差既杀申胥》——编者注

④ 出自《春秋左传·卷二十·传·哀公·二十一年》——编者注

⑤ 出自《韩非子·喻老第二十一》，但作“遽传不用”——编者注

⑥ 当指清段玉裁《说文解字注》第十卷“马部”——编者注

⑦ 见《晋书·志第二十·刑法》——编者注

⑧ 当指本篇“第二节 邮驿”——编者注

乘或传车耳。副车，盖从者之乘。如《张良传》[①]：椎始皇博浪沙中，误中副车。是也。疑即汉之轺传，如申生乘安车，而弟子二人则乘轺传从[②]；梅福以平民而求假轺传，诣行在条对急政[③]。《晋书·舆服志》[④] 曰：汉贱轺车而贵辎軿也。

因马足之高下，马匹之多寡，车乘之种属，区为五等。

《高纪》[⑤] 五年注："如淳曰：'律：四马高足为置传，四马中足为驰传，四马下足为乘传，一马二马为轺传。急者乘一乘传。'" 按轺传有一马二马两等。《晋书·舆服志》[⑥] 曰："轺车，古之时军车也。一马曰轺车，二马曰轺传。"惟此种区别，颇嫌牵强。后揭《汉旧仪》但曰驾一封、驾二封，不曰驾轺车，驾轺传也。

乘者须持棨为信，其棨因所乘传而异。

《平纪》[⑦] 元始五年注："如淳曰：'律：诸当乘传及发驾置传者，皆持尺五寸木传信，封以御史大夫印章。其乘传参封之。参，三也。有期会累封两端，端各两封，凡四封也。乘置驰传五封之(也)，两端各二，中央一也。轺传两马再封之，一马一封

---

① 当指《汉书·张陈王周传第十·张良》——编者注

② 出自《汉书·儒林传第五十八·申公》——编者注

③ 出自《汉书·杨胡朱梅云传第三十七·梅福》——编者注

④ 当指《晋书·志第十五·舆服》——编者注

⑤ 当指《汉书·高帝纪第一下》——编者注

⑥ 当指《晋书·志第十五·舆服》——编者注

⑦ 当指《汉书·平帝纪第十二》——编者注

也。’”王氏《补注》[1]引姚鼐曰：如淳引律以《高纪》注所引律合之：此所云五封者，即彼所引四马高足为置传也。如《刘屈氂传》[2]“长史乘疾置”是也。所云四封者，中足为驰传也；所云三封者，下足为乘传也。以缓急别用马之高下，此三等乃出使者及吏二千石所乘，故当用御史大夫印矣。若轺传，则乘者事轻，所在为驾，固不必是御史大夫印矣。如梅福从县道求假轺传，司隶从事为申屠蟠封传。是也。至《汉律》所云当乘传，谓其爵位使命当乘也；发驾置侍谓其爵位使命非应乘传，特发传以往迎其人也。《儒林传》[3]：以安车驷马迎申公，弟子二人乘轺传从。案申公所乘则所云发驾者与？《说文》：棨，传信者也。此即如淳所云“尺五寸木”。今案惜抱[4]所说，皆有不妥。《律》明云：乘传之棨三封，其有期会则四封，置传、驰传之棨皆五封。前揭颜注引《汉旧仪》[5]：丞相刺史以“秋分行部，御史为驾四封乘传”。此即所谓有期会者与？置传惟《刘屈氂传》一见，盖马之上足者罕有，殆惟京师置之。马之中足者较多，故驰传之文屡见。意者其在郡国，置传即是驰传，故皆五封之，漫无区别乎？姚氏强别为二，谓棨之封乘三驰四而置五，以与轺车一、轺传二，相降以次。其误一也。《律》所云当乘传及发驾置传者，固是二事，当字连下作一句读，非仅云当乘传也。盖置传即驰传，乘传之传即四马下足为乘传也。置驰不经见，

① 当指清末王先谦《汉书补注》一百二十卷——编者注

② 当指《汉书·公孙刘田王杨蔡陈郑传第三十六·刘屈氂》——编者注

③ 当指《汉书·儒林传第五十八·申公》——编者注

④ 惜抱是清姚鼐的室名，后世因称姚为惜抱先生——编者补注

⑤ 当指《汉书·武帝纪第六》颜注引《汉旧仪》——编者注

故别言之。发者如《王莽传》遣发驰传之发，驾者为《龚胜传》有诏为驾之驾，此以发驾连文耳。或言乘，或言发驾，变文言之也。姚以爵命应乘传与否为说，不知即郡国二千石亦不得乘传；乘传须有棨，棨发自内府，得棨即可乘，不在爵命之高下也。传车所在皆有，亦不必发传以迎之。其误二也。凡乘传皆当有传信，《古今注·问答释义》：凡传皆以木为之，长尺五寸，书符信于上，又以一版封之。阶封以御使印章，所以为信也，如今之过所也。（此据涵芬楼影刊宋本，一本夺尺字，阶作皆。）是传皆封以御史印章，轺传虽贱，《律》明云须持信，安得云不需御史大夫印？其误三也。轺传虽乘者事轻，然亦不得所在为驾。《汉旧仪》：武帝元狩六年，丞相吏员，秩自四百石三百石二百石至百石不等。其以诏使案事，御史为驾一封，行赦令，驾二封。此即轺传也。是亦需御史印信之明证也。申公弟子乘轺传，盖已预诏给棨矣。若梅福数因县道上书，求假轺传，诣行在，条对急政，辄报罢，非向县道求假也；司隶从事为申屠蟠所封传，乃符牒也，故蟠得掷之于地，非传车之传。此皆姚氏记忆之误，而举以为证。其误四也。

若郡国二千石，得此则殊宠矣。

案《龚遂传》[①]：遂拜为勃海太守，进对合上意，“加赐黄金，赠遣乘传”。《京房传》[②]：房为魏郡太守，自请“岁竟乘传奏事”，天子许之。后上令王凤承制诏房“止无乘传奏事”，房

① 当指《汉书·循吏传第五十九·龚遂》——编者注

② 当指《汉书·眭两夏侯京翼李传第四十五·京房》——编者注

"因邮上封事"。是其证矣。若朱买臣乘传赴会稽太守任，盖武帝所谓"富贵不归故乡，如衣锦夜行"，故特赐乘传耳。哀帝征龚舍等，平帝时征通知逸经、古记者，皆有诏为驾，更无论矣。《王莽传》[①] 所谓"遮略乘传宰士"，宰士上冠以乘传二字，则非常之仪可知。史因特笔书之，故乘传之文屡见矣。

乘传一次有至四乘、六乘、七乘者，皆因急务，非常制也。

周寿昌《吴濞传》注校补[②]曰："汉制：非有急务，不能乘驰传，恐驿置烦扰也。惟昌邑王入嗣大位，乘七乘传；外此，乘六乘传者，惟文帝由代入即帝位，及条侯此役耳。"（案指七国之乱一役）司马相如使巴蜀，止乘四乘传。

若一日传车十过，则不足给矣。

《王莽传下》[③]："乘传使者经历郡国，日且十辈，仓无见谷以给，传车马不能足，赋取道中车马，取办于民。"

传车或日夜传行，速率亦大。

按《武五子传》[④]：征昌邑王贺，"夜漏未尽一刻，以火发书"。则是夜行而将晓时抵昌邑也。又云："其日中，贺发，晡时至定陶，行百三十五里，侍从者马死相望于道。郎中令龚遂谏王，令还郎谒者五十余人。"按遂不谏侍车缓行，而谏还侍从

---

① 当指《汉书·王莽传第六十九下》——编者注

② 当指清周寿昌《汉书注校补》——编者注

③ 当指《汉书·王莽传第六十九下》——编者注

④ 当指《汉书·武五子传第三十三·昌邑哀王刘髆子贺》——编者注

者，则是传车可因驿置换马，不须缓行也。以五小时计，则每小时速率可近三十里。若《晋书·宣纪》[①]：司马懿“乘追锋车，昼夜兼行，自白屋至京师四百余里，一宿而至”。恐中途换马次数较少，或驾两马不及四马之速与？（说详后）

西京人使往来，多用传车，即可用驿者，亦俱驾车，不单骑也。后汉始多单骑驿使。

按《史》《汉》[②] 无乘驿之文。即可用驿骑者，亦复用传车。如《吴濞传》[③]：东越钺杀吴王，汉盛其头，驰传以闻。《霍去病传》[④]：浑邪王使使降汉，是时大行李息将城河上，即驰传以闻。《郊祀志》[⑤]：陈宝祠神光世世常来见，每见，雍太祝遣候者乘一乘传，驰诣行在，以为福祥。此皆走卒小吏乘传之证。汇前有急务而乘传者观之，是除传书外，人使往来，皆用驿骑也。若《刘屈氂传》[⑥]：太子起兵，“丞相长史乘疾置以闻”。师古曰：“置谓所置驿也。”此语不晰。疾置，姚以置传当之，是也。《说文》：驿，置骑也。置是动词抑形容词，未详。然置不定是单骑之驿，骑置虽成词，而传置、置传，时亦连文，可证。汉世贱骑，长安、甘泉间宁无置传？曾谓丞相长史不如边郡走卒耶？至《武五子传》[⑦]：广陵厉王祝诅事发觉，“天子遣廷尉、

---

① 当指《晋书·帝纪第一·宣帝》——编者注

② 当指《史记》《汉书》——编者注

③ 当指《汉书·荆燕吴传第五·吴王刘濞》——编者注

④ 当指《汉书·卫青霍去病传第二十五·霍去病》——编者注

⑤ 当指《汉书·郊祀志第五下》——编者注

⑥ 当指《汉书·公孙刘田王杨蔡陈郑传第三十六·刘屈氂》——编者注

⑦ 当指《汉书·武五子传第三十三·广陵厉王刘胥》——编者注

大鸿胪即讯”。王自歌曰：“奉天期兮不得须臾，千里马兮驻待路。”张晏曰：“二卿亭驿待以答诏命。”案此盖置驿马以驾车者，不能指为单骑之证。

东京以还，人使往来，驿骑与传车间用。

《晋书·刑法志》[①] 引《魏律序略》曰：“秦世旧有厩置、乘传、副车、食厨。汉初承秦不改，后以费广稍省，故后汉但设骑置而无车马，而律犹著其文，则为虚设，故除厩律，取其可用合科者，以为邮驿令。”按厩律为萧何所定九章律之一。设骑置无车马，云者谓车马具备也。幸《序略》尚存，使一代制度得以窥见一斑。食厨以给饮食，厩置以给车马，已详前文。至于传车驿骑之变，兹于此论之。[②]

《高纪》[③] 五年颜注：“传者，若今之驿，古者以车，谓之传车，其后又单置马，谓之驿骑。”按此殆本《魏律序》说亦当矣。而有未晰。古者人使之往还，书札之传递，皆以车，不单骑。战国以降，传递音信，间用驿骑，而人使往还，仍乘传车，前汉因之，渐加省减。后汉则人使往还，亦间用驿骑，而京都及州郡治所乃设车乘，因驿置以驾马，而它处皆无传车矣。至于三国，则传车绝迹，无论人使往还，音信传递，一律乘马，其偶有乘车者，至多如汉之轺传耳。兹分论之。

---

① 当指《晋书·志第二十·刑法》——编者注

② 《礼记·玉藻》：“士曰传遽之臣。”郑注：“驿传车马，所以供急遽之令……古者以车驾，乘诣京师，谓之传车。后又置驿骑，用单马乘之，若今之遽马。”其下释置传、驰传、乘传、轺传。此说盖据汉律之文。——作者所作小注

③ 当指《汉书·高帝纪第一下》——编者注

骑马之始，古籍无征。《左传》：左师展将以昭公乘马而归。刘劭据是谓春秋时已有之。殆贵人皆乘车，且骑非经见之事，故史特为著明。然人使往还，甚至信息传递，皆乘车而单骑。其所谓传、驲、遽，皆车也。

《日知录》卷廿九“驿”条：“《汉书·高帝纪》：‘乘传诣洛阳。’师古曰：‘传若今之驿。古者以车，谓之传车；其后又单置马，谓之驿骑。’窃疑此法，春秋时当已有之。如楚子乘驲，会师于临品。祁奚乘驲而见范宣子。楚子以驲至于罗汭。子木使驲谒诸王，楚人谓游吉曰：‘吾将使驲奔问诸晋，而以告。’《国语》：‘晋文公乘驲，自下脱会秦伯于王城。’《吕氏春烁(秋)》：‘齐君乘驲而自追晏子，及之国郊。’皆事急不暇驾车，或是单乘驿马。而注疏家未之及也。（原注：“戴侗云：‘以车曰传，以马曰驲。晋侯以传召伯宗，则是车也。’《说文》：‘传，遽也。’《左传》：‘弦高且使遽告于郑。’注云：‘遽，传车。’按《韩非子》言：‘齐景公游少海，传骑从中来谒，则骑亦可以谓之传。’”）谢在杭《五杂俎》曰：‘古者乘传，皆驿车也。’……[①]然《左传》言：‘郑子产乘遽而至，则似单马骑矣。’《释文》：‘以车曰传，以马曰遽。’子产时相郑国，岂乏车乎？惧不及，故乘遽。其为驿马无疑矣。汉初尚乘传车，如郑当时、王温舒皆私具驿马，后患其不速，一概乘马矣。”

按亭林所疑，非也。前汉人使往来，尚乘传车，不单骑。春烁(秋)时单骑尚未风行，安得有此？《韩非子》所云传骑，适足以证明战国时跨骑大行，而传书有用驿骑者矣，盖卑者乘之。

---

① 中引《高纪》如淳注为证，兹略去。——作者所作注

《韩非子》且谓秦穆公送重耳，畴骑二千。春秌(秋)时用车战，秦虽西戎，在赵武灵王胡服骑射前，恐未有此。此乃以目前新有之事，掺入故实之中，习于所见，致诬其祖矣。古人制名，举物之一德，概物之全体。传以转次受名，遽以剧疾得义。初皆用车，言传、言遽、言驲，则为车可知。后兼用骑，其为转次则一，不别制名，但曰传骑，以别于车。虽取神遗迹，名实易淆。然未闻有驲骑、遽骑也。车既废斥，后人以今例古，望文生义，载笔既略，遂致荒邈难稽。戴侗以驲为驿骑，《释文》以遽为驿骑，何所据而云然？将以驲字从马，而《周礼》郑注“传遽若今时乘传驿而使”一语，析之为二乎？郭舍人[①]以驲为尊者之传，已嫌强生区别，而段懋堂(玉裁)据是以谓遽为卑者之传，虽本《释文》为说，而益滋谬误。《尔雅·释言》传、遽、驲三字互训，《说文》“驿”但训置骑，措词极有分寸。而杜预注乃以驿释传，盖名实之淆久矣。幸先汉律文略有片鳞只爪之存，而细绎班史，知传非驿骑，因得上推先秦究车骑之变矣。

虽然，名实之淆，《后书》为尤甚。《后书》屡见乘驿之文，如《马援传》[②]：援征五溪蛮，光武使“梁松乘驿责问援，因代监军”。《光武十王传》[③]：东海王彊病，“显宗遣中常侍钩盾令将太医乘驿视疾”。又云：“朝廷每有疑政，辄驿使谘问”东平王苍。《四王三侯传》[④]：显宗器重北海静王兴，“每有异

① 郭舍人，汉代大儒，著有《尔雅注》三卷——编者注

② 当指《后汉书·马援列传第十四》——编者注

③ 当指《后汉书·光武十王列传第三十二·东海恭王彊、东平王苍》——编者注

④ 当指《后汉书·宗室四王三侯列传第四·北海靖王兴》——编者注

政，辄乘驿马问焉”。《段颎传》[1]：滇那等诸种羌作乱，凉州几亡，“以颎为护羌校尉，乘驿之职”。《何进传》[2]：袁绍促董卓等使驰驿上。《袁安传》[3]：“窦景擅使乘驿，施檄缘边诸郡，发突骑及善骑射有才力者。”《方术传》[4]：李南明风角，丹阳太守马棱坐事当征诣廷尉。南曰：“旦有善风，明日中时应有吉问……”后果有驿使赍诏书，原停棱事。皆是也。曰乘驿，曰驰驿，曰驿使，驿车邪？驿马邪？《后书》亦有乘传之文，如《范升传》[5]：王莽时，大司空王邑遣升乘传使上党。《冯异传》[6]：光武至邯郸，“遣异与铫期乘传抚循属县”。《宋均传》[7]：“武陵蛮反，围武威将军刘尚，诏使均乘传发江夏奔命三千人往救之。”《邓训传》[8]：“元和三年，卢水胡反畔，以训为谒者，乘传到武威，拜张掖太守。”《种暠传》[9]：为益州刺史，“时永昌太守冶铸黄金为文蛇，以献梁冀，暠纠发逮捕，驰传上言……”皆是也。惟《种暠传》之驰传，措词欠妥，恐当作驿马外，余皆在东京初叶，其为传车无疑。《周礼·行夫》：“掌邦国传遽之小事。”注云：“传遽，若今时乘传骑驿而使者也。”[10] 则后汉有

① 当指《后汉书·皇甫张段列传第五十五·段颎》——编者注

② 当指《后汉书·窦何列传第五十九·何进》——编者注

③ 当指《后汉书·袁张韩周列传第三十五·袁安》——编者注

④ 当指《后汉书·方术列传第七十二上·李南》——编者注

⑤ 当指《后汉书·郑范陈贾张列传第二十六·范升》——编者注

⑥ 当指《后汉书·冯岑贾列传第七·冯异》——编者注

⑦ 当指《后汉书·第五钟离宋寒列传第三十一·宋均》——编者注

⑧ 当指《后汉书·邓寇列传第六·邓禹子训》——编者注

⑨ 当指《后汉书·张王种陈列传第四十六·种暠》——编者注

⑩ 出自《周礼·秋官司寇第五·行夫》——编者注

云乘传而使者，有云乘驿而使者。同邪？异邪？以《魏律序略》“后汉但设骑置，而无车马”一语推之，以胡广所注：“巡谓驿马，转次转驾之”一语例之，盖厩置之车已从省减，若京师首邑，犹车马并设，因驿置而易马。小吏卑职，则乘驿骑。如《方术传》[①]：谢夷吾为会稽郡吏，以占候知乌程长当死。后月余，“果有驿马赍长印绶，上言暴卒”。渐至车亦从略，非赫然右职，不得乘车矣。然上所揭诸乘驿之文，恐未必皆乘驿马也。

三国时，已无乘传之事矣。

如魏改汉《厩律》为《邮驿令》，盖乘传驿骑蜕变之迹，至此亦尽失之矣。则《魏志·曹彰传》[②]：武帝至洛阳得疾，驿召彰于长安。《张郃传》[③]：郃屯方城，而诸葛亮复出陈仓，明帝驿马召郃到京师。《吴志·孙权传》[④]：权寝疾，驿征诸葛恪，拜太子太傅，或以驿马驾车，以应征乎？抑乘驿马也？若《明纪》[⑤]：帝驿马召司马懿于河内。注引《魏略》谓：令宫中常给使者辟邪持手诏驰去。固非乘车甚明。《魏略》又谓懿奉诏驰还，而《刘放传》[⑥] 注引《世语》，谓懿乘追锋车驰至京师者。追锋车者，《晋书·舆服志》[⑦] 曰：如轺，驾二。追锋之名，盖取其迅速也。施于戎阵之间，是为传乘。则非普通之传车可知。

---

① 当指《后汉书·方术列传第七十二上·谢夷吾》——编者注

② 当指《三国志·魏书·任城陈萧王传第十九·任城威王彰》——编者注

③ 当指《三国志·魏书·张乐于张徐传第十七·张郃》——编者注

④ 当指《三国志·吴书·吴主传第二》——编者注

⑤ 当指《三国志·魏书·明帝纪第三》——编者注

⑥ 当指《三国志·魏书·程郭董刘蒋刘传第十四·刘放》——编者注

⑦ 全称《晋书·志第十五·舆服》——编者注

而较所谓四马中足为驰传者，其陋为何如？其一宿而驱四百里，较五小时而驰百三十五里之乘传，其速度之不侔又何如？遍《三国志》不见乘传之文，则传车之绝也，久矣。

以驿骑代传车，虽由国力转弱，而汰虚仪以节用，未始非善计也。

按经王莽之乱而人使之往还有乘驿骑者矣；经董卓之乱，则全乘驿骑，无用传车者矣。传需四马二马不等，且须置备车辆，驿则但需一骑即足，且其实效皆同，于财用节省上，未始非一进步也。

邮驿·传车·亭传

一、邮驿

置邮行书，事起边陲。

《说文·邑部》："邮，境上行书舍也。从垂、邑(邑、垂)；垂，边也。"按垂俗作埵，叚(假)作巫。邮从垂邑会意。或谓邮之为言圉也（《说文·㚔部》："圉，边也。"）。审形校音，则邮初设于边圉，所以监司动静，传递消息。许慎以其字从邑故以传书舍释之。其后凡传书皆谓之邮，不论其在国中或边地，所传为军情抑官府文书也。

初盖用车骑。

《孟子》："速于置邮而传命。"云速，则非步递可知。故《广雅》云邮驿也。

及施之国中，遂以为步递之称。

国中文书传递，无取急疾，殆用步递。以汉事推之，古亦当尔。《汉书·京房传》[①] 因邮上封事；《平纪》[②] 元始五年诏：

① 全称《汉书·眭两夏侯京翼李传第四十五·京房》——编者注

② 当指《汉书·平帝纪第十二》——编者注

“其为宗室自太上皇以来族亲，各以世氏，郡国置宗师以纠之……不从教令及有冤失职者，宗师得因邮亭书上言宗师(伯)，请以闻”；《续百官志》[①] 注引《汉官仪》：后汉设十里一亭，五里一邮，邮间相去二里半。则邮非马递可知。故《增邮》[②] 有“马传曰置，步传曰邮”之说矣。考《后书·郭太传》[③] 注引《风俗通》云：“汉改邮为置。置者，度其远近之间而置之也。”按此说未详。置既为置骑之所，殆邮已用为步递之专称，故改为马递之置以示别欤。

置邮之所曰邮，有因以名地者。

如《史记·白起传》[④] 之杜邮，《汉书·张良传》[⑤] 之曲邮，《淮南王传》[⑥] 之蜀严道邛邮，《五行志》[⑦] 河南之街邮，《王莽传》[⑧] 之黄邮聚，是也。

或与乡亭为一，所谓邮亭者也。

按乡亭盖仿亭燧之制，而边地邮驿即寓于亭燧之中。故《居延简》或言以亭行，或言以邮行也。(后详)《汉官仪》所谓十里一亭，五里一邮者，未必处处皆然。盖事可因信，未尝不

---

① 当指《后汉书·志第二十八·百官五·亭里》——编者注

② 此当是《增韵》之误——编者补注

③ 全称《后汉书·郭符许列传第五十八·郭太》——编者注

④ 全称《史记·白起王翦列传第十三·白起》——编者注

⑤ 全称《汉书·张陈王周传第十·张良》——编者注

⑥ 当指《汉书·淮南衡山济北王传第十四·淮南厉王长》——编者注

⑦ 当指《汉书·五行志第七中之下》——编者注

⑧ 当指《汉书·王莽传第六十九上》——编者注

具体也。考《前书·循吏·黄霸传》[①] 为颍川太守，“使邮亭乡官皆畜鸡豚，以给(赡)鳏寡贫穷者。……其死无以葬者……霸具为区处，某所大木可以为棺，某亭猪子可以祭”。《赵充国传》[②]所载屯田奏云：“计度临羌东至浩亹……其间邮亭多败坏者”，臣愿留步兵及吏士私装从者，分屯要害处，冰解漕下，缮修乡亭。又列“闲暇时下所伐材，缮修邮亭”为屯田十二利之一。一则前言邮亭，后言亭；一则前言邮亭，后言乡亭，复言邮亭，漫不区别。盖或就亭以置邮，或即邮以设亭，故析言有别，混言不分也。

秦汉之制：大率十里一亭，而后汉别有五里一邮之制。

“十里一亭”见《前书·公卿表》[③]。前揭《汉官仪》云后汉设十里一亭，五里一邮，邮间相去二里半。严君耕望曰：十里之道，两端为亭，所去亭二里半置邮也。[④] 按原文不明，姑从严说，此则通衢为然，它处必不尔也。

传邮有卒，或谪罪人为之。

《新语》：君子为治，“邮无夜行之卒”。卒者，亭卒也，一曰邮人。《居延简》屡见受某卒付某卒之文。《论衡·定贤篇》：儒者，传先师之业，习口说以教，无胸中之造思。若邮人之传

① 当指《汉书·循吏传第五十九·黄霸》——编者注

② 当指《汉书·赵充国辛庆忌传第三十九·赵充国》——编者注

③ 全称《汉书·百官公卿表第七上》——编者注

④ 严说见所著《两汉地方行政制度》“乡亭”章——作者所作注

书也。按《后书·郭太传》[①]“知范特祖邮置之役”，盖即此类。若《杨震传》[②] 谪震诸子代邮行书，是罚作也。

三国时有所谓健步者，乃专遣之仆吏，非传递之走卒也。

《魏志·田豫传》[③] 注引《魏略》：“豫罢官归，居魏县。会汝南遣健步诣征北”，因过拜之。《诸葛诞传》[④] 注引《世语》：司马文王秉政，以诞为司空。不遣使者而使健步赍书。《邓艾传》[⑤] 艾为汝南太守，而毌丘俭作乱，遣健步赍书，欲以疑惑大众，艾即收捕之。按《左传·襄卅年》使“走问诸朝”。走即健步之类也。

其以马传者，亦有驿称。[⑥]

《说文·马部》：驿置骑也。按驿之为言络绎也，计程置骑，络绎以相属。即韩非子所谓传骑也。驾车单骑转次以易马取其疾也。其以传亦有驿称。驿之名先秦罕见，后汉始多。

置骑之所曰置，引申亦有驿义。

《汉书·文纪》[⑦]：二年冬十一月诏曰：“太仆见马遗财足，

① 全称《后汉书·郭符许列传第五十八·郭太》——编者注

② 当指《后汉书·杨震列传第四十四》——编者注

③ 当指《三国志·魏书·满田牵郭传第二十六·田豫》——编者注

④ 当指《三国志·魏书·王毌丘诸葛邓钟传第二十八·诸葛诞》——编者注

⑤ 当指《三国志·魏书·王毌丘诸葛邓钟传第二十八·邓艾》——编者注

⑥ 作者于此句前标有问号——编者注

⑦ 全称《汉书·文帝纪第四》——编者注

余皆以给传置。”颜注：“置者，谓置传驿之所，因名置也。”《曹参传》[1] 注：置若今之驿也。按此谓驿舍曰置也。《刘屈氂传》[2]戾太子举兵，“丞相长史乘疾置以闻”。《李陵传》《西域传》[3]俱有因骑置以闻之语。考《淮南子·主术篇》谓至精之动，虽驰传骛置，不若是其亟。驰传与骛置对文是置，引申有驿马之义也。

置间相去以卅里为率，有因以名地者，犹后世所谓驿也。

《日知录》卷十“驿传”条：“《续汉舆服志》[4] ‘驿马三十里一置’，《史记》[5] 田横‘乘传诣洛阳。未至三十里，至尸乡厩置’。是也。唐制亦然。白居易‘从陕至东京，山低路渐平；风光四百里，车马十三程’。是也。……古人以三十里为一舍。《左传》‘楚子入郑，退三十里而许之平’。注以为‘退一舍’。而《诗》言‘我服既成，于三十里’。《周礼·遗人》‘三十里有宿，宿有路室’。然则汉人驿马三十里一置，有自来矣。”按此量马力而为之。《酷吏·王温舒传》[6]：自河内至京师置驿马五十匹，奏行不过二日，河内怪其神速。考《续郡国志》[7] 河内距洛阳百廿里，京兆距洛阳九百五十里，共计千七十里。若两马

---

① 当指《汉书·萧何曹参传第九·曹参》——编者注

② 当指《汉书·公孙刘田王杨蔡陈郑传第三十六·刘屈氂》——编者注

③ 当指《汉书·李广苏建传第二十四·李广孙陵》《汉书·西域传第六十六下·渠犁》——编者注

④ 当指《后汉书·志第二十九·舆服上·导从卒》——编者注

⑤ 当指《史记·田儋列传第三十四》——编者注

⑥ 当指《汉书·酷吏传第六十·王温舒》——编者注

⑦ 当指《后汉书·志第十九·郡国一·京兆》——编者注

一置则相距四十里矣。盖由怀道、上党入临晋关，里程当略减也。

若《后书·和纪·赞》[1] 南海驿马传运荔枝、龙眼，乃十里一置，五里一候。斯则取及生鲜，不顾人马，非常例也。

置有名厩者，而地以之名。与后世之站同意(义)。

如《汉书·田儋传》[2]“尸乡厩置”，注臣瓒曰：“案厩置谓置马以传驿者。”按此即《魏律序略》所谓“秦世旧有厩置”者也。(详后) 若《外戚传》[3] 孝成许后葬延陵交道厩西，《王莽传》[4] 遣廉丹击匈奴，出军城西横厩。此皆因厩以名地者也。厩为马舍，置为置骑之所，其实一也。桂馥曰：官马置驿曰站。站或当作栈。栈者，以板御湿而承马足也(《札朴》卷七“跕”条)。则厩犹言站矣。

盖通衢之上，计程置骑乘驿者，付符换马。若求遽疾，则临时增益置厩。

以符易马，以后世事推之，如此临时添置，若《光武十王传》[5] 朝廷有疑政，辄驿使谘问东平王苍。下后云：苍疾病，帝置驿马，千里传问起居。非本无特设也，嫌其不速添置以求疾耳。

---

① 全称《后汉书·孝和孝殇帝纪第四·和帝》——编者注

② 全称《汉书·魏豹田儋韩〔王〕信传第三·田儋》——编者注

③ 当指《汉书·外戚传第六十七下·孝成许皇后》——编者注

④ 当指《汉书·王莽传第六十九下》——编者注

⑤ 当指《后汉书·光武十王列传第三十二·东平宪王苍》——编者注

有因厩置而为传舍者。

如《张耳传》[1]：高祖从东垣过赵，贯高等乃壁人柏人，要之置厕。上过欲宿，以县名柏人，不宿而去。《王莽传》[2] 司徒公寻初发长安，宿霸昌厩。以天子司徒而宿厩置，则此厩置非止置骑、舍马之所可知也。

汉世传书，内郡多以步邮，非急务不得驿递。

前举京房邮上封事，宗师因邮亭书以闻，可见平日文书皆步递也。王温舒为河内太守，令郡具私马五十匹置驿，自河内至长安奏行不过二日，至于河内怪其神速。则驿递非常事，虽三河肱股之郡犹自具私马为之，他可知矣。《续礼仪志》“大丧”节[3]：黄帝升遐，“部刺史、二千石、列侯在国者及关内侯、宗室长吏及(各?)因邮奉奏，诸侯王遣大夫一人奉奏，吊臣请驿马露布，奏可”。则吊臣以驿马传书，犹须奏可。盖重视之也。若《郅恽传》[4]：子寿为冀州刺史，“使部从事专住王国，又徙督邮舍王宫外，动静失得，即时骑驿言上奏王罪及劾傅相”。此谓自王都至刺史治取置驿耳，事非经见而奏劾则不驰驿也。考《袁安传》[5]：安为汝南县功曹，“奉檄诣从事，从事因安致书于令。安曰：‘公事自有邮驿，私请则非功曹所持。’辞不敢受。”

---

① 当指《汉书·张耳陈馀传第二·张耳》——编者注

② 当指《汉书·王莽传第六十九下》——编者注

③ 当指《后汉书·志第六·礼仪下·大丧》——编者注

④ 当指《后汉书·申屠刚鲍永郅恽列传第十九·郅恽》——编者注

⑤ 当指《后汉书·袁张韩周列传第三十五·袁安》——编者注

然见于《后书》者若《张禹传》[①]：禹留守京师，闻车驾将进幸江陵，驿马上谏。《张衡传》[②]：衡造地动仪，尝一龙机发而地不觉动，后数日驿至，果地震陇西。《周举传》[③]：诏遣八使巡省风俗，分行天下。其刺史、二千石有臧罪显明者，驿马上之。《刘陶传》[④]：陶为京兆尹，征拜谏大夫。上疏言："臣前驿马上便宜，急绝诸郡赋调。"《寇恂传》[⑤]：恂曾孙荣自亡命中上书云：陛下"驰使邮驿，布告远近"。"张罗海内，设置万里……逐臣者穷人迹，追臣者极车轨。"又《钟离意传》[⑥] 惠氏《补注》：会稽太守黄君驿马召意。汇诸条观之，则报、哭、逐、逮，条陈急政，内郡始得用驿。其驿使之事，下文别详。

《礼仪志》注引《风俗通》："博县十月祀岱宗……太守……取泰山君夫人坐前脯三十朐……县次驿马，传送洛阳。"[⑦]

边地则多骑置以闻矣。

《前书·李陵传》[⑧]："诏陵：'以九月发，出遮虏塞(鄣)，至东浚稽山南龙勒水上，徘徊观虏，即亡所见，从浞野侯赵破奴

---

① 当指《后汉书·邓张徐张胡列传第三十四·张禹》——编者注

② 当指《后汉书·张衡列传第四十九》——编者注

③ 当指《后汉书·左周典列传第五十一·周举》——编者注

④ 当指《后汉书·杜栾刘李刘谢列传第四十七·刘陶》——编者注

⑤ 当指《后汉书·邓寇列传第六·寇恂曾孙荣》——编者注

⑥ 当指《后汉书·第五钟离宋寒列传第三十一·钟离意》——编者注

⑦ 此段引文系作者书于此处页眉，但所标引文出处有误，当是《后汉书·志第七·祭祀上》——编者注

⑧ 全称《汉书·李广苏建传第二十四·李广孙陵》——编者注

故道抵受降城休士，因骑置以闻。’”《西域传》[①] 桑弘羊奏：“遣屯田卒诣故轮台以东，置校尉三人分护……事有便宜，因骑置以闻。”《陈汤传》[②]：“西域都护段会宗为乌孙兵所□(围)，驿骑上书，愿发城郭敦煌兵以自救。”《后书·南匈奴传》[③]：班彪拟报单于诏曰：“朕不爱小物于单于，便宜所欲，遣驿以闻。”《段颎传》[④]：“迁辽东属国都尉。……使驿骑诈赍玺书诏颎……”按此皆边郡之驿也。所以谓边郡多驿递者，以军情倏忽当疾为影响也。

其奔命文书别有标帜。

《前书·丙吉传》[⑤]：吉“驭吏边郡人，习知边塞发奔命警备事，尝出，见驿骑持赤白囊，边郡发奔命书驰至。驭吏因随驿骑至公车刺取，知虏入云中、代郡，遽归府见吉白病(状)……”按《东观汉记》载建武七年诏：“旧制上书以青布囊素裹裹(封)书，不如(中)式不得上。”[⑥]《蔡邕传》[⑦] 注引《汉官仪》：章表“言密事用(得)皂囊”。普通奏囊不知何色，奔命文书则赤白囊也。

---

① 当指《汉书·西域传第六十六下·渠犁》——编者注

② 当指《汉书·傅常郑甘陈段传第四十·陈汤》——编者注

③ 全称《后汉书·南匈奴列传第七十九》——编者注

④ 当指《后汉书·皇甫张段列传第五十五·段颎》——编者注

⑤ 全称《汉书·魏相丙吉传第四十四·丙吉》——编者注

⑥ 出自《东观汉记·卷一·纪一·世祖光武皇帝》——编者注

⑦ 当指《后汉书·蔡邕列传第五十下》——编者注

驿递或展(辗)转相授或专人赍送，此汉末所谓马吏者也。

展(辗)转相付者，如《和纪》[①] 云：南海贡荔枝、龙眼，十里一置，五里一候，奔腾阻险，死者继路。盖速如风发，中途必易人也。《续舆服志》[②] 刘注：东晋有邮有驿，行传以相付。则汉时亦当尔也。驿递文书皆系要件，无虑专人赍送。如《李陵传》[③] 因骑置以闻，则遣麾下骑陈步乐还奏是也。考《三国·魏志·刘表传》[④] 注引《搜神志》：华容有女子“忽于狱中哭曰：‘刘荆州今日死。’华容去州数百里，即遣马吏验视，而表果卒”。《管辂传》[⑤]：“辂至列人典农王宏(弘)直许……辂曰：‘东方当有马吏至，恐父哭子，如何？’明日胶东吏到，直子果亡。”按《和洽传》[⑥] 注引《汝南先贤传》许劭擢郭子瑜鞍马之吏，亦此类也。

而驿遂与音信同义，犹今云邮矣。

《后书·马援传》[⑦]：援与杨广书曰：“春卿无恙！前别冀南，寂无音驿。”

---

① 当指《后汉书·孝和孝殇帝纪第四·和帝》——编者注

② 当指《后汉书·志第二十九·舆服上·导从卒》——编者注

③ 当指《汉书·李广苏建传第二十四·李广孙陵》——编者注

④ 全称《三国志·魏书·董二袁刘传第六·刘表》——编者注

⑤ 当指《三国志·魏书·方技传第二十九·管辂》——编者注

⑥ 当指《三国志·魏书·和常杨杜赵裴传第二十三·和洽》——编者注

⑦ 当指《后汉书·马援列传第十四》——编者注

邮驿之事，郡县设督邮书掾或法曹司之。

《续舆服志》[①] 刘注："东晋犹有邮驿共置，承受傍郡县文书。有邮有驿，行传以相付。县置屋二区。有承驿吏，皆条所受书，每月言上州郡。"《风俗通》曰："今吏邮书掾、府督邮，职掌此。"[②] 沈钦韩《〈汉书·朱博传〉疏证》曰："韦昭《辨释名》：'督邮书掾者；邮，过也。此官不自造书，主督上官所下所过之书也。'" 盖本以督邮为职，因得纠劾属吏耳。按监督邮书须巡行辖境，因为令长耳目若诏所名捕，则驰使邮驿（见前引《后书·寇恂传》[③]）。是以督邮或躬与其事，如捕逮范滂，则汝南督邮赍诏亲往，是也（见《后书·党锢传》[④]）。而催兵督粮，亦督邮职掌，则犹乏军兵一科，所以附于厩律之意，其后督邮专既以巡察为事，或别设法曹掌邮驿科程事。若《隶释·巴郡太守张纳碑》法曹与督邮并列，是也。《续百官志》[⑤] 太尉属官有法曹，掌邮驿科程事。郡国当同掌以法曹知其文密而制备统于太尉，明其于纠奸御乱所系之重也。督邮职掌备详于严书[⑥]列曹之章。

且制定科程以董理之。

刘昭谓承驿吏条所受书每月言上州郡，当与汉制不甚相远。《周礼·地官·掌节》郑注："若如今邮行有程矣。"[⑦] 今以所见

---

① 当指《后汉书·志第二十九·舆服上·导从卒》——编者注

② 出自《风俗通义·佚文·宫室》——编者注

③ 当指《后汉书·邓寇列传第六·寇恂曾孙荣》——编者注

④ 全称《后汉书·党锢列传第五十七·范滂》——编者注

⑤ 当指《后汉书·志第二十四·百官一·太尉》——编者注

⑥ 或是指严耕望之著述？——编者注

⑦ 出自《周礼·地官司徒第二·下·掌节》——编者注

居延残简征之，转递之卒所经时间悉详载。如第三七五简云：北书三封合檄板檄各一；其三封板檄张掖太守章诣府；合檄牛骏印诣张掖太守府牛掾在所；九月庚午下餔十(七)分临木卒副受卅(卅)卒弘，鸡鸣时当曲；卒昌付收降卒福，界中九十五里定行八时三分，实行七时二分。(《居延汉简考释》卷一，七十四页）是邮卒姓名，收付时分，经历久暂，悉详为载录，亦云密矣。又如第二八七简云：囗延侯属状临木卒注使城辟非燧卒通武贤囗得以夜食七分时付尉北卒责对七十里中程。(《释文》① 卷一，页六十九）文有残阙，盖核以里程时数，判其中程者也。其不中程者有罚，如第二六四简云：十一月邮书留进(迟)不中程各如牒晏等知邮书数留进(迟)，为府职不事拘校所委任小吏忘为中程甚毋状方议罚，檄到，各相与邸校定吏当坐者言须行法。(《释文》② 卷一，廿六页）

盖驿骑日夜以千里为程，步邮则每时率十里。其驿骑之速见于史者，如《续舆服志》③ 注引《汉旧仪》："奉玺书使者乘驰传。其驿骑也，三骑行，昼夜千里为程。"则一马八小时行三百卅余里。考《前书·刘敬传》④ 谓匈奴轻骑一日一夜行七百余里，此非良马不办。而《武五子传》⑤ 载昌邑王贺就征时，日中发驾，晡时过定陶，行百卅五里，而侍从者马死相望于道。今姑以五小时计之，则八小时驰三百余里者，固非彼凡马所能望也。此所谓高足者欤。又考王温舒置驿马五十匹，自河内至长

---

① 当指上文所注《居延汉简考释》——编者注

② 当指上文所注《居延汉简考释》——编者注

③ 当指《后汉书·志第二十九·舆服下·黄赤绶》——编者注

④ 当指《史记·刘敬叔孙通列传第三十九·刘敬》——编者注

⑤ 当指《汉书·武五子传第三十三·昌邑哀王刘髆子贺》——编者注

安，奏行不过二日。姑以一日为出纳批览之期，往返二千里则一日奔驰而驿骑至五十匹，是知《汉仪》所云“非常例也”。又《赵充国传》[①]：充国至金城西部都尉府，六月戊申上奏，七月甲寅玺书报。自戊申至甲寅首尾凡七日，据《续志》[②] 金城治允吾（今皋兰西北）去洛阳二千八百里，长安去洛阳九百五十里，则允吾、长安相距千八百五十里。金城西部都尉府，据沈氏《疏证》乃龙支城，在今西宁东南，去皋兰又五六百里，其距长安以汉度计当二千五百里，则往返五千里。除其收纳下公卿议之时，则固日驰千里，惟未知其间置耳。其规程可考知者，则有第三四简云：界中八十里，书定行十时，留进(迟)二时，解何？（卷一，页七十一）是一时当八里也。第一百简云：卅八里定行三时五分（六十二页）。第三七五简云：界中九十五里定行八时三分，实行七时二分（七十四页）。二者速率较大。盖视事之缓急，道之险易，临时规定所谓定行者乎。又第六十七简云：府去除虏燧百五十九里留行一时六分，定行五时，留进(迟)三时四(?)分，解何？有伪阙未评断云也。

二、传车

传车者，义取传易，因驿置而易乘、转驾，又名驿车，简称曰传。

按师古于乘传字皆音张恋反。《史记·文纪》[③] 二年《索隐》：“言乘传者以传次受名，乘置者以马取匹。”按下句疑作

① 当指《汉书·赵充国辛庆忌传第三十九·赵充国》——编者注

② 当指《后汉书·志第二十三·郡国五·金城》——编者注

③ 全称《史记·孝文帝本纪第十》——编者注

“以驿取譬”，而其释“传”则与颜(师古)同。若《淮南王长传》[1]“遣长载以辎车，令县次传”；《王莽传》[2] 流刘棻于幽州，放甄寻于三危，殛丁隆于羽山，皆驿车载其尸传致云。即此传义也。驿车者犹言传车，因驿置而易马，以次传递。《续百官志》[3] 州刺史常以八月巡行所部郡国。胡广注曰：“巡谓驿马也。县次传驾之，以走疾，犹古言附遂。”盖因驿换马驾车，故有驿名。其先或兼易乘也。

传之为名，先秦已具。或曰遽，或曰驲，而车骑无辨，名实既淆，未易剖析，然尊者用车，则事所必也。

按遽之为言剧也；驲读若汨，余若将不及之汨（驲从日声，汨从曰声，归部相近），皆义取速疾。传以转次得名，驿以络绎取譬。初民称物，每举片德概其全体，是以四者受称异致，而即实则同也。惟德同体异，车骑有别，莫可究诘。《说文》传、遽互训。而驲下则曰驿传也。段注删驿字，云浅人所增。《左传》“文十六年”、“襄二十一年”、“昭五年”，《国语·晋语》韦、杜注皆曰“驲，传也”。《尔》[4] 之舍人注曰：“驲，尊者之传也。”《吕览》注曰：“驲，传车也。”按驲为尊者之传用车，则遽为卑者之传用遽，可知。驿下段注[5]曰：“《周礼》传遽注曰：‘传遽若今时乘驿而使者也。’盖乘传谓车，驿骑为(谓)马。《玉

① 当指《汉书·淮南衡山济北王传第十四·淮南厉王长》——编者注

② 当指《汉书·王莽传第六十九中》——编者注

③ 当指《后汉书·志第二十八·百官五·州郡》——编者注

④ 当指《尔雅》——编者注

⑤ 当指清段玉裁《说文解字注》第十卷“马部”——编者注

藻》注也(云)……”惟未见驲、骑连文。考单骑自古而有之，若古公亶父来朝走马，左师展将以鲁昭公乘马归经传，既有明征。近阅卜辞亦记有呼集人马若干伐某方之事，说者疑殷世已有骑兵，其后寝废。盖赵武灵王复兴之，其所变者在胡服以骑射，非单骑始此也。由是言之，传遽之为车为骑，无由即名以征实。必谓以车曰传，以马曰驲。尊者以车，曰驲；卑者以遽，曰马。则史无明征，宁从阙疑。窃疑彼时边境以驿骑，若“定十二年”《左传》齐侯“锐师以伐河内，传必数日而后及绛”①；《吴语》夫差与晋争长于黄池，边遽以越乱告。② 此即《韩非子·喻老》所谓“天下有道，传遽不用，故曰‘却走马以粪’”③ 者也。至于尊者往来犹用车乘，若“成五年”《传》：“晋侯以传召伯宗。伯宗辟重，曰：‘辟传。’”④ 则为传车，可知。

秦制有厩置、乘传、副车，汉初因而不改。后以费广稍省。

见《晋书·刑法志》⑤ 引《魏律叙(序)略》。按厩置谓驿马也，副车盖从者之乘。如张良椎始皇博浪沙中，误中副车是也。疑即汉之轺传，如申公乘安车，弟子二人乘轺传从⑥。《晋书·舆服志》⑦曰汉世贱轺车而贵辎軿可证。然则乘传者其舍人所谓尊者之传耶。

---

① 出自《春秋左传·卷十九·传·定公·十三年》，作者所书“十二年”有误——编者注

② 事见《国语·吴语第十九·6吴王夫差既杀申胥》——编者注

③ 出自《韩非子·喻老第二十一》——编者注

④ 出自《春秋左传·卷十一·传·成公·五年》——编者注

⑤ 当指《晋书·志第二十·刑法》——编者注

⑥ 出自《汉书·儒林传第五十八·申公》——编者注

⑦ 当指《晋书·志第十五·舆服》——编者注

凡衔命出使、奔命应召赴京若特诏为驾者，始得乘传。

建节出使，如《食货志》[1] 使孔仅、东郭咸阳乘传行天下盐铁，《王子侯表序》[2] 王莽“据南面之尊，分遣五威之吏，驰传天下，班行符命”，是也。[3] 奔命应急，如《陈平传》[4]：樊哙将兵击卢绾，人有谮哙者，高帝怒，用平计，召周勃受诏床下曰：“平乘驰传载勃代哙将……”平、勃受诏，驰传至军，擒哙。平归，道闻高帝崩，即驰传先返。《何武传》[5]：“吕宽等事起。时大司空甄丰承王莽风指，遣使者乘传案治党与……”《叙传》[6]：“河平中，单于来朝，上使班伯持节迎于塞下。”复遣“王舜驰传代伯护单于”，是也。

奉诏诣京，若特诏为驾者，如《田儋传》[7]：田横居海岛中，高帝召横，横与其客二人乘传诣洛阳。《高纪》[8] 十年[9]诏：“贤士大夫有肯从我游者，吾能尊显之。……其有意称明德者，郡守必身劝，为之驾……”《龚胜传》[10]：哀帝征胜为谏大夫。引见，

---

① 当指《汉书·食货专第四下》——编者注

② 作者此处所标有误，非《王子侯表序》，而是《汉书·诸侯王表第二·序》——编者注

③ 此句后原有“奔命之官，如元元，是也。若《食货志》使孔仅、东郭咸阳乘传行天下盐铁，《王子侯表序》王莽‘分遣五威之吏，驰传天下，班行符命’，亦此类也。”与前文重复。可删。——编者注

④ 当指《汉书·张陈王周传第十·陈平》——编者注

⑤ 当指《汉书·何武王嘉师丹传第五十六·何武》——编者注

⑥ 当指《汉书·叙传第七十上》——编者注

⑦ 当指《汉书·魏豹田儋韩〔王〕信传第三·田儋》——编者注

⑧ 当指《汉书·高帝纪第一下》——编者注

⑨ 此处“十年”当为“十一年”之误——编者注

⑩ 当指《汉书·王贡两龚鲍传第四十二·龚胜》——编者注

胜荐龚舍及甯寿、侯嘉，有诏皆征。“胜曰：‘窃见国家征医巫，常为驾，征贤者宜驾。’上曰：‘大夫乘私车来邪？’胜曰：‘唯唯。’有诏为驾。”是也。《郊祀志》[①]：武帝东巡海上，“齐人之上疏言神怪奇方者以万数”，上“与方士传车及间使求神仙人以千数”。亦此类也。

郡国二千石而有此，则殊荣云。

《酷吏・杨仆传》[②]：为楼船将军。上“以书敕责之曰：‘……士卒暴露连岁，朕为朝会不置酒，将军不念其勤劳，而造佞巧，请乘传行塞，因用归家……’”《京房传》[③]：为魏郡太守，自请得岁竟乘传奏事，是乘传须特请也。《龚遂传》[④]：拜为勃海太守，进对合上意，“加赐黄金，赠遣乘传”。盖殊典矣。以此例之，则朱买臣拜会稽太守，乘传赴任，乃武帝欲其富贵而归故乡，故特赐之耳。《王莽传下》[⑤] 云“盗贼遮略乘传宰士”，以乘传冠宰士之上，明非常仪。乘传者或以事急，或以职殊，史特著之，所以屡见也。

---

① 当指《汉书・郊祀志第五上》——编者注

② 当指《汉书・酷吏传第六十・杨仆》——编者注

③ 当指《汉书・眭两夏侯京翼李传第四十五・京房》——编者注

④ 当指《汉书・循吏传第五十九・龚遂》——编者注

⑤ 当指《汉书・王莽传第六十九下》——编者注

传车因马足之高下，马匹之多寡，车乘之种类区为五等。乘者须持棨为信，因等而异封。

《高纪》[①] 五年注：“如淳曰：‘律：四马高足为置传，四马中足为驰传，四马下足为乘传，一马二马为轺传。急者乘一乘传。’”《平纪》[②] 元始五年注：“如淳曰：‘律：诸当乘传及发驾置传者，皆持尺五寸木传信，封以御史大夫印章。其乘传，参封之。参，三也。有期会，累封两端，端各两封，凡四封也。乘置驰传，五封也，两端各二，中央一也。轺传，两马再封之；一马，一封也。’”按据律文，则置传、驰传、乘传，一马；轺传，两马。轺传凡五等。置传，史未之见，姚惜抱（鼐）以《刘屈氂传》[③]“丞相长史乘疾置以闻”当之，未见必是。律文以当乘传及发驾置传二事并列，盖殊之也。驰传则如高帝诏陈平乘驰传载周勃诣燕，是二人共乘，则汉初马少故也。置驰传之棨皆五封，盖二者无大别。《史传》驰传之文固当有置传在内也。乘传之棨三封，有期会则四封之。如《武纪》[④] 元封元年[⑤]颜注引《汉旧仪》：刺史“以秋分行部，御史为驾四封乘传”，是也。轺传者，《晋书·舆服志》[⑥] 云：“轺车，古之时军车也。一马曰轺车，二马曰轺传。”此自是晋时名谓。轺传以驾二马为常，则其名传之有自。《汉旧仪》曰：武帝元狩六年，丞相吏

① 当指《汉书·高帝纪第一下》——编者注

② 当指《汉书·平帝纪第十二》——编者注

③ 当指《汉书·公孙刘田王杨蔡陈郑传第三十六·刘屈氂》——编者注

④ 当指《汉书·武帝纪第六》——编者注

⑤ 此处“元封元年”当为“元封五年”之误——编者注

⑥ 当指《晋书·志第十五·舆服》——编者注

员，秩自四百石三百石二百石至百石不等。其以诏使案事，御史为驾一封，行赦令，驾二封。按此即轺传也。《平纪》[1]：元始五年，征天下通知逸经、古记之士，所在为(在所为)驾一封轺传，可证。律文“急者乘一乘传”一句，当承“一马二马为轺传”言，谓当乘轺者。若事急亦可乘一乘传，惟其数不得逾一乘耳。盖乘七乘传六乘传四乘传者，有明征不得棨者。《说文》云“传，信者也”。此即如淳所谓“尺五木”。《古今注·问答释义》：凡传皆以木为之，长尺五寸，书符信于上，又以一版封之。阶封以御史印章，所以为信也。可为如说佐证。至《平纪》[2] 元始五年王氏《补注》[3] 引姚惜抱说：比合律文，以为棨之封乘三驰四而置五，以与轺车一轺传二相降以次，谓当乘传为爵位使命，当乘之，发驾置传为秩职不当乘传，特发传往迎其人，又谓轺传所在为驾乘者，事轻不需御史大夫印或牵合不当或引证有误，不复详辩。

乘传一次有至四乘六乘七乘者，皆因急务非常制也。

《吴濞传补注》[4] 周寿昌曰：“汉制：非有急务，不能乘驰传，恐驿置烦扰也。惟昌邑王入嗣大位，乘七乘传；外此，乘六乘传者，惟文帝由代入即帝位”，及吴楚反对条侯会兵荥阳耳。司马相如使巴蜀，止乘四乘传。

---

① 当指《汉书·平帝纪第十二》——编者注

② 当指《汉书·平帝纪第十二》——编者注

③ 当指清末王先谦《汉书补注》一百二十卷——编者注

④ 当指清周寿昌《汉书注校补》——编者注

若一日传车十过，则传置不足以给之。

《王莽传下》①："乘传使者经历郡国，日且十辈，仓无见谷以给，传车马不能足，赋取道中车马，取办于民。"

传车日夜传行速率甚大。

云传、遽以车马给使者也。车谓传，马谓遽。浑言则传、遽无二，析言则传、遽分车马，亦可证单骑从古而有，非经典所无。按此本顾亭林之说而略变之。《日知录》卷廿九"驿"条云："《汉书·高帝纪》：'乘传诣洛阳。'师古曰：'传若今之驿。古者以车，谓之传车；其后又单置马，谓之驿骑。'窃疑此法，春秌(秋)时当已有之。如楚子乘驲，会师于临品；祁奚乘驲而见范宣子；楚子以驲至于罗汭；子木使驲谒诸王，楚人谓游吉曰：'吾将使驲奔问诸晋，而以告。'《国语》：'晋文公乘驲，自下脱会秦伯于王城。'《吕氏春秌(秋)》：'齐君乘驲而自追晏子，及之国郊。'皆事急不暇驾车，或是单乘驿马。而注疏家未之及也。（原注："戴侗云：'以传曰车②，以马曰驲。晋侯以传召伯宗，则是车也。'《说文》：'传，遽也。'《左传》：'且使遽告于郑。'注云：'遽，传车。'按《韩非子》言：'齐景公游少海，传骑从中来谒，则骑亦可以谓之传。'"）谢在杭《五杂俎》云：'古者乘传皆驿车也。'《高帝纪》注：'如淳曰："律：四马高足为置传，四马中足为驰传，四马下足为乘传，一马二马为轺传。急者乘一乘传。"'然《左传》言：'郑子产乘遽而至，则似单马骑矣。'《释文》：'以车曰传，以马曰遽。'子产时相郑国，岂乏车乎？惧不及，故乘

① 当指《汉书·王莽传第六十九下》——编者注

② "以传曰车"当为"以车曰传"之误——编者注

遽。其为驿马无疑矣。汉初尚乘传车，如郑当时、王温舒皆私具驿马，后患其不速，一概乘马矣。”按亭林所疑是也。驿本置骑，而有驿车之称。乘传、驰传著于律文，而《史传》或施之驿马。(下详) 遽是传车，复有遽骑之自（如《X礼》郑注是也）。

盖其变即在汉世。车既渐省，则每因驿置而易马。《续百官志》①：州刺史常以八月巡行郡国。胡广注：“巡谓驿马也。县次转(传)驾之……” 可证。

《续舆服志下》② 注引《汉旧仪》：“奉玺书使者乘驰传。其驿骑也，三骑行，昼夜千里为程。” 此谓使者不驰传则骑驿耳。《周礼·行夫》郑注“若今时乘传驿而使”即分贴车马而言，传车既省但用驿马转驾之，所以《前书》传字屡见，而《后书》则驿字屡见也。如马援、光武十王、四王三侯、段颎、袁安诸传，乘驿之文，当是以驿马驾车耳。若《四王三侯传》③ 北海敬王睦善史书，“及寝病，帝驿马令作草书尺牍十首”。《方术传》④：谢夷吾为会稽郡吏，占乌程长当死。后月余，“果有驿马赍长印绶，上言暴卒”。此则驿骑之使也。其乘传之文，见范升、冯异、宋均、邓训、种暠、王某诸传，则后汉传车亦未尽废也。

---

① 当指《后汉书·志第二十八·百官五·州郡》——编者注

② 当指《后汉书·志第二十九·舆服下·黄赤绶》——编者注

③ 当指《后汉书·宗室四王三侯列传第四·齐武五縯子北海靖王兴子敬王睦》——编者注

④ 当指《后汉书·方术列传第七十二上·谢夷吾》——编者注

三国时遂罕见乘传之事。

《三国志》未见乘传之事，但有驿名之文见《魏志》曹彰、张郃二传，《吴志》孙权传。若《明纪》[①]：帝驿马召司马懿于河内。注引《魏略》云：令宫中常给使者辟邪持手诏驰去。则是驿马也。《晋书·宣纪》[②]：诏懿奉诏，乘追锋车，自白屋驰至京师，四百里一宿而至。《舆服志》[③] 曰：追锋车如轺，驾二。追锋之名，盖取其迅疾也。施于戎阵之间，是为传乘。若是传承，固去四马高足为置传者远矣。

《武五子传》[④]：昭帝崩，霍光征昌邑王贺典丧。玺书曰："制诏昌邑王：使行大鸿胪事少府乐成、宗正德、光禄大夫吉、中郎将利汉征王。乘七乘传诣长安邸。"夜漏未尽一刻，以火发书。其日中，贺发，晡时至定陶，行百三十五里，侍从者马死相望于道。郎中令龚遂谏，还郎谒者五十余人。按夜漏未尽一刻发书，则是夜行抵昌邑也。自午至晡，当今五小时，驰行百卅里，则每小时速率卅里，中间易马与否不可知。

降及东京，不设车乘，惟置骑以转驾之，而使者亦常单骑，与西京稍异。

《晋书·刑法志》[⑤] 引《魏律序略》曰："秦世旧有厩置、乘传、副车、食厨。汉初承秦不改，后以费广稍省，故后汉但

① 当指《三国志·魏书·明帝纪第三》——编者注

② 当指《晋书·帝纪第一·宣帝》——编者注

③ 当指《晋书·志第十五·舆服》——编者注

④ 当指《汉书·武五子传第三十三·昌邑哀王刘髆子贺》——编者注

⑤ 当指《晋书·志第二十·刑法》——编者注

设骑置而无车马，而律犹著其文，则为虚设，故除厩律，取其可用合科者，以为邮驿令。”按厩律乃萧何所定九章律之一。设骑置无车马者，谓但置骑不具车耳。《某礼》郑注：驿传车马所以供急遽之令，古者以车驾乘诣京师，谓之传车。后又置驿骑，用单马乘之，若今之遽马。凡四马高足为置传，四马中足为驰传，四马下足为乘传，一马二马为轺传。按《高纪》五年颜注：传若今之驿，古者以车，谓之传，其后又单置马，谓之驿骑，即本郑氏此注为说。盖《前书》多用传字，《后书》多用驿字，其故以此。前汉驿骑惟见于陈汤、丙吉二传。若《吴濞传》[①]：东越鈲杀吴王，汉盛其头，驰传以闻。《郊祀志》[②]：陈宝祠神光世世常来见，每见，雍太祝遣候者乘一乘传，驰诣行在，以为福祥。此在东京则用驿马可矣，如《四王三侯传》[③]：北海敬王睦善史书，“及寝病，帝驿马令作草书尺牍十首”。是也。

三、亭传

传舍者以转传受名，亦作转舍。虽与遽庐同实，而名原各别。

《释名·释宫室》：“传，传也，人所止息而去，后人复来，转转相传，无常主也。”[④] 王氏《疏证补》引叶德炯云：“程敦

---

① 当指《汉书·荆燕吴传第五·吴王刘濞》——编者注

② 当指《汉书·郊祀志第五下》——编者注

③ 当指《后汉书·宗室四王三侯列传第四·齐武五縯子北海靖王兴子敬王睦》——编者注

④ 出自《释名·卷第五·释宫室第十七·17传》——编者注

《秦汉瓦当文字》有‘樱桃转舍’，是古传舍字直作转舍。”[①] 按此盖叚(假)作转耳。《前书·盖宽饶传》[②]：“平恩侯许伯入第，丞相、御史、将军、中二千石皆贺……宽饶不说，印视屋而叹曰：‘美哉！然富贵无常，忽则易人，此如传舍，所阅多矣。惟谨慎为得久，君侯可不戒哉！’”阴兴亦称“丰屋之戒，若不修德，虽有崇台广厦，犹传舍也”。(《袁宏纪》[③]) 语皆可为刘说作注。而《郦食其传》[④] 颜注复有一说云：“传，一音张恋反，谓传置之舍也。其义两通。”按舍以传递受名，犹车曰传车，棨曰传信也。观于养客私馆，长吏廨舍，俱有传名，斯岂传置之舍。若谓义由引伸，斯有扞隔(扞格)。故知不与蘧庐同意。《庄子·天运篇》：“仁义，先王之蘧庐也，止可以一宿而不可以久处。”[⑤] 司马彪[⑥]云：“蘧庐，传舍也。”按此读传蘧之蘧，谓蘧传之庐，犹言传置之舍耳。《管子·大匡篇》：“工贾近市，三十里置蘧委焉……从诸侯欲通，吏从行者，令一人为负以车，若宿者，令人养其马，食其委。”[⑦] 此则因驿置而为传舍，传言蘧庐事则同实名则异源也。

---

① 出自［清］王先谦《释名疏证补·释名·卷第五·释宫室第十七·17传》——编者注

② 全称《汉书·盖诸葛刘郑孙毌将何传第四十七·盖宽饶》——编者注

③ 当指东晋袁宏《后汉纪·光武帝纪七》——编者注

④ 当指《汉书·郦陆朱刘叔孙传第十三·郦食其》——编者注

⑤ 出自《庄子·天运第十四》。本书《庄子》引文及观点用中华书局《庄子集解》(［清］王先谦撰) 本核，后同——编者注

⑥ 当指《后汉书·志第二十·郡国二·常山国》——编者注

⑦ 出自《管子·大匡第十八》。本书《管子》引文及观点用中华书局《管子校注》(黎翔凤撰；梁运华整理) 本核，后同——编者注

先秦已有此名，简称曰传。亦曰廨传。虽吏舍亦被此称。

《国策·魏策四》管鼻自谓“鼻之入秦之传舍，舍不足以舍之”。[①]《史记·平原君列传》[②] 有传舍吏赵谈(子李同)。按《孟尝君列传》[③] 孟尝君置冯驩传舍中，问传舍长云云，而迁诸幸舍，食有鱼；问传舍长云云，又迁之代舍，出入乘舆车；问传舍长云云……此则养客私馆亦有传名，则赵谈之传舍，疑亦此类。观其说平原君之辞，盖居之近，故观之真也。《论衡·诘术篇》：“今府廷之内，吏舍连属，门向有南北，长吏舍传，閤居有东西。”[④]《五行大义》廿二“诸官篇”：“户曹以传舍为府，主名籍，传舍主宾客。”若田蚡麾骑缚灌夫置传舍，此丞相府之传舍也。(《史记·魏其武安传》[⑤])孙程卒，顺帝幸北部尉传，瞻望丧仪。此河南北部都尉之传舍也。(《后书·宦者传》[⑥])“解传”见《风俗通义·穷通篇》：“解亭，即廨舍也。”

公家设此以宿息，使人给具饮食，而官吏家属宾客及诏所征招亦得止传。盖犹后世之驿馆矣。

使者止传，如《前书·韩信传》[⑦]：高祖从张耳、韩信军修

---

① 出自《战国策·卷二十五·魏策四·十四 管鼻之令翟强与秦事章》——编者注

② 全称《史记·平原君虞卿列传第十六·平原君》——编者注

③ 当指《史记·孟尝君列传第十五》——编者注

④ 出自《论衡·诘术篇第七十四》——编者注

⑤ 全称《史记·魏其武安侯列传第十六·武安侯（田蚡）》——编者注

⑥ 全称《后汉书·宦者列传第六十八·孙程》——编者注

⑦ 全称《汉书·韩彭英卢吴传第四·韩信》——编者注

武。“至，宿传舍。晨自称汉使，驰入赵壁。”《后书·光武纪》[①]，光武北徇燕赵，王郎兵起，遂自蓟南驰；至饶阳乏食，“乃自称邯郸使者，入传舍。传舍方进食，从者饥，争夺之”。是也。官吏家属止传，如《前书·酷吏·严延年传》[②] 延年为河南太守，迎母度岁，到洛阳，便止都亭；《后书·桓荣传》[③]，晔姑母为司空杨赐夫人，归宁赴丧，止龙亢传舍。是也。宾客止传，如《司马相如传》[④]：相如善临邛令王吉，吉舍之都亭。《中论·谴交篇》[⑤]：“公卿大夫、州牧郡守……下及小司，列城墨绶，王事不恤，宾客为务，送往迎来，亭传为满。”是也。应征舍传，如《前书·外戚传》[⑥]：窦后“以良家子入宫”，与弟广国“决传舍中”，丐沐沐之，已，饭之，乃去。《龚胜传》[⑦]：昭帝时，涿郡韩福以德行征，诏遣归，“行道舍传舍，县次具酒肉，食从者及马……于是王莽依故事白遣胜”。是也。《龚胜传》[⑧] 颜注：“得于传舍止宿，若今官人行得过驿也。”

---

① 全称《后汉书·光武帝纪第一上》——编者注

② 全称《汉书·酷吏传第六十·严延年》——编者注

③ 全称《后汉书·桓荣丁鸿列传第二十七·桓荣》——编者注

④ 当指《史记·司马相如列传第五十七》《汉书·司马相如传第二十七上》——编者注

⑤ 当指汉魏间文学家、建安七子之一徐幹的《中论》2卷——编者注

⑥ 全称《汉书·外戚传第六十七上·孝文窦皇后》——编者注

⑦ 当指《汉书·王贡两龚鲍传第四十二·龚胜》——编者注

⑧ 当指《汉书·王贡两龚鲍传第四十二·龚胜》——编者注

即帝王巡狩亦或舍焉。

汉制当驰道处有行宫，《史记·平准书》可证。《东观记》："光武北征彭宠，阴后从行，生孝明帝于元氏传舍。"[①] 是帝王亦止传也。

传舍多在县治或通邑之中，僻野则无之。其庙祀之所，间亦有传。

按传在县治之中，史证极伙，不具引。其在通邑中者，如高祖止高阳传舍，见《郦食其传》[②]。《文三王传》[③]：梁地"西至高阳"。苏林曰"陈留北县"。按汉初未必是县，《地理志》[④]亦无此县，然必大邑也。若郊野之地，非通衢所经，自无传舍。如《鲍宣传》[⑤]：宣为豫州郡，乘传，去法驾，驾一马，舍乡亭，为众所非，坐免。此即《风俗通·过誉篇》所谓"鲍宣州牧行部，多宿下亭，司直举劾，以为轻威损命"[⑥] 者也。则时人不以乡亭为传舍也。《后书·郭伋传》[⑦]：伋为并州牧，行部，先期一日还，便止野亭，须期乃入。此则后汉官仪亦優，然野无传舍

---

① 《汉书》《后汉书》之注引《东观记》及《东观汉记》中均未查到此文，只在《后汉书·肃宗孝章帝纪第三》之注中有"明帝生于常山元氏传舍"句——编者注

② 当指《汉书·郦陆朱刘叔孙传第十三·郦食其》——编者注

③ 全称《汉书·文三王传第十七·梁孝王刘武》——编者注

④ 全称《汉书·地理志第八上下》——编者注

⑤ 全称《汉书·王贡两龚鲍传第四十二·鲍宣》——编者注

⑥ 出自《风俗通义·过誉第四》——编者注

⑦ 全称《后汉书·郭杜孔张廉王苏羊贾陆列传第二十一·郭伋》——编者注

可知也。庙祀之所有传，如《隶释》卷二《樊毅修华岳碑》：孟冬十月，斋祠西岳以传，狭窄不足处尊卑，特部行事荀斑与县令光说以渐补治……”《桐柏淮源庙碑》：南阳太守亲之桐柏，奉见庙祠，开拓神门，增广坛场，高大殿宇口齐传馆……《东海庙碑》作“两传起三楼”。是也。